목회적 돌봄의 개론

목회적 돌봄의 개론
An Introduction to Pastoral Care
초판 발행: 1999년 9월
재판 발행: 2004. 3. 1
지은이: 찰스 V. 거킨
옮긴이: 유영권
발행처: 은성출판사
등록:1974년 12월 9일 제9-66호
ⓒ 1998년, 2014년 은성출판사
주소:서울시 강동구 성내동 538-9
전화: 070) 8274-4404
팩스: 02) 477-4405
쇼핑몰: www.eunsungpub.co.kr / 전자우편: esp4404@hotmail.com

출판 및 판매에 관한 모든 권한은 본 출판사가 소유하고 있습니다. 출판사의 사전 서면 허락없이 상업적인 번역, 재제작, 인용, 촬영, 녹음 등을 할 수 없음을 알려드립니다.

Originaly published in English under the title of An Introduction to Pastoral Care by Charles V. Gerkin by Abingdon Press in 1997. All rights to this book, not specially asigned herein, are reserved by the copyrights owner. All non-English rights are contracted exclusively through Abingdon Press, P.O. Box 801, 201 Eight Avenue South, Nashville, TN 37202-0801, U. S.A.

Printed in Korea
ISBN: 978-89-7236-408-5

AN INTRODUCTION to PASTORAL CARE

by
CHARLES V. GERKIN

目회적 돌봄의 개론

찰스 V. 거킨 지음
유영권 옮김

목차

목차 / 7
머리말: 이 책에 대한 선이해 / 9

제1부: 연속성과 변화
  제1장 초기 목회적 돌봄의 역사 / 27
  제2장 20세기의 목회적 돌봄 / 71
  제3장 목회적 돌봄의 새로운 경향 / 111
  제4장 삶의 이야기와 기독교의 이야기 / 139

제2부: 기독교 공동체를 위가족 체계한 돌봄
  제5장 해석적 지도력으로서의 목회적 돌봄 / 173
  제6장 다공동체의 세상 속에 있는 기독교 공동체 / 203

제3부: 기독교 역사와 개인과 가족의 삶의 역사

    제7장 삶의 시작에 관한 이야기를 위한 돌봄 / 229

    제8장 성장, 해방, 언약적 유대의 형성 / 255

    제9장 성인기의 이야기 / 283

    제10장 삶의 이야기의 최종적인 장 / 313

    제11장 목회적 돌봄과 삶의 연약성 / 349

참고문헌 / 373

색인 / 379

머리말
이 책에 대한 선이해

  이 책은 독자들을 목회적 돌봄pastoral care의 세계로 안내하는 것을 목적으로 한다. 목회ministry의 세계로 저자와 함께 여행하도록 독자들을 초대하고자 하는 것이다. 여기에는 기독교 목회자가 해야 하는 아주 중요하지만 때로는 어렵고 고된 작업들이 포함된다. 이 목회의 세계는 다양한 측면을 가지고 있으며 놀라움과 예상치 못한 문제들을 접하게 되고 인간이 처한 상황에 대해 깊은 통찰력을 얻을 수 있는 기회로 가득차 있다. 목회의 세계에서 목회자들은 사람들이 생활하고 호흡하며, 성공하고 실패하는 현장에서 사람들과 함께 하는 특권을 가진다. 그리고 그 사람들과 친밀하게 관계를 맺으며 그들의 소외를 경험하는 것이다. 그것은 인간의 삶을 체험적으로 만나는 것이기도 하다.

  목회적 돌봄의 세계로 여행한다는 것은 개인은 물론 공동체와 관련된 목회자의 돌봄의 임무에 대해 깊이 생각하는 것을 의미한다. 공동체는 함께 사는 가족이나 함께 일하는 동료 집단은 물론 세상에서 그리스도의 충성스러운 제자가 되고자 함께 생활하고 예배하는 신앙의 공동체도 포함된다. 이 세계를 여행하면서 우리는 개인에게 제공하는 목회적 돌봄과 회중에게 제공하는 목회적 돌봄 사이에 불가피하게 발생되는 긴장들과도 접하게 될 것이다.

저자와 독자간의 대화

책을 쓰고 읽는 것은 여러 가지 면에서 여행과 비슷하지만 대화에 참여하는 것과도 유사한 점이 많이 있다. 나는 독자를 모르지만, 저자로서 나는 독자와 대화를 나누고 싶다. 기독교 공동체와 기독교 전통 안에서의 목회적 돌봄의 실제에 관해 내가 알게 된 것과 생각하고 있는 바를 독자와 나누고 싶다. 이 책을 읽기 시작하는 독자는 목회적 돌봄에 대해 좀 더 많은 것을 알기 위해서 저자와 대화를 나눔으로써 저자의 사고 세계를 이해할 수 있게 되리라 생각한다.

책을 읽고 쓰는 것을 대화라고 할 때, 중요한 것은 저자나 독자 모두 빈손으로 대화에 참여하지는 않는다는 것이다. 저자와 독자는 둘 다 어떤 선이해를 가지고 대화에 참여한다. 때로는 자기도 모르는 가지게 이루어지기도 하지만, 저자와 독자 모두는 이 책의 주제와 관련된 경험을 가지고 있으며 자신들의 경험에 대해 나름대로의 독특한 생각을 가지고 있다.

특히 목회적 돌봄과 같은 주제를 다룰 때에는, 더욱 분명하게 나타난다. 돌봄의 경험은 삶의 중요한 부분이기 때문에 목회적 돌봄에 관한 책을 읽는 독자들은 목회적 돌봄이란 무엇인가에 대해 나름의 선이해 preconception를 갖는다. 따라서 목회적 돌봄에 관한 책을 읽는 경우에 저자와 독자 모두는 목회적 돌봄을 포함해서 자신들이 이미 경험한 돌봄들 사이의 연관성을 찾고자 한다.

독자의 입장

목회적 돌봄의 세계로 여행을 시작하면서 나는 이전에 다른 사람을 돌보거나 다른 사람에 의해 돌보아졌던 여러분들의 경험, 특히 목회적 돌봄에서의 경험에 대해 잠시 생각해 보기 바란다. 어떤 돌봄의 경험을 가지고 있는가? 그리고 그 경험이 여러분에게 어떤 의미가 있는가? 다른 사람으로부터 받았던 특별한 목회적 돌봄의 경험에 초점을 맞추는 것이 목회적 돌봄을 이해하는 데 도움이 될지도 모른다. 이전의 경험이 당신에게 돌봄의 경험으로 와닿는 것은 무엇 때문인가? 그 경험을 목회적 돌봄이라고 볼 수 있는 이유는 무엇인가? 여러분의 기억과 상상 속에서 목회적 돌봄이라는 단어가 연상시키는 것은 무엇인가? 여러분이 기억하는 돌봄이 기독교 성직자에 의해서 제공되었다는 것이 여러분에게 중요한 의미를 가지는가? 만약 그렇다면 왜 그것이 중요한가?

물론 어떤 독자들은 다른 목회적 돌봄에 관한 서적을 읽었거나 다른 사람이 이야기하는 것을 들었을 것이다. 책이나 이야기를 통해서 독자들이 기억하고 있는 것들 또한 저자와 독자간의 대화에 영향을 미칠 것이다. 어쩌면 여러분의 생각들이 제대로 정리되지 않아서 단지 이미지나, 주제, 불완전한 생각들이 인상으로만 남아 있는 개념들처럼 여겨질지도 모른다. 이렇게 축적된 기억이나 개념들을 통해서 선이해가 형성되며, 독자는 이러한 선이해를 가지고 책을 읽게 된다. 이러한 선이해들은 이 책의 저자인 나와의 대화에도 끼여 들어 여러분이 책에서 읽은 것을 해석하는 데 상당한 영향을 미칠 것이다. 이들 기억들과 개념들이 책의 내용과 자유롭게 교류하도록 함으로써 여러분들이 가지고 있는 선이해와 책에서 발견한 내용 사이에 상호작용이 이루지기를 바란다. 이렇게 해서 여러분의 상상 속에서 독자인 여러분과 저자인 나 사이에 대화가 이루어질 것이다.

저자의 입장

나는 앞에서 이 책을 읽기 전에 먼저 여러분이 과거에 제공하거나 제공받아본 적이 있는 목회적 돌봄의 경험에 대해 생각해 보도록 요청했다. 지금은 반대로 이 책을 집필하는 데 있어 내가 가지고 있는 목회적 돌봄의 경험을 여러분과 나누고 싶다. 먼저 내가 목회적 돌봄 사역에 관여하게 된 경위에 대해서 간략하게 이야기하려고 한다. 인간의 경험이나 인간을 돌본다는 것이 갖는 의미에 대해 생각하려면 우리가 서있는 바로 그 현장에서부터 시작해야 하기 때문이다.

내가 언제 어디서 목회적 돌봄이라고 생각되는 것을 처음으로 경험했는지는 잘 생각나지 않는다. 나는 캔자스 지방의 목회자의 집안에서 태어나 1930년대 대공황까지 줄곧 목사관에서 자랐다. 나는 아버지가 목회적 돌봄이라는 용어를 사용하는 것을 들어본 적이 없다. 아버지는 그저 당신께서 목회하시던 작은 교구에서 상점주인, 농부, 주부, 그리고 청년들과 함께 생활하고 일하시면서 얻은 경험을 통해 스스로 돌보는 것을 배우셨다. 아버지는 그들과 함께 들판에서 일했으며 앉아서 이야기도 하고 커피도 마셨다. 그리고 성도들의 자녀를 결혼시켰으며 장례를 치르기도 했다. 어린 소년이었던 나는 아버지와 함께 성도들의 가정을 방문한 적이 있었는데, 그곳에서 아버지와 성도들이 일상적인 생활과 걱정거리에 대해 서로 이야기하는 것을 들은 적이 있다. 사람들이 자신을 괴롭히는 문제들에 대해 이야기를 나누고 싶어할 때, 기억할 수는 없지만, 아버지는 더 개인적이고 친밀하고 솔직하게 이야기하기 위해서 나를 밖으로 내보내셨을 것이다.

나는 아버지가 정식으로 성도를 만나서 목회상담이라고 불릴 만한 연속적인 대화를 나누는 것을 본적이 없다. 목회상담은 아버지가 알지 못하는 용어였다. 아버지가 목회하면서 사람들과 맺은 관계들은 비형식적인 것이었으며, 주로 주일 예배가 끝난 후 들판이나 사람들의 집안, 현관 등에서 이루어졌다. 하지만 아버지가 공동체인 교구의 성도들과 특별한 관계를 가졌던 것은 분명했다. 성도들이 예배와 교제를 나누고자 모일 때 아버지는 목회 인도자로서 교회를 운영했으며 성도들의 자녀들을 위한 종교교육에 힘썼다. 아버지는 이를 "양떼를 돌본다"고 표현하셨다.

지금 생각해 보면, 나는 아버지의 목회를 관찰하고 아버지와 함께 목회에 참여함으로써 목사가 된다는 것과 목회적 돌봄을 제공한다는 것이 어떤 것인지에 대한 이미지를 불완전하지만 아주 자연스럽게 얻을 수 있었다고 생각한다. 신학교에 들어가기로 어렵게 결정한 후 현대 목회적 돌봄 운동의 인도자들을 처음 만났을 때, 아버지에 대한 어린 시절의 기억들이 가슴속 깊이 되살아났다. 목회적 돌봄의 세계와 나의 아동기의 세계가 함께 겹쳐오기 시작했다.

대학 졸업을 앞두고 앞으로 신학을 공부하려는 생각을 가지고 있던 나는 목회적 돌봄 운동에 관심을 갖게 되는 또 다른 경험을 하게 되었다. 사회학과 심리학을 전공하던 나는 유능한 교수님 지도하에 19세기 후반에서 20세기 초반에 왕성했던 종교 심리학에 대한 연구를 했다. 그 연구 중에 윌리엄 제임스William James, 에드윈 스타벅Edwin D. Starbuck, 제임스 루바James H. Leuba, 조지 알버트 코우George Albert Coe의 저서들을 읽게 되었는데, 이 저서들을 읽으면서 인간 발달상의 경험과 종교적인 의미의 활용과의 연관성에 대해 관심을 가지게 되었다.[1]

내가 신학 공부를 시작할 즈음에는 목회적 돌봄이 신학 교과과정에 실질적인 학문 분야로 자리잡지 못한 상태였다. 내가 다니던 Garrett Biblical Institute에는 아직 목회적 돌봄이나 목회 신학 분야의 전임 교

---

1) William James, *The Varieties of Religious Experience*(New York and London: Longmans and Green, 1992); Edwin D. Starbuck, *The Psychology of Religion*(London: W. Scott, 1914); James H. Leuba, *A Psychological Study of Religion: Its Origin, Function, and Future*(New York: Macmillan, 1912); and George Albert Coe, *What is Christian Education?* (New York and London: Charles Scribner's Sons, 1929).

수가 없었다. 하지만 신학교 인근에 병이나 고통 중에 있는 사람들을 돕는 기관에서 전문적으로 목회적 돌봄 사역에 참여하고 있던 분들이 종종 보조 강의를 했다. 그렇게 해서 나는 당시 시카고에 있는 쿡 카운티Cook County 병원의 원목으로 있던 프레드 퀘더Fred Kuether와 미네아폴리스에 있는 큰 교회의 목회 상담자로 일하던 캐롤 와이즈Carroll A. Wise 밑에서 공부하게 되었다. 캐롤 와이즈는 뒤에 개럿 신학교Garrett Biblical Institute에서 목회적 돌봄 분야를 연구하는 최초의 교수가 되었다.

프레드 퀘더의 저녁 개론 강의를 들으면서 나는 안톤 보이즌Anton Boisen을 만나게 되었다. 안톤 보이즌은 임상목회 훈련(이후에 임상목회 교육으로 개칭) 운동의 주요 창시자로 불린다. 안톤 보이즌은 매사추세츠에 있는 우스터 주립병원에서 신학 전공 학생들을 대상으로 현장프로그램을 실시했다. 우스터 주립병원에서 안톤 보이즌은 원목으로 일했으며, 1920년대에 종교적인 회심의 경험과 정신적 질병 사이의 관계에 대한 연구를 시작했다. 그곳에서 안톤 보이즌은 『마음의 탐구』The Exploration of the Inner World[2]라는 고전적인 책을 집필하기 시작했다. 안톤 보이즌은 일리노이에 있는 엘진 주립병원으로 옮긴 후에도 이에 관한 사역과 연구를 계속했다. 1946년에 나는 엘진 주립병원에서 처음으로 임상목회 훈련을 받았다. 그곳에서 나는 신출내기 목사로서 당시 신학교육이 성경공부와 역사적 교과서에 매달려서 이른바 안톤 보이즌이 언급한

---

2) Anton T. Boisen, *The Exploration of the Inner World*(New York: Willett, Clark and Co., 1936).

이른바 "살아 있는 인간의 문헌"living human document을 연구하는 데 소홀했다는 보이즌의 주장을 지지했다. 안톤 보이즌은 사람들이 구체적인 목회적 돌봄을 경험하는 것은 유대-기독교 전통의 역사서에서 얻는 경험만큼이나 중요한 신학적인 통찰의 바탕이 된다고 주장했다.

신학교를 마친 후에 캔사스로 돌아가서 토페카Topeka에 있는 감리교회에서 부목사로서 첫 사역을 시작했다. 그곳에서 나는 나의 목회사역에 목회적 돌봄이 가장 중요한 위치를 차지하고 있다는 것을 확인했다. 토페카에 있을 당시 나는 메닝거 재단Menninger Foundation과 관련된 기관에서 다시 임상목회 훈련을 받았다. 이 기관은 2차 세계대전 말에 정신 건강 분야에 종사하는 사람들을 위해 정신분석학적인 연구와 훈련을 주로 하던 곳이었다. 1951년에는 임상 훈련 협의회Council for Clinical Training, 후에 임상목회 교육 협회Association for Clinical Pastoral Education로 조직됨)로부터 임상목회훈련의 수퍼바이저 자격증을 받았다. 이 당시에 칼 메닝거Karl Menninger는 고통받는 사람들을 돌볼 때에 성직자가 분석적 성향을 가지고 목회적 돌봄에 임하도록 성직자를 훈련하는 데 큰 역할을 했다. 재향군인회에서 목사로 일하던 로버트 프레스톤Robert Preston, 임상심리학자인 폴 푸뤼서Paul Pruyser, 토머스 클링크Thomas W. Klink, 그리고 나 같은 사람들의 활동을 통해서 토페카는 목회적 돌봄을 위한 임상 훈련 센터로, 그리고 정신의학과 신학 사이의 학문적 교류의 장소로 유명해지기 시작했다. 시워드 힐트너Seward Hiltner는 종종 고문으로 토페카의 프로그램에 참여했으며 시카고 대학에서 박사학위과정에 있던 힐트너의 제자들도 목회적 돌봄 훈련을 받거나 연구를 하기 위해서 찾아오기도 했다.

이러한 나의 목회적 돌봄의 진행 과정은 20세기 중반 부흥기를 맞은 목회적 돌봄의 발달과 맥을 같이 한다. 안톤 보이즌, 보스톤에서 내과의사로 있던 리처드 캐봇Richard Cabot, 매사추세츠 종합병원의 원목이었던 러셀 딕스Russell Dicks[3)]의 활동과 1930년대 후반에서 1940년대 후반 사이에 있었던 여러 요소들이 사람을 돌보는 것에 대한 새로운 관심을 불러 일으켰다. 1940년대 후반에서 1950년대 초반에는 많은 신학교에서 목회적 돌봄과 관련된 과목들이 생겨나게 되었다. 그리고 선구자적인 저서들이 목회적 돌봄 분야의 교과서로 등장하기 시작했다.[4)]

1950년에서 1970년에 사이는 목회적 돌봄 분야가 급성장하는 시기였다. 임상목회 교육 프로그램이 많이 생겨났으며 병원, 복지기관, 교도소, 물질 남용 치료를 위한 상담소, 그리고 지역 교구의 목회사역 프로그램 등 다양한 곳에서 임상목회 교육 프로그램clinical pastoral education program이 실시되기 시작했다. 이 기간 동안 나는 재향군인들을 위한 정신병원, 주에서 운영하는 비행 청소년들을 위한 학교, 그리고 가난한 사람들의 신체적 정신적 건강을 위해서 세워진 대규모의 공립 의료 센터에서 임상목회 교육 프로그램을 감독하는 데 참여했다. 또한 짧은 기간이지만 중간 정도 규모의 교회에서 일했었는데, 그 교회가 속한 지역의 주된 산업

---

3) Richard Cabort and Russell Dicks, *The Art of Ministering to the Sick*(New York: Macmillan, 1936)을 보라.

4) Paul E. Johnson, *The Psychology of Pastoral Care*(Nashville: Abingdon Press, 1953), Wayne E. Oates, *The Christian Pastor*(Philadelpia: Westminster, 1946), and Carroll A. Wise, *Pastoral Counseling: Its theory and Practice*(New York: Haper, 1951)들은 이러한 문헌들의 기본적인 사례이다.

은 연방 교도소, 대규모의 육군기지, 그리고 육군 퇴역군인을 위한 병원과 거주지를 바탕을 두고 있었다.

목회적 돌봄 분야가 신학 교과과정의 한 분야로 자리잡아가고 있던 시기에 나의 목회적 돌봄 사역이 시작되었기 때문에, 목회적 돌봄 사역에서 나의 사고와 활동은 사역과 연구 분야로서의 목회적 돌봄의 발달과 상당한 유사성을 갖는다. 이 책을 통해 알게 되겠지만, 목회적 돌봄에 대한 나의 이해는 현대 목회적 돌봄의 전통에 깊이 뿌리를 두고 있다. 현대 목회적 돌봄의 전통은 목회적 돌봄의 사역과 동시에 발전하고 있던 정신분석, 심리치료, 가족체계이론, 위기중재이론, 자아 심리학, 대상관계이론들 사이의 교류를 통해서 발달했다. 이 모든 이론과 각 이론에 따른 치료 기법들은 목회적 돌봄의 이론과 실제를 위한 심리치료의 모델을 형성하는 데 상당한 공헌을 했다.[5]

이러한 현대적인 목회적 돌봄이 발달한 시기가 심리치료적 패러다임이 형성되고 주도권을 지니던 시기와 일치한고 해서 목회적 돌봄 분야가 성장하던 시기의 문헌과 목회적 돌봄의 종사자가 집필한 저서들이 전적으로 심리학자들이나 심리치료자들에게 배우려는 의도에서 쓰여졌다고 말하려는 것은 아니다. 심리학자들이나 심리치료자들에게 배우려는 바램이 지배적이었던 것은 사실이다. 하지만 이러한 바램과 함께 목회신학에 대한 관심이 증가하기 시작했으며 또한 1958년에 시워드 힐트너가

---

5) 심리치료적인 패러다임에 대한 다른 설명을 보려면 다음을 보라. Howard Clinebell, *Basic Types of Pastoral Counseling*(Nashville: Abingdon Press, 1966); 또는 Carroll A. Wise, *Pastoral Psychotherapy*(New York: Jason Aronson, 1980).

말한 "목회적 작업"을 숙고함으로써 신학적 연구에 공헌할 수 있을 것이라는 기대에 관심을 두기 시작했던 것이다.[6]

시워드 힐트너는 이 연구에서 안톤 보이즌에게서 물려받은 구체적인 인간의 경험과 관련해서 신학적 작업을 구조화하려는 안톤 보이즌에게서 물려받은 열망을 이루어 나갔다. 그 외에 목회적 돌봄의 이론가들이 이러한 목회 신학 문헌을 발달시키는 데 공헌을 했는데, 웨인 오츠Wayne E. Oates, 캐롤 와이즈, 애드워드 쏜톤Edward E. Thornton 등이 여기에 속한다.[7]

목회적 돌봄을 가르치는 선생이자 임상가로서 성장해가던 나는 심리학으로부터 배우는 것을 강조하는 사조와 신학의 한 분야로써 목회적 돌봄을 발달시켜나가는 것을 강조하는 사조에 관여했다.

1960년대 알코올 중독자들과 그들의 가족에서부터 건강의 위기와 생활고를 겪고 있는 가난한 사람들에 이르기까지 고통을 겪고 있는 사람들을 대하면서 나는 목회 상담자로서 나의 기술을 발전시키는 데 혼신의 노력을 다했다. 또한 임상목회 교육의 감독자로서 학생들이 심리학적 통찰력을 갖추고 그들이 만나게 되는 사람들의 문제에 대해 신중한 신학적 사고를 할 수 있는 능력을 가지도록 가르치는 데 힘썼다.

---

6) Seward Hiltner, *Preface to Pastoral Theology*(Nashville: Abingdon Press, 1958).

7) Wayne E. Oates, *Protestant Pastoral Counseling*(Philadelphia: Westminster Press, 1962); Carroll A. Wise, *The Meaning of Pastoral Care*(New York: Haper and Law, 1966); and Edward E. Thornton, *Theology and Pastoral Counslling*(Englewood Cliffs, N. J.: Prentice-Hall, 1964).

1970년대에 이르러 목회적 돌봄의 이론과 실제에 대한 신학적 배경을 연구하는 일에 관심을 갖게 되었고, 결국 거의 20년 동안 임상 기관에서 일했던 나는 신학교의 교수로 오라는 제안을 받아들였다. 활동 초기에는 정신분석학자, 내과의사, 정신건강 관련 종사자, 그리고 그 외의 건강 관련 전문가들과 교제를 나누었는데, 지금은 성경학자들이나 신학자들, 그리고 윤리학자들과 대화를 나눈다. 점차 나의 작업과 사고는 목회적 돌봄에서 얻은 통찰력과 딜레마를 고전적인 신학 분야와 연결시키는 일에 중점을 두고 이루어졌다. 나는 목회적 돌봄에 관해서 배운 것을 교회 안에서 날마다 일어나는 돌봄과 지도의 사역에 더 밀접하게 연결시키고자 했다.

  내가 목회적 돌봄을 해오면서 전통적인 신학 분야와 보다 가깝고도 엄격한 대화를 나누고, 또 성도들의 삶에 가까이 다가가려고 한 이러한 움직임은 목회적 돌봄 자체의 움직임과 유사하다. 심리학자들과 심리치료자들로부터 많은 것을 배웠고, 또 목회신학을 함에 있어 더 신중하게 구조화된 방식을 취하려고 노력했기 때문에, 1970년대와 1980년대 이르러서는 신학을 재구성하는 데 있어 목회적 돌봄이 실천적 학문으로 대두되었다. 실천신학은 역사신학이나 조직신학과 함께 신학 연구 양식들 안에서 제자리를 찾기 시작했다. 그리고 이 시기에 실천신학은 신앙생활의 가장 기본이 되는 회중congregation을 연구하는 일에 두드러진 관심을 보였다. 목회 신학은 드디어 목소리를 높이기 시작했다. 실천신학의 회복을 위해 노력하는 동시에 목회 신학자들은 심리치료적 패러다임 안에 있는 개인주의적인 유산으로부터 벗어나기 시작했다.

실천신학적 논의와 연구를 부활시키기 위해 노력하면서 얻은 많은 결과에 대해서는 1979년에서 1991년 사이에 출판한 4권의 책에서 다루었다.[8] 이 책들을 집필하면서 개인과 관련된 목회적 돌봄과 상담에서 목회신학을 위한 담화적, 해석적 방법론을 발달시키려고 노력했는데 『살아 있는 인간 문헌』 The Living Human Document에 나타나 있고 기독교인 공동체의 목회 지도력은 『지평의 확장과 예언자적 목회』 Widening the Horizons and Prophetic Pastoral Practice에서 볼 수 있다.

이 머리말에서 나의 목회적 돌봄 인생과 현대 목회 운동이 성장해 온 과정을 연결시켜 설명함으로써 목회적 돌봄이라는 세계로 여행을 떠나기에 앞서 내가 가지고 있는 기존의 선이해들을 밝혔다. 나는 심리치료적 패러다임을 이용해서 내가 얻은 것들이 잘 간직되고 평가되기를 바란다. 하나님이 항상 인간을 돌보고 계신다는 것을 생각해 볼 때 목회자들은 자신들이 얻을 수 있는 모든 심리학적 지식을 가지고 사람들을 돌보아야 할 것이다. 또한 사람들은 그들의 삶을 형성하는 제도나 관계에 관여하기 때문에 이 사람들을 돌볼 때 집단 심리나 가족 심리학으로부터 배운 것들을 잘 사용하기 바란다.

나는 지금 목회적 돌봄 분야가 심리치료의 패러다임의 지배에서 벗어

---

8) Charles V. Gerkin, *Crisis Experience in Morden Life: Theory and Theology for Pastoral Care*(Nashville: Abingdon Press, 1979); *The Living Human Document: Revisioning Pastoral counseling in a Hermeneutical Mode*(Nashville: Abingdon Press, 1984); *Wiending the Horizons: Pastoral Responses to a Fragmented Society*(Philadelphia: Westminster Press, 1986); 그리고 *Prophetic Pastoral Practice: A Christian Vision of Life Together*(Nashville: Abingdon Press, 1991).

나는 전환기에 있다고 본다. 이러한 나의 견해는 이 책을 통해 입증될 것이다. 따라서 우리의 여행은 목회적 돌봄을 개인과 가족의 돌봄뿐 아니라 기독교 공동체와 이 공동체에 정체성을 부여하는 기독교 전통에 대한 돌봄으로 인식할 때 나타나는 가능성과 문제들에 대해 이야기하게 될 것이다. 사실 이 책을 시작하면서 내가 강조하고자 하는 것은 기독교 공동체와 목사가 사람들에게 제공하는 돌봄의 일차적인 근거는 기독교 공동체와 기독교 공동체로 해석된 의미의 세계에 참여함으로써 생겨나는 돌봄이라는 것이다. 그러므로 이 책의 나머지 부분에서는 실천 신학의 논쟁들이 드러날 것이다. 이 논쟁점들은 목사의 돌봄의 사역을 위한 신학적 배경을 제공하기도 하지만, 동시에 교회와 세상 속에서 이루어지는 목회와 공동체의 활동 전반에 걸쳐 다루어질 것이다.

제1부

연속성과 변화:

수정된 목회적 돌봄의 역사와 새 방향의 모색

목회적 돌봄의 세계로 여행은 전통을 살펴보는 것도 포함한다. 비록 언제나 목회적 돌봄이라는 용어로 알려지지는 않았지만, 목회적 돌봄은 수세기에 걸친 기독교 역사에서 기독교의 이야기와 그 전통의 일부분이 되어왔다. 기독교가 생겨나기 이전에 목회적 돌봄은 이스라엘 공동체의 삶과 그 전통에서 중요한 위치를 차지했다. 구약성경과 유대 경전들이 바로 여기에서 나왔다. 그러므로 우리가 목회 전통의 긴 역사를 이해하려고 할 때 목회적 돌봄의 세계를 여행한다는 것은 이전 시대에 행해졌던 목회실천pastoral practice의 기원을 살펴보는 것을 의미한다. 이것은 곧 오랜 시간이 흐르는 동안 변화하는 인간의 경험에 부응하기 위해 목회적 돌봄 안에 생겨난 다양성들을 살펴보는 것을 말한다.

목회적 돌봄은 언제나 인간의 경험에 응답하는 것을 포함한다는 것은 돌봄의 전통에 있어 중요한 것이다. 이에 대해서는 앞으로 살펴보게 될 것이다. 이는 곧 인간의 사회문화적 경험이 변화함에 따라 목회적 돌봄 역시 인간의 변화하는 요구에 맞추어 변화되어 왔음을 의미한다. 인간의 역사와 마찬가지로, 목회적 돌봄의 역사도 언제나 진행되는 과정에 있으며 끝없는 미래 속에 계속해서 등장할 것이다. 하지만 모든 인간의 경험이 그렇듯이 목회적 전통이 계속해서 형성되어가는 데 있어서 강한 연속성이 존재한다. 그러므로 우리는 여행하는 중에 목회자들이 이미 우리 앞에 잘 닦아놓은 길로 들어서게 될 것이다. 물론 이전에 탐구되지 않은 영역에도 들어가게 될 텐데 거기에서 우리는 현대의 사람들이 겪고 있는 새로운 경험과 이에 부응하는 새로운 목회적 반응을 접하게 될 것이다.

목회적 반응이 전개되어 가는 과정에서 나타나는 이전 것과 새로운 것의 교류라는 측면에서 목회적 돌봄의 역사를 고찰하다 보면 우리는 이 역사를 목회적 돌봄이 강조해왔던 점들에 맞추어 연대순으로 조직화할 수 있다. 이런 식으로 목회 역사를 조직화하면 과도기적인 시기들이 있었고 계속해서 존재해온 개념이 들어있음을 알게 된다. 이러한 과도기적 시기에는 일단 앞서서 실행된 목회적 돌봄의 요소와 새로이 대두되는 강조점이 공존하게 되고 결국 이전의 방식은 새로운 형태의 목회의 실천과 사고에 자리를 내주게 되는 것이다. 우리가 지금 맞고 있는 이 20세기 말은 바로 이러한 과도기적 시기이다.

따라서 이 책의 1부에서 수행해야 할 과제는 두 가지로 나누어 볼 수 있다. 첫째로 우리는 먼저 성서시대에서부터 가까운 과거에 이르기까지 수세기에 걸친 초기의 목회적 돌봄을 살펴봄으로써 우리의 전통에서 전형적인 것으로 자리잡은 돌봄의 형태를 살펴보려 한다. 둘째로 나는 목회적 돌봄의 역사의 새로운 장에 대해 논의하려고 한다. 즉 우리가 겪고 있는 이 시기가 과도기임을 인정하고 20세기 말 포스트모더니즘의 세계에서 일어나는 인간의 경험에 적절하게 부응하는 새로운 목회적 돌봄의 형태를 개척하려는 것이다.

이 두 가지 과제에 착수함에 있어 우리는 과거의 것들과 우리가 접할 수 있는 현재라는 위치와 관점에서 역사를 검토하고 목회적 돌봄 역사의 새로운 장을 제시하게 될 것임을 인식할 필요가 있다. 하지만 우리는 2천 년을 바라보고 살아가는 사람들의 관점으로 역사를 살펴보게 될 것이다. 현 시대의 관점으로 과거를 바라보는 것은 과거를 왜곡시킬 위험이 있다. 우리는 우리 자신으로부터 좀 떨어져서 이전 시대의 삶을 경험하고 목회적으로 반응할 수 있는 방법을 발견하려고 시도할 수도 있지만, 역사에 대한 인식은 언제나 우리의 시대와 인간의 경험에 대해 보고 말하는 그 당시의 시대적 관점에 의해서 영향을 받게 마련이다. 그리고 이 책의 저자가 서양의 북미의 문화권에서 거의 50년 동안 가르치고 사역하면서 목회적 돌봄에 참여한 백인 남자 목사라는 점을 인식하는 것 역시 중요하다. 이러한 사실들은 우리의 시각을 제한하기도 하지만, 서양 전통을 기초로 하고 있다는 중요하고 유리한 점을 제공하기도 한다.

제1장
초기 목회적 돌봄의 역사

목회적 돌봄의 세계로 여행을 하기 위해서 우리는 먼저 기독교 신앙과 전통이라는 보다 큰 범주 안에서 목회적 돌봄이 위치를 차지하고 있는지 알아야 한다. 오늘날 우리가 알고 있는 목회적 돌봄은 최근에 얻어진 경험을 바탕으로 생겨난 것이 아니다. 목회적 돌봄은 오히려 오랜 역사를 가지고 있다. 그렇기 때문에 이미 많은 선배들이 사람을 돌보는 일에 접근할 수 있는 방법을 형성하기 위해 힘써 왔다. 가문의 족보와 같이 이러한 돌봄의 역사는 기독교 공동체의 초기부터 시작된다. 그러므로 오늘날의 목회적 돌봄의 세계를 이해하기 위해서는 먼저 목회적 돌봄에 관한 고고학에 대해 알아볼 필요가 있다.

목회적 돌봄의 성서적 모델

목회적 돌봄의 기원에 대해 성서는 가장 신뢰할 만한 근거를 제시한다. 성서를 살펴보면 우선 여호와를 섬기는 공동체를 돌보기 위해서 선택된 개인이 인도자의 역할을 감당했다는 사실을 알 수 있다. 목회적 돌봄을 행했던 최초의 사람들은 고대 이스라엘의 인도자들이다. 성서에 기록된 초기의 역사에 따르면 관습상 이스라엘의 인도자는 제사장, 예언자, 현자의 세 가지 부류가 있었다. 제사장들은 세습적 계층으로 예배와 의례를 담당했고 예언자들은 도덕적 문제와 관련해서 여호와의 말씀을 대언하는 일을 했는데, 때로는 공동체와 공동체의 정치적 인도자들을 책망하기도 했다. 현자들은 선한 삶과 개인적인 처신에 관련된 모든 문제들에 대해 조언을 해 주는 역할을 했다. 초기 이스라엘의 역사를 보면 가끔씩 이 직무상의 세 집단 사이에 경쟁이 심화되기도 했다. 아모스, 예레미야, 이사야와 같은 예언자들은 그들의 시대에 주도적으로 공동체에 도덕적 지침을 제공했다. 하지만 그 이후로 예언이 쇠퇴하고 율법학자들과 랍비들이 현자와 제사장의 일을 수행하는 집단으로 등장했다. 율법학자들과 랍비들은 히브리 공동체에 목회 지도력을 제공하는 지배적인 세력이 되었다.[1]

  구약 성서에서 역사를 이어간 공동체 인도자들 중에 누가 최초의 목회적 돌봄이 될 수 있을까? 인도자들은 공동체로서 또 개인으로서 나름의 방법으로 하나님의 사람들을 돌보고 권징하는 일에 적극적으로 관여한다. 이러한 활동은 예언자들에게 있어서 사람들이 하나님의 뜻으로부터

---

1) John T. McNeill, *A History of the Care of Souls* (New York: Harper and Bros., 1951), 2.

떠나 있음을 깨닫게 하는 것을 의미했으며 제사장들에게는 예배와 제례를 충실하고 경건하게 수행하는 것을 의미했다. 그리고 현자들에게는 공동체로서 함께 살아가는 데 따른 실제적인 도덕적 지침을 제공하는 것을 의미했다.

목회연구에는 성서 연구, 교회사, 신학, 윤리학, 설교학, 목회적 돌봄, 기독교교육, 선교학 등의 분야가 있다. 그런데 최근 이러한 목회 연구 분야들의 전문화 추세와 관련하여, 구약성서 시대에 목회적 돌봄을 수행한 주역은 사람들에게 도덕적 지침을 제공했던 현자들이라는 주장이 제기되고 있다. 예언자들은 윤리학자나 경우에 따라서는 신앙의 선배로서 설교자의 역할을 수행했다고 보는 주장이 더 우세하다.

목회적 돌봄 이론에 대한 담화적, 해석학적 접근에 근거해서 성직자의 임무에 대해 보다 전인적으로 이해하려면 우리는 단순히 현자들의 전통이나 초기 종사자들의 직무보다 더 광범위한 선배들의 직무를 고려할 필요가 있다. 현자들이 중요한 역할을 했지만 그렇다고 하나님의 백성을 돌보아 온 오랜 목회적 돌봄의 역사가 현자에 의해서만 형성된 것은 아니다. 사람들은 현명한 가르침 뿐 아니라 다양한 제의ritual를 통해서 하나님의 보살핌이 그의 백성에게 전달되었음을 알게 되었다. 백성들의 상호적 돌봄, 더 나아가 인간의 모든 사건과 세상을 향한 하나님의 보살핌은 때때로 인도자의 예언적인 활동을 통해서, 그리고 하나님의 뜻과 목적에 직면함으로써 나타났다. 그러므로 우리는 오랜 하나님의 백성을 향한 역사 속에서 돌봄의 은유는 복합적인 기원을 갖는다는 것을 담화적인 접근을 통해서 알게 된다. 공동체의 역사와 다양한 강조점들 안에서 돌봄의 은유의 의미는 여러 가지 역할을 포함한다. 다양한 강조점들이란 때때로 특정한 상황에서 하나님의 백성을 돌보기 위해 다루어야 할 가장 중요한 점들을 말한다.

그러면 여러분은 최근에 목회적 돌봄을 제공하는 사람들이 왜 지혜서의 전통에 근거하여 개인적 지도를 목회적 돌봄의 기본적인 형태로 보고 이에 중점을 두는지에 대한 의문을 제기할지도 모른다. 왜 제사장적, 예언자적 역할을 했던 선배들의 직무가 한 발 뒤로 물러나서 목회적 돌봄과는 다른 목회적 기능을 하게 되었는가? 목회적 돌봄의 역사에서 지혜와 지도가 현저하게 주도권을 갖게 되면서 왜 목회적 돌봄은 약화되었는가?

이 질문에 대한 대답은 그리 간단하지가 않다. 사실 '지도'라는 용어가 목회적 돌봄을 연구하는 역사가들에 의해서 치유, 화해, 지탱과 같은 용어로 대체되었기 때문에 질문자체를 다소 수정할 필요가 있다.[2]

목회적 돌봄의 형태를 분류하는 이 같은 방법에 대해서는 차후에 더 다룰 필요가 있다. 지금은 단지 근래의 해석에 따라 위의 목회적 돌봄의 네 가지 형태에는 개인이나 가족들을 지혜롭게 돌본다는 의미가 우선적으로 함축되어 있다는 것만 말해 두고자 한다. 최근까지도 보다 큰 공동체적 역할을 했던 제사장적 예언자적 모델에 기인하는 돌봄의 형태는 목회적 돌봄의 형태와 방법과 관련해 실제적인 관심의 대상이 되지 못했

---

2) William A. Clebsch and Charles R. Jaekle, *Pastoral Care in Historical Perspective* (Englewood Cliffs, N.J.: Prentice-Hall, 1964). 또한 Seward Hiltner, *Preface to Pastoral Theology* (Nashville: Abingdon Press, 1958), 64를 보라.

다.[3]

초기 이스라엘 역사의 현인들이 오늘날 목회적 돌봄의 뿌리가 된 것처럼 예언자적 제사장적 역할의 중요성을 회복하기 위해서는 목회적 돌봄이 무엇인지에 대한 우리의 이해를 형성하는 초기 이미지를 재구성해야 한다. 즉 개인과 가족에게 돌봄과 관심을 제공하는 현자의 이미지와 함께 예배 공동체를 돌보는 인도자, 즉 돌봄의 공동체의 인도자로서의 목회자의 이미지를 가질 필요가 있다는 말이다. 이러한 이미지와 함께 백성들을 돌보고 공동체에게 정체성을 부여하는 전통에 관심을 기울이는 예언자적 인도자로서의 목회자의 이미지도 필요하다. 하나님의 백성을 돌본다는 것은 사람들이 삶 속에서 정의와 도덕적인 완전성의 문제에 직면하도록 하는 것을 포함한다.

구약성서의 세가지 역할 모델 모두를 기독교 공동체를 돌보는 목회적 임무와 공동체의 지도력에 중요한 요소로 포함시키기 위해서는 목회적 돌봄의 오랜 역사를 검토하는 해석적 구조가 필요하다. 이 해석적 구조 안에서 세가지 중요한 요소는 삼중적인 상호적 긴장 가운데 있게 된다. 해석적 구조는 다음과 같이 도식화된다.

이 도식을 통해서 목회적 돌봄의 역사를 이해함으로써 우리는 역사를 쉽게 재평가할 수 있다. 이 도식은 기독교의 역사 속에 선배들의 세 가지

---

3) 예를 들어, 목회적 돌봄의 예언자적 측면을 강조한 교과서로는 Don S. Browning, *The Moral Context of Pastoral Care*(Philadelphia: Westminster Press, 1976)를 보라. 그리고 교회 안에서의 목회적 돌봄과 의식에 대해서 알아 보려면, Elaine Ramshaw, *Ritual and Pastoral Care*(Philadelphia: Fortress Pess, 1987)을 보라

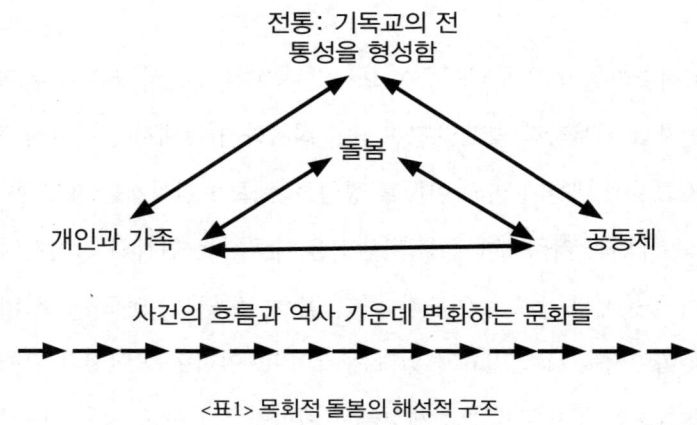

<표1> 목회적 돌봄의 해석적 구조

근본적인 역할 모델과 관련된 세 가지 돌봄의 형태에 상당한 관심을 기울인다. 예언자들은 전통을 대변하는 집단으로 하나님의 목소리에 응답하는 것이 주된 관심이었다. 근본적인 역할 모델과 관련된 세 가지 돌봄의 형태에 상당한 관심을 기울인다. 예언자들은 전통을 대변하는 집단으로 하나님의 목소리에 응답하는 것이 주된 관심이었다. 제사장들은 예배 의식을 통해 공동체를 이끌었으며 현자는 개인과 가족의 일상적인 사건들 속에서 사람들을 지도하는 역할을 했다. 이 도식은 하나님의 백성을 돌보는 일은 항상 세 가지가 연결되어 삼중적인 긴장과 상호작용을 하고 있다는 것을 보여 준다. 백성들의 신앙과 삶에 근거가 되는 기독교의 전통을 돌본다는 점에 지속적인 관심을 가질 필요가 있다. 이는 또한 신중함과 분별력을 가지고 신앙 공동체의 삶에 관심을 가지는 것을 말한다. 그리고 개인과 가족의 필요와 문제에 주의깊은 관심을 가지는 것을 말한다.

우리가 이스라엘 공동체로부터 이어받은 예언자적, 제사장적, 현자라는 모델의 돌봄의 사역은 우리 목회자들이 동일시할 수 있는 유일한 성서적 이미지가 아니다. 성서에는 목자shepherd라는 분명한 인도자의 이미지가 있다. 양을 친다shepherding는 비유는 이스라엘 역사 에서 왕정시대에 왕의 역할에 대한 은유적 표현으로써 생겨나기는 했지만, 예언자적, 제사장적, 그리고 현자의 역할과 같이 종교적인 공동체 안에서의 역할로 명시되어 제도화되지는 않았다. 목자라는 개념은 종교적으로 이스라엘의 종교적 삶 내에서 여호와의 백성에 대한 여호와의 돌봄에 대한 비유로 처음 사용되었다. 이 비유는 시편 23장에서 가장 분명하게 나타난다. 시편 23장은 하나님을 백성을 의의 길로 인도하고 영혼을 소생시키며 백성이 적진에 있을 때, 그리고 사망의 어두운 골짜기를 걸을 때조차도 함께 하는 선한 목자로 묘사하고 있다. 하나님의 보살핌의 이미지가 어떻게 인간인 공동체의 인도자의 돌봄으로 옮겨지는지는 시편에 분명하게 나타나 있지 않다. 그리고 후에 구약성서의 문헌에서 목자의 모델이 예언자적, 제사장적, 현자적 가르침의 모델과 동등한 중요성을 갖게 되었다는 증거도 충분하지 않다. 아마도 제도화된 역할이 아니었기 때문일 것이다.

요한복음에 나타난 대로 자신을 "선한 목자"라고 말하는 예수의 출현으로 말미암아 목자의 이미지는 성직자의 중심 이미지가 되었다. 예수의 사역에 적용시켜 볼 때 목자의 이미지는 산상수훈과 몇 가지 비유들에 나타난 지혜, 추종자들과의 관계에서 나타나는 제사장적 지도력 뿐만 아니라 회당을 깨끗이 하고 바리새인과 사두개인을 책망하던 예수의 활동에서도 예언자적 요소를 찾아볼 수 있다.

예수의 시대부터 현재에 이르기까지 "양떼를 치는 목자"로서의 목회인도자의 이미지는 목사들과 교회의 종교인도자들 모두에게 전형적인 이미지가 되어왔다. 목자의 비유는 초대 교회 교부들의 저서에 목회인도자의 활동에 지속적으로 비유된다.[4] 보다 최근에 목자의 비유는 돌봄을 제공하는 성직자들에 대한 비유로 폭넓게 사용되고 있다.[5]

기독교 역사와 목회적 돌봄의 신기원

20세기의 목회적 돌봄의 역사를 기독교 교회 안에서 구체적으로 다루는 것은 이 책의 범위를 넘어서는 일이다. 하지만 기독교 교회 내의 목회적 돌봄의 역사가 당시의 기독교 공동체 안에서 어떻게 돌봄의 분야를 형성했는지에 다소 주의를 기울일 필요가 있다. 목회적 돌봄의 분야에

---

4) 오리게네스, 이그나티우스, 시프리안, 존 크리소스톰과 같은 초대 교회의 교부들과 그 외의 목자의 은유를 사용한 사람들의 글을 보려면, Thomas C. Oden, *Becoming a Minister*(New York: Crossroad, 1987), 2장을 보라.

5) 예를 들어, Seward Hiltner, *The Christian Shepherd: Some Aspects of Pastoral Care* (Nashville: Abingdon Press, 1959)와 *Preface to Pastoral Theory* (Nashville: Abingdon Press, 1958), 64-69를 보라. 비록 목자에 대한 시워드 힐트너의 분석이 "세심하고 염려하는 돌봄"에 우선적인 초점을 두고 있기는 하지만, 시편 23편이나 예수의 사역에서 나타나는 목자의 이미지를 다르게 해석하는 사람들은 예언자적, 제사장적, 현명한 지도 이 세 가지의 역할에 구현되어 있는 사역의 측면을 포함시킬 것이다.

나타난 현재의 많은 논쟁과 문제들은 역사에 뿌리를 두고 있고 그 뿌리가 갖는 오늘날의 중요성을 이해하는 데 도움이 된다. 이번 장의 앞부분에서 언급된 두 가지의 고전적인 목회적 돌봄의 역사를 통해 얻어진 양식을 어느 정도 따르면서 나는 독자와 함께 기독교 역사의 몇몇 시기를 살펴 보고자 한다. 이것은 특히 다양한 목회적 돌봄의 실천과 논쟁점들의 기원에 관심을 두고 이루어질 것이다.[6]

초기 기독교회

초기 기독교 역사에서는 기독교인에게 알려진 초기 전통에 있어서, 돌보는 일은 내재적이고 격변적인 다시 사신 그리스도의 재림, 즉 하나님의 나라의 도래에 대한 기대에 영향을 받았다. 기독교 공동체를 돌보는 일에는 비기독교인 즉 이방의 문화로부터 회중의 순수성을 유지하는 것이 요구된다. 개인은 재림이라는 위대한 사건을 기대하면서 자신들의 신앙과 의로운 행위를 유지하도록 되어 있었다. 그러므로 공동체와 개인적 신앙의 유지는 신앙 공동체의 인도자들이 제공하는 목회적 돌봄의 주된 형태였다.

---

[6] 위의 주 1과 2를 보라. 비록 이 두 역사가 목회적 돌봄의 역사를 나누는 데 사소한 차이를 보이고 있지만, 아주 비슷한 점을 가지고 있기 때문에 그다지 갈등적이지는 않다. 그리고 돌봄의 역사를 해석하는 데 있어 공통적으로 개인의 돌봄과, 그것보다 덜하지만, 가족들에게 초점을 두었다. 하지만, 주의해서 읽어보면, 이들 역사들에서 기독교 전통에 따른 돌봄의 유형의 변화와 살아 있는 기독교인의 삶의 공동체의 조직적이고 의미있는 경계를 유지하는 데 관심을 보이고 있다는 것을 알 수 있을 것이다.

수세기를 거치면서 어떤 사람들에게는 재림에 대한 기대가 덜 구체적으로 바뀌었지만, 그럼에도 불구하고 재림에 대한 기대는 보다 신비적인 것이 되었다. 어떤 사람들에게는 재림에 대한 기대가 덜 구체적으로 바뀌었지만, 우리 시대에 목회적 돌봄을 수행하는 우리는 여전히 소망 속에 하나님의 통치를 기다리며 살고 있는 기독교적 성향의 영향을 받고 있다. 이는 전통을 돌보는 것, 즉 하나님이 예비한 미래에 대해 생동감 있고 열려 있는 신앙을 지켜가는 중요한 책임이 우리에게 있음을 의미한다. 이것은 기독교 이야기에 관심을 가지고 이 역사가 기독교인들의 의식 속에 생생하게 살아 있도록 하는 것을 의미한다. 그러므로 목회적 돌봄은 중요한 공동체적인 차원의 성격을 갖는다. 목회적 돌봄이 사람들을 성숙한 신앙의 공동체로 인도하고, 또 세속적인 세상에서 긴장 가운데 하루 하루를 살아가는 개인으로 하여금 신앙적인 삶을 살아가도록 도와주는 역할을 하기 때문이다. 비록 오늘날의 세상이 기독교의 믿음과 삶을 적대시하지는 않는다 하더라도, 이 세상은 점점 세속적인 삶의 형태와 가치에 의해서 형성되어 가고 있는 것이다.

박해의 시대

B.C. 2세기와 3세기에 이르러, 새로운 왕국의 도래를 알리는 그리스도 재림에 대한 기대의 긴박성은 점차 사라졌고, 기독교 공동체는 불확실한 미래 속에서 공동체의 신앙을 지탱해야 할 필요성을 깨닫기 시작했다. 반면 로마제국의 문화적 상황은 기독교 공동체에 대해 점점 적대적

이 되어갔다. 처음에는 산발적으로 일어났던 기독교인에 대한 박해가 점점 빈번하게 발생하면서 기독교 공동체는 무섭고 극심한 압제를 당하게 되었다. 기독교 공동체에는 점차로 공식적인 제의적 행위가 요구되었고 신자들은 이를 거부했다. 많은 공동체가 어쩔 수 없이 타협을 하게 되었다. 기독교인이 변절하여 황제에 대한 이교도의 의무를 행하거나 잠정적으로 일탈하는 일이 점점 흔하게 일어났다.

이러한 문화적인 갈등과 불확실한 상황 속에서 공동체를 돌보고 보호하는 것은 기독교 목회 인도자들의 중요한 관심사가 되었다. 또한 로마 제국의 침입에 대항해서 공동체의 테두리를 벗어나 교회의 기대에 미치지 못하는 기독교인을 징계하는 것이 중요한 목회적 관심이 되었다. 공동체와 개인에 대한 돌봄이 예배를 드리거나 처신함에 있어 교회의 규칙을 따르는 데 실패한 공동체의 구성원을 징계하는 형태와 결합하면서, 공동체 내에서의 목회적 돌봄은 화해의 양상을 띠게 되었다. 굳건하게 신앙을 지킨 사람들과 이에 실패한 사람들을 화해시키는 것은 중요한 문제가 되었다.[7]

이러한 가운데, 공동체의 신학적 인도자와 교회 인도자들은 신약 시대에 이미 시작된 유대 전통에서 나온 사고의 틀을 다른 문화적 전통—대부분 그리스 사고에서 발생한 전통—과 통합시키는 과정에 있었기 때문에 기독교 전통을 돌보는 일 역시 중대한 변화를 겪게 되었다. 이 시기에 이러한 과정의 두 가지 중요한 측면이 목회돌봄에 엄청난 영향을 주었는

---

7) Clebsch와 Jaekle, 17.

데, 이는 *metanoia*(회심, repentance)와 *exomologesis*(고백, confession)라는 그리스적 개념들이다. *exomologesis*는 동사의 형태로만 사용되었지만 이 용어들은 모두 신약성서에 나타난다.[8]

최초의 신학 저술가로 알려진 북아프리카 카르타고 출신의 고대 라틴계 터툴리안(Turtullian, 160-220 C.E.)은 화해를 가능케 하기 위해서 기독교 공동체에 참여할 수 있는 목회적 자격으로서 회개와 고해의 개념을 강조했다. 터툴리안은 죄를 범한 구성원들이 회중 앞에서 공개적으로 징계를 받는 동안 다른 신자들로부터 구별되어야 한다고 권고했다. 범죄자들은 개인적으로 자신들의 죄를 회중 앞에서 고백하도록 조언을 받았다. 정해진 규율에 따라 범죄자들은 공동체의 예배, 특히 성찬식에 참여하는 것이 금지되었다. 단지 공개적인 참회의 시간을 보내고 나서야 공동체의 구성원으로 완전히 복귀할 수 있었다. 목회적 돌봄의 역사가인 윌리엄 클렙쉬William Clebsch와 찰스 재클Charles Jaekle은 "그러므로 고백성사는 더 나은 사람 더 나은 기독교인을 만드는, 그리고 하나님의 자비를 증명해 주는 일종의 수치스런 치료가 되었다"고 적고 있다.[9]

이 시기에 교회는 목회적 돌봄을 행했는데, 한편으로는 공동체의 구성원을 위한 행동의 기준을 설정하고 강화하는 목회인도자로서의 권위와 규율을 강조했으며, 다른 한편으로는 사람들의 상처의 치료자로서, 그리고 화해자로서의 성직자의 역할을 강조했다. 목회자의 역할의 대부분

---

8) McNeil, 90.
9) Clebsch와 Jaekle, 95. 또한 McNeil, 91-92를 보라.

은 고해성사의 적절한 운영, 마땅한 참회의 과정을 통해서 용서를 받을 수 있는 죄와 그렇지 않은 죄의 구별, 그리고 범죄자들이 공동체와 화해할 수 있는 다양한 회개의 수단과 같은 문제들에 관심을 두게 되었다. 이러한 활동은 계속되었으며 개신교 개혁의 시대에 이르기까지 역사의 과정 속에서 정교하게 발달하였다. 목회적 돌봄은 권징discipline과 결의론casuistry, 그리고 권위있는 회개의 실행에 초점을 두었다.

이렇게 권징과 결의론을 강조했음에도 불구하고, 이 시기에 쓰여진 문헌들에서 개인을 꾸준하게 돌보아 온 기록을 발견할 수 있다. 목회 인도자들은 현명하고 빈틈없는 목자들이 되어야 했다. 따라서 4세기에 존 크리소스톰John Chrysostom은 목회적 돌봄을 제공하는 사람이 갖추어야 할 자질에 대해서 다음과 같이 말했다.

> "따라서 목자는 모든 각도에서 영혼의 상태를 살피기 위해 엄청난 지혜와 많은 눈을 필요로 한다…그러므로 사제는 이러한 고려 사항들 중 어떠한 것도 간과해서는 안된다. 사제는 이것들에 대해서 주의 깊게 살펴보아야 하며 자신의 돌봄이 헛되지 않게 하기 위해서 모든 구제책을 적절하게 적용해야 한다. …만약 사람들이 올바른 신앙에서 벗어나 방황한다면, 목자는 고도의 집중력을 발휘해 부단히 노력하며 인내를 가지고 전심전력해야 한다. 목자는 권력에 끌려다니거나 두려움에 위축되어서는 안 된다. 설득을 통해서 사람들은 신앙의 원 위치로 되돌려 놓아야 한다." [10]

---

10) John Chrysostom, *On the Priesthood*, 2장, 4절, p. 58, Oden, p. 50에서 인용.

존 크리소스톰의 저서에서 인용한 위의 짧은 글을 통해서 우리는 저자가 목회의 제사장적 모델과 지혜자의 모델 모두에 대해 관심을 두고 있음을 알 수 있다. 크리소스톰은 분명히 기독교인을 돌보는 일에 예배와 경영의 책임을 지니고 있는 제사장의 위치에서 글을 썼다. 그럼에도 크리소스톰은 "집중과 노력과 인내력"을 발휘하는 현명한 인도자의 역할까지도 활용하고 있다.

오늘날의 사역을 터툴리안이나 크리소스톰이 살았던 시대의 목회적 돌봄의 스타일과 동일시하기는 어렵다. 성직자가 자신이 돌보고 있는 사람들과 관계를 맺는 권위의 구조는 급속하게 변해왔고, 특히 자원봉사자 협회로서의 기능을 하는 개신교 조직에서 사역하는 성직자의 경우에는 더욱 그렇다. 하지만 교파 차원의 공동체이든지 아니면 지방의 회중 공동체이든지 간에 개인적인 교회 구성원을 기독교 공동체와 화해시키는 것은 목회적 돌봄의 중요한 측면이다. 성직자들은 종종 개인적인 신앙인과 신앙 공동체 사이의 간격을 좁혀 둘을 서로 화해시켜야만 한다. 크리소스톰의 시대에서처럼, 〈표 1〉에 나타난 돌봄의 긴장관계는 신앙의 전통에 대한 성실한 노력, 공동체에 대한 돌봄, 그리고 개인에 대한 돌봄 사이에 나타나는 상호작용의 긴장관계가 될 것이다. 터툴리안의 시대에 당연하게 여겨지던 참회와 고해성사에 대한 권위는 대부분의 개신교 목회자들에게는 사라지고 말았다.

그럼에도 불구하고, 존 크리소스톰이 집중력, 노력, 인내의 필요성을 강조한다는 점에서, 또한 사람들의 신앙을 다시 회복시키기 위한 해결책들에 영향을 미칠 수 있는 어떠한 사항도 간과하지 않기를 바란다는 점에서, 목회자들을 향한 그의 권고는 목회자들이 받아들여야 한다. 존 크리소스톰이 말한 대로, 우리가 회복시켜야 할 신앙은 기독교 전통 속에 간직되어 있는 신앙으로 이 기독교 전통 안에는 하나님의 백성에 대한 하나님의 돌봄이 가장 구체적으로 나타나 있다.

중세의 목회로 넘어가기 전에, 초기의 기독교 역사, 즉 주변 문화에서 기인한 비 기독교적인 사고를 빌려 오거나 이와 타협하던 시기에 형성된 목회적 돌봄의 전통 안에서 후기에 이루어진 발달에 주목할 필요가 있다. 독자들은 내가 앞에서 회심과 고백에 관련해 발달한 목회적 돌봄이 그리스의 사고에 많은 영향을 받았다고 말했음을 기억할 것이다. 그리스의 사고가 기독교 교회 성직자의 목자의 역할과 조화를 이루면서 수세기 동안 지배적 개념이 되어온 화해라는 돌봄의 형태를 만들었다.

외부세계의 언어와 전통의 영향에 대한 기독교교회의 이러한 전통적인 개방성은 분명히 오늘날 심리학, 사회학, 인류학, 심리치료와 같은 인간의 학문으로부터 나온 세속적이고 과학적인 사고가 목회적 돌봄에 적용되는 것을 정당화시킨다. 이 책의 나머지 부분에서 보게 되겠지만, 20세기 목회적 돌봄의 이론과 실제의 발달은 대부분 전통적인 기독교의 목회 이론과 실제를 신학의 범주를 벗어난 발달한 인간의 관계와 행동에 관한 이론과 통합하려는 노력으로부터 나왔다. 이러한 노력은 교부시대의 목회 사상가들의 노력과 다를 바 없다. 오늘날 목회적 돌봄의 실제에 비신학적인 통찰력을 적용하려는 것은, 우리는 퀸투스 타툴리안Quintus Tertullian과 존 크리소스톰의 발자취를 따르는 것이다.

콘스탄틴 황제 이후의 제국 교회

4세기 초 문화적으로 기독교의 위상에 급진적인 변화가 있었다. 로마의 콘스탄틴 황제가 최초로 기독교를 허용함으로 박해의 시대는 종식되었다. 특히 콘스탄티노플을 건설한 후에 교회는 콘스탄틴 황제의 통치 아래서 보호를 받는 종교가 되었다.

박해받는 소수집단이었던 교회는 갑자기 문화 자체에 통일된 의미체계를 부여하는 역할을 하게 되었다. 기독교 공동체와 전통을 돌보는 일은 사회전체를 돌보는 일로 확장되었다. 박해받던 교회는 제국 교회로 변하기 시작했다. 사회의 모든 사람들에게 도덕적 행동 기준을 제시할 뿐 아니라 복지기금을 분배하고 대중들에게 일상의 어려움에 대한 기독교적 해석을 제공하였다. 그러는 동안 예배는 공식적인 국가 의식으로 당당한 격식을 갖추게 되었다.[11]

기독교가 박해받던 시기에 목회적 돌봄의 중요한 해석가였던 존 크리소스톰은 교회가 갑작스럽게 제국교회의 시대로 들어서는 것을 지켜보았다. 크리소스톰은 콘스탄틴 황제의 궁전에서 강력하고 설득력있는 설교를 했으며, 결과적으로는 광범위한 문화적 가치와 인간의 경험에 대한 해석을 기독교적 형태와 통합하는 일에 이바지하였다. 크리소스톰과 교회의 다른 인도자들은 종교적인 사회생활에서 신봉되고 장려되어야 할 인간의 행동과 가치들에 대한 이해 뿐만 아니라 목회의 기술에 있어서도

---

11) Clebsh와 Jaekle, 19.

그리스의 사고, 특히 스토아 철학에 큰 영향을 받았다.[12]

　기독교가 로마제국의 사고 형태로 문화화되던 이 시대를 객관적으로 바라볼 수 있는 우리는, 비록 이 시대의 목회인도자들이 현자의 목회전통을 충실히 따랐다고는 하지만, 그들의 지혜가 구약성서의 잠언에서의 지혜처럼, 종교적인 통찰력과 상식 모두를 어떻게 구현했는지 볼 수 있다. 세속적이고 비기독교적인 사고 형태를 기독교의 목회적, 종교적 사고와 실천 안에 활용하기 위한 양식들이 잘 만들어졌다. 이와 함께 기독교의 목회 지도는 상황적인 지혜로 채워지거나 또한 성서에 기초한 기독교의 지혜로 통합되었다.

　이 기독교 역사의 획기적인 시대 동안에 변화를 겪고 문화적 영향을 받았던 것은 목회적 돌봄의 형태 중 현명한 지도만 아니었다. 제사장적 예배 또한 변화되었다. 공적인 예배 행위가 목회자의 주된 업무가 되었고, 제국 교회의 틀 안에서 점차 형태를 잡아갔다. 그리고 이 시기에 성유를 바르는 행위를 통해 이루어지던 치유의 의식이 일반화되고 높이 평가되었다. 화해는 고해성사의 집행과 표준적인 교회 정책의 시행으로 관례화되었다. 병자, 사별을 경험한 사람, 죽어 가는 사람들에 대한 목회적 돌봄 또한 교회 사제의 일상적인 임무에 포함되었다.[13]

　객관적으로 역사를 조망할 수 있는 유리한 입장에서, 우리는 또한 이 시기에 다른 세계와 구별짓는 기독교 공동체의 일체성이 약화되고 파괴

---

12) Ibid., 123
13) Ibid., 20.

될 위험에 처하게 되었음을 알 수 있다. 기독교 공동체의 경계가 모호해졌다. 따라서 이 시기에 깊은 신앙을 가진 많은 기독교인들이 신앙을 지키기 위해 이집트의 사막에서 은둔생활을 한 것은 그다지 놀랄 만한 일이 아니다. 진정한 종교적인 소명은 사회를 떠나 구별되는 공동체에 속하는 것이라는 믿음 하에 수도원 생활이 시작된 것도 바로 이 시기에 일어난 일이다.[14]

비록 이러한 조짐들이 급속히 변하는 20세기에는 매우 다르기는 하지만, 기독교 공동체의 경계를 주변 사회로부터 어떻게 유지할 것인가 하는 문제는 오늘날도 계속된다. 로마제국처럼, 20세기 서양 사회는 세속적인 가치들과 기독교적 의미와 가치들이 혼합되어 있다. 그리고 기독교 공동체는 비기독교적 기원을 가진 개념과 가치들을 광범위하게 활용하고 있다. 뒤에서 다루겠지만, 이러한 문화적 혼란의 과정과 기독교 공동체를 위해 주변 사회와의 경계를 유지해야 하는 어려운 임무는 교회의 돌봄의 사역에 있어 함축적인 의미를 갖는다. 이 문제의 한 가지 측면은 몇몇 목회자들이 자신이 책임져야 할 공동체 주위에 경계를 정하려고 할 때 드러나게 된다. 이들 목회자들은 단지 자신의 성도를 보살피는 데에만 책임감을 느낀다. 반면 어떤 목회자들은 보다 큰 공동체로 돌봄의 경계를 확장한다. 때로는 자신이 보살펴야 할 성도들에 대한 목회적 무관심으로까지 이어지기도 한다.

---

14) Thomas M. Gannon, S. J.와 George W. Traub, S. J., *The Desert and the City: An Interpretation of the History of Christian Spirituality*(Chicago: Loyola University Press, 1969), 51-66.

더 나아가서 우리는 하나님의 백성의 돌봄과 치유를 위한 예배와 의식의 중요성에 주의를 기울일 필요가 있다. 내가 지적한 대로, 이보다 더 제사장적인 돌봄의 형태들은 오늘날 무시되는 경향이 있다. 목회적 돌봄의 종사자들이 심리학적인 배경을 가진 목회 지도의 형태에 몰두하면서 이들 제사장적 돌봄의 중요성에 별로 관심을 기울이지 않고 있다. 기독교 공동체를 돌보는 우선적인 방법으로 예배와 의식의 중요성의 발견은 오늘날 목회적 돌봄이 창조적으로 성장해야 할 부분 중 하나이다.

기독교 공동체가 로마제국 안에 있는 교구 공동체에서 로마 사회에서 통일성을 부여하는 세력이 되었던 이 시대의 역사에 대해 훨씬 더 많은 것을 이야기할 수 있을 것이다. 우리가 본 대로, 이러한 급진적인 변화는 우리 시대의 교회와 사회 사이의 관계성에도 영향을 미치고 있다. 이 변화된 환경이 갖는 함축적 의미에 대해 숙고해 보면 내가 〈표 1〉에서 보여 준 목회적 돌봄의 해석학적 구조를 변경시켜야 할 필요를 느끼게 된다. 가장 중요한 것은 이 도식에 기독교 공동체 주변의 문화적 상황을 포함시키는 것이다. 문화적 상황은 우리가 교회의 돌봄의 사역을 이해하는 데 영향을 미치며 문화적 상황 자체가 교회의 돌봄 사역의 대상이 된다. 그러므로 내가 전에 제시한 삼중적 도식은 사변형의 도식이 될 필요가 있다. 목회적 돌봄에 대한 이 수정된 해석적 구조는 〈표 2〉에서처럼 도식화될 수 있을 것이다.

〈표 1〉의 도식에 네번째 요소(문화적 상황)를 포함시킴으로써, 〈표 2〉는 교회의 사역을 위한 중요한 비유적인 모델로서의 돌봄에는 정체성을 제공해 주는 기독교 전통, 당시의 기독교인의 공동체에 대한 돌봄, 그리

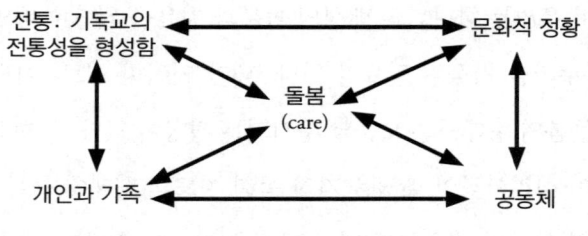

역사 속에서의 사건들과 변화하는 문화의 흐름

⟨표2⟩ 목회적 돌봄의 해석적 구조

고 공동체 안의 개인들의 독특한 요구가 포함될 뿐 아니라, 돌봄에는 언제나 당시 문화적 상황의 논쟁이나 관심에 주의를 기울이는 것도 포함된다는 것을 보여 준다. 그러므로 이 도식은 돌봄을 필요로 하는 상황을 형성하는 요소들의 끊임없는 서로의 상호작용 안에는 4개의 주요한 연결점이 있음을 보여 준다. 더욱이 돌봄을 제공하는 사람들의 반응도 마찬가지로 4개의 연결점들에 기인하는 영향과 고려사항들에 의해서 형성될 것이다.

도식에서 4개의 요소 각각을 연결해 주고 또 각각의 요소를 도식의 중심인 돌봄과 연결시키는 양 방향의 화살표는 이 모델의 대화적, 상호적 성격을 보여 준다는 점에서 중요하다. 이것들이 모두 합쳐져서 인간의 활동의 각 영역이 서로 영향을 미치는 환경을 형성한다. 그리고 4개의 연결 영역 중 하나에 대해서 행해지는 돌봄은 적든지 많든지 간에 나머지 3개의 연결 영역에서 행해지는 돌봄의 질에 영향을 미칠 것이다. 예를 들어, 정체성을 제공하는 기독교 전통이 표현되는 방법은 개인, 가족, 기독교 공동체, 그리고 보다 넓은 사회문화적 상황에 대해서 행해지는 돌봄의 질과 수준에 엄청난 영향을 미친다.

또한 〈표 2〉의 도식은 각각 네 개의 연결 영역 안에서 표현되고 설명되는 돌봄의 범위와 질이 나머지 연결 영역 안에서 주고받는 돌봄의 수준에 강한 영향을 미친다는 것을 확인시켜 준다. 예를 들어, 기독교 공동체 안에서 표현되는 돌봄의 수준은 개인과 가족에 의해서 행해지는 돌봄의 수준에 영향을 미칠 것이다. 이것은 또한 공동체의 구성원이 정체성을 제공하는 기독교의 전통을 돌보는 방식에도 영향을 미칠 것이다. 그리고 이는 한계는 있지만 주변의 문화적 상황에 의해서 행해지는 돌봄의 수준에 중요한 영향을 미친다.

〈표 2〉의 도식의 중심에 임명된 목회자의 활동에 단순히 참여함으로써 받게 되는 목회적 돌봄의 이미지보다 더 큰 돌봄의 이미지를 배치했음에 주목할 필요가 있다. 살아 있는 기독교 공동체의 목회자는 돌봄을 주고받는 전체 행위 안에서 중요한 행위자이기는 하지만, 유일한 행위자는 아니다. 그러므로 이 도식은 돌봄의 과정에 대한 성직자의 주요한 공헌이 기독교 공동체 내에서 전통, 구성된 개인과 가족, 그리고 사회문화적 상황과 관련된 돌봄의 해석적인 지도력을 제공하는 것임을 보여 준다. 때때로 이것은 성직자가 개인을 위해서 특별한 돌봄을 제공할 수도 있음을 의미한다. 하지만 커다란 의미에서의 목회적 돌봄은 성직자가 개인을 넘어서 기독교 공동체와 사회에까지 돌봄의 관심을 두는 것을 포함한다.

지금 우리는 목회적 돌봄의 역사를 살펴 보고 있는데, 서둘러 로마 제국과 제국 교회 이후의 시대를 살펴 보기 전에, 그 당시와 우리의 시대 사이에 중요한 유사점이 있다는 것을 발견할 수 있었던 반면, 커다란 차이점도 있다는 것에 주목해야 한다. 제국 시대는 로마 사회의 분열적인 요소들을 로마 제국의 문화의 중심으로 만들어 유지시켰는데, 교회 역시 이러한 식으로 세워졌다. 서양 사회의 중심이라는 종교적 가치들이 모호해지고 혼란스러워진 우리의 시대는 여러 면에서 그 당시와는 완전히 다른 듯하다. 과거보다 요즘 세속주의가 더 왕성해진 것처럼 보인다. 교회는 심각하게 쇠퇴해 가고 있다. 이것은 우리 시대의 돌봄의 구조와 의미가 많은 측면에서 불분명하고 로마시대의 교회보다 인도자로서 교회와 교회의 목회자가 그 역할을 인정받지 못하고 있음을 의미한다. 우리의 돌봄의 모델들은 변화하는 상황에 맞게 수정되어야 한다. 그렇지만, 중세 초기 교회의 상황에 대해 고찰하다 보면 우리는 도움이 되는 유용한 해석적 구조를 얻을 수 있다.

로마제국의 몰락과 기독교의 유럽 전파

기독교 교회가 로마제국에 통일성을 제공하는 문화적 힘으로 자리잡자 곧 로마제국은 붕괴하기 시작했다. 로마제국이 고대 지중해에 제공한 안정은 "우리가 서부 유럽이라고 알고 있는 지역들을 휩쓴 야만스런 유목민"의 침략으로 파괴되었다.[15]

---

15) Clebsch와 Jaekle, 21.

외견상 문화적 통일성을 제공하는 것은 다시 교회의 임무가 되었다. 이러한 역할은 기본적으로 두 가지 방향에서 이루어졌다. 하나는 고대 로마의 문명이 지속됨을 상징하는 엘리트 집단을 형성하는 것이며 다른 하나는 삶에 대해 기독교적인 설명을 해주고 살면서 겪게 되는 어려움에 대해 기독교적 처방을 제시함으로써 서민들을 교화시키는 것이었다. 이 두 임무를 위해서 급성장하는 베네딕트 수도회의 수도자들은 유럽을 기독교화 하는 데 핵심적인 역할을 했다.

〈표 2〉의 해석적 구조를 기억하면서, 4세기와 5세기에는 기독교의 신학적인 전통에 대한 돌봄과 해석과 관련해서 교회 내에 상당한 선동과 논쟁이 있었다는 것을 인식하는 것이 중요하다. 이 시대에는 아리우스 논쟁과 네스토리우스 논쟁, 니케아 공의회, 그 외의 수많은 사건과 교회 안에 신학적인 정통성을 확립하려는 노력들이 있었다. 이러한 모든 논쟁들과 결정들은 목회적 돌봄과 공동체의 돌봄이 발달하는 과정에 영향을 주었다. 또한 이 시기는 서방교회에서 힙포의 어거스틴이 표명한 삼위일체 신학이 전통적인 중세 신학의 주요한 기초가 된 시기였다.

토마스 오덴Thomas Oden의 간단하면서도 가치있는 연구인 『고대 전통에서의 영혼의 돌봄』Care of Souls in the Classic Tradition에서 말한 대로 유럽에 기독교가 전파되던 시기에 대그레고리Gregory the Great 540-604 C.E.보다 더 위대한 사람은 없었다. 어거스틴이 중세신학의 터를 다졌다면, 그레고리는 기독교 공동체 안에 목회의 기본적인 양식을 만들었다.[16]

---

16) Thomas C. Oden, *Care of Souls in the Classic Tradition* (Philadelphia: Fortress

34세에 베네딕트 수도회의 수도사가 되면서 그레고리 대주교는 시실리와 로마에 많은 수도회를 세웠다. 그리고 그의 추종자들은 스페인, 롬바르드Lombards, 사르디니아, 브리튼에서 책임감을 가지고 선교 활동을 하였다. 따라서 그레고리는 중세 유럽에 광범위하게 영향력을 미치게 되었으며, 590년에는 로마 교황이 되었다.

여기서 우리의 목적을 위해 중요한 것은 그레고리의 활동에 기인한 목회적 돌봄의 두 가지 중심적인 주제를 살펴보는 것이다. 그레고리는 신자의 영혼을 위한 개인적인 지도를 강조했으며 기도, 묵상, 영적인 훈련을 통해 일상적인 생활을 조절하는 것을 중시했다. 그레고리는 삶 속에서 각 사람들과 그들의 특정한 상황은 개인적이며, 상황을 고려한 관심을 필요로 한다고 보았다. 그레고리는 성직자들이 개인의 영혼을 지도하는 데 이용하도록 많은 지침서를 남겼다. 그리고 자신이 저술한 『목회적 돌봄』을 널리 보급시켰는데, 중세의 목회를 위한 지침서로 가장 널리 읽히는 책이 되었다.[17]

토마스 오덴이 보여준 대로, 그레고리는 인간 심리학에 대해 정교하게 이해한 점과 개인적 욕구의 특성을 강조한 점에서 20세기 목회적 돌봄의 부흥을 특징지을 수 있는 많은 강조점과 논쟁점들을 예견했다고 볼 수 있다. 그레고리와 그의 베네딕트 수도회의 추종자들은 가난한 사람

Press, 1984), 43-44.

17) Gregory the Great, *Pastoral Care*, trans. Henry Davis, Vol.11, Ancient Christian Writers Series(Westminster, Md.: Newman, 1950).

들과 특별한 환경에 처해서 도움을 필요로 하는 사람들을 돕는 일에 특별한 관심을 두었다. 임상목회적 돌봄이라고 불리는 일에 참여하고 있는 우리들은 그레고리를 우리의 가장 중요한 영적 선배들 중 한 사람으로 보고 있다.

그레고리가 중세의 목회적 돌봄의 모델을 형성하는 데 중요한 역할을 했지만, 그가 사용한 방법 중에서 적어도 두 가지 측면은 시대를 거치면서 결함이 있는 것으로 나타났다. 첫째는 무엇보다도 그레고리는 성직자의 권위적인 역할을 자신의 목회적 관계의 전형적인 모범으로 삼았다는 점이다. 그레고리에게는 목회적 권위가 사람 위에 군림하는 권위를 의미했다. 둘째는 그레고리의 목회적 방법론은 지나치게 기계적이고 규정적이었다. 이는 개인의 특별한 욕구를 충족시키는 데 그다지 융통성을 발휘하지 못했다. 이러한 점들과 관련해서, 여성학자인 로버타 본디Roberta Bondi는 사막의 교부들의 지지와 상호적 격려라는 공동체적 관계성을 부각시킴으로 그레고리보다는 평등하고 영적으로 민감한 돌봄의 모델을 제공했다. 이들의 모델들은 지극히 개인화된 돌봄으로 목회적 관계에서 비지시적인 경향을 보였다.[18]

현대의 목회활동과 중세 초기의 목회적 돌봄 사이에는 주목할 필요가 있는 두 가지의 다른 해석적 연관성이 있다. 첫째는 우리 시대와 마찬가지로, 영혼의 돌봄과 육체의 돌봄 사이의 상관성에 초점을 둔 인간의 영

---

18) Roberta Bondi, *To Love As God Loves*(Philadelphia: Fortress Press, 1987), and "The Abba and Amma in Early Monasticism: The First Pastoral Counselors?" *The Journal of Pastoral Care 11* (December 1986): 311-20.

적인 요구와 훈련에 관한 사고방식이 발달했다는 점이다. 영적인 역할과 경험을 육체의 역할과 경험에 비유하는 것처럼 영적인 건강이나 영적인 질병과 같은 용어가 흔하게 사용되었다(예를 들면, 성직자는 영혼의 의사로 비유되었다). 둘째는, 중세 초기 동안, 의식용 기름이나 연고를 바름으로써 죄의식이나 낙심과 같은 영적인 문제들을 치료하는 방식이 널리 실행되었다. 실제로 치유는 목회적 돌봄의 우선적인 중요한 형태가 되었다.

　다시 〈표 2〉의 해석학적 구조를 보면, 중세 초기의 교회가 의심 없이 봉건 사회를 그대로 받아들인 점에 있어서 기독교 역사의 제국적 시기와 우리 시대 바로 전 시기 사이에는 그다지 직접적인 해석적 연관성이 없어 보인다. 서민들에게 있어 규율적이고 순종적인 삶을 인정한다는 것은 봉건적 구조 아래서 배정받은 지위를 받아들이는 것을 의미했다. 비록 그레고리가 가난한 사람들의 신체적인 건강을 보살피는 일과 도덕적 교육에 많은 관심을 기울였다 할지라도, 그레고리나 그 당시 다른 목회 인도자들은 점차로 가난한 사람들을 희생시키는 사회 제도에 이의를 제기하지 않았다. 불공평한 사회제도를 의심없이 받아들이는 경향은 20세기의 목회적 돌봄 운동에서도 찾아볼 수 있다. 가난한 사람들과 사회에 대한 돌봄이 서로 조화를 이루려면 여러 가지 작업이 이루어져야 한다.

중세의 성례중시주의

　영혼의 의사로서의 성직자와 육체의 의사로서의 의사 사이의 유추가 중세 초기에 시작되었다면, 중세 절정기에는 이 유추가 더욱 과장되었다. 성례적 치유는 목회 활동의 표준이 되었다. 다양한 의례적 행위들이 강조되었고 여기에는 다양한 종류의 면죄부의 발행도 포함되었다. 돌봄의 신학적 근거에는 거의 관심을 두지 않은 채 성직자들의 고해성사의 집행에 관한 초기의 책자들은 더욱 정교해졌다. 이 책자들 중에서 비교적 교육수준이 높지 못한 성직자들 사이에 가장 널리 퍼진 것은 제의적 회개 지침서들Celtic Penitential Manuals이었다. 이에 대해 존 맥나일John Mcneill은 "불충분하게 쓰여졌으며 다른 책들을 서투르게 모방했다…거의 예외없이 라틴교회의 문헌에서 발췌한 것이다. 이 책들에 기록된 죄와 형벌의 목록은 성직자들이 원시사회의 산물, 바로 처벌자임을 나타낸다"고 적고 있다.[19]

이 시기는 또한 프란시스 수도회의 창설자인 아씨시의 프란시스Francis of Assisi와 같은 인물들이 살았던 시기였음을 기억해야 한다. 프란시스는 성직자로서의 권력을 추구하지 않고 가난한 자들과 소외된 자들을 겸손히 섬기는 삶을 살았다. 말 뿐만 아니라 행동을 통해 사람들과 결속된 삶의 모범을 보였으므로 프란시스를 따르는 많은 추종자들이 있었다. 프란시스는 종종 고해성사의 집행을 잘못을 벌 주기보다는 자만심을 낮추고 이기적이지 않은 삶을 살도록 격려하는 방법으로 사용했다. 따라서 프란시스의 목회적 돌봄은 서민들을 위한, 그리고 서민들의 삶의 모델이 되었다.

---

19) McNeil, 135.

우리 시대가 이 시기의 역사로부터 받은 유산은 사실 복합적이다. 중세 절정기가 지금의 목회적 돌봄을 위해 직접적으로 적용될 모델을 제공해준 것은 아니지만, 이 시기에 대한 연구는 서로 관련된 두 가지의 문제를 야기한다. 첫째는 신의 은혜와 용서가 어떻게 사람들에게 받아들여지고 사용될 것인가 하는 문제이다. 말하자면, "교회 자체를 과장하거나 사람들의 요구를 이용하지 않으면서 사람들을 위한 하나님의 공동체의 돌봄이 하나님의 자비로운 돌봄을 어떻게 표현하고 구체화할 것인가?"이다. 간단히 말하면, "어떻게 하나님의 돌봄과 하나님의 백성이 공동체의 의례 속에 가장 잘 표현될 수 있을까?" 하는 문제이다. 둘째는, "어떻게 기독교 공동체가 가난한 자들과 학대받는 자를 돌볼 수 있을 것인가?"이다. 이것은 여전히 우리가 성실하게 답하려고 노력해야 할 문제들이다.

개혁의 시대

목회적 돌봄이 신앙의 전통을 돌보는 것을 포함한다면, 기독교 역사에서 목회적 돌봄에 가장 급진적인 변화가 있었던 시기는 개신교 개혁의 시기였다. 마틴 루터Martin Luther와 그 밖의 개혁가들의 막강한 지도력의 영향으로, 교회의 몇몇 소수 집단은 성례중심주의와 성직자들이 고해성사의 규율을 사용하는 것에 등을 돌렸고, 구원을 위해 개인적으로 연구하며 영혼을 돌보는 일에 관심을 두었다. 만민제사장설이나 이신득의와 같은 교리를 적용함으로, 새로이 개혁된 교회의 돌봄은 이전보다 훨씬 개인화되었다.

루터는 중세 가톨릭교회의 성례중심주의가 면죄부의 발행으로 타락했다고 주장하면서 이는 너무나도 기계적이고 손쉬운 방법이라고 말했다. 루터에게 있어서 복음은 개인적인 고백과 완전한 개인의 참여, 즉 하나님과 직접적인 관계를 맺고 영혼의 완전한 구원을 위한 영혼의 탐구를 필요로 하는 것이었다.[20]

사람들을 위한 목회적 돌봄은 하나님과의 개인적인 관계를 촉진시키는 과정이 되었다. 개인의 영혼을 하나님과 화해시키는 것, 그리고 신앙공동체의 구성원의 영적인 삶을 지도하는 것은 핵심적인 목회 임무가 되었다.

또한 루터의 목회적 돌봄은 돌봄을 받지 못하는 사회의 피해자들을 돌보고 보호하는 일에도 관심을 두었다. 예를 들면 목회 지도에 관해 삭소니의 프레데릭Prince Frederick of Saxony에게 보낸 장문의 편지 첫머리에 루터는 다음과 같이 적고 있다.

우리의 주요 구원자인 예수는 우리에게 하나의 명령을 남겼고, 이는 모든 기독교인에게 해당된다. 예수의 명령에 따라 우리는 인간으로서의 의무, 또는 (성서의 표현을 빌리자면) 자비로운 행위를 고통받고 고난 가운데 있는 사람들에게 행해야 한다. 그리고 우리는 병자를 방문하고 사로잡힌 자를 해방시키고, 이웃들에게 그 밖의 선을 베풀어야 한다. 이렇

---

20) Clebsch와 Jaekle, 27.

게 하는 것이 이 시대의 악을 조금이나마 가볍게 하는 것일지 모른다.[21]

여기서 우리는 루터의 목회적 돌봄의 개념이 "시대의 죄악"의 피해자들을 포함해서 특별한 도움을 필요로 하는 사람들에게 우선적인 관심을 가지고 있음을 보게 된다. 더욱이 이러한 목회적 관심은 단순히 목회자만이 아니라 모든 기독교인의 책임임이 분명하다. 여기서 우리는 이것이 루터가 만인제사장설을 강조한 결과임을 알 수 있다.

그러므로 지금까지 나는 루터의 목회적 돌봄의 개념을 특징짓는 개인화와 모든 기독교인의 목회적 책임론으로의 변화에 초점을 두었다. 하지만 루터는 분명히 이러한 개인주의적인 변화를 주장한 유일한 개혁가는 아니었다. 이러한 변화는 존 칼빈John Calvin이나 마틴 부서Martin Bucer에게서도 발견할 수 있다. 그러나 하나님과 이웃과의 화해의 수단을 제공하는 데 있어 칼빈이 보다 제도적으로 규정적이고 조직적이었던 것은 사실이다.

지면 관계상 개신교의 개혁의 시기 동안 다양하게 개인주의화 된 목회 활동에 관한 모든 것을 논의하기는 어렵다. 하지만 루터에 의해 형성된 이러한 경향은 현대 목회적 돌봄의 표준으로 받아들여진다. 현대 신학자인 테오도르 제닝스Theodore W. Jennings는 다음과 같이 말한다. "'당신이 마음에 의지하고 있는 것이 무엇이든 간에 그것이 바로 당신의 하나님이다' 또 '신앙은 하나님과 우상 모두를 만들어 낸다' 와 같은 루터의 유명한 격언은 하나님의 교리의 새로운 상관개념으로 개인의 경험에 관심을

---

21) Martin Luther, *Clebsch*와 *Jaekle*, 211에서 재인용.

둔 현대신학의 표어의 역할을 하고 있다."[22]

개인적으로 구원과 하나님과의 직접적인 관계성의 추구를 강조하는 경향은 개신교에만 나타났던 것은 아니다. 이 때는 또한 예수회를 창설하고 지금도 여전히 널리 읽히는 『영신수련』 Spiritual Exercises을 저술한 로욜라의 이냐시오Ignatius of Loyola가 활동하던 시기였다. 대략적으로 비슷한 시기이기는 하지만 이그나티우스보다 조금 앞서 토마스 아 켐피스 Thomas a Kempis는 『그리스도를 본받아』 Imitation of Christ를 집필했다.

로마 가톨릭의 이 두 영적 인도자들은 폭넓은 지지자들의 관심을 끌었다. 그리고 비록 명상적이고 공동체적인 구조 내에서 활동을 했지만, 이 두 인도자는 하나님과의 연합을 위해 개인적인 영혼을 탐색하는 일에 우선적인 강조점을 두었다. 그러므로 중세 초기와는 반대로 개혁의 시기에는 인간주의와 개인주의적인 정신이 점차적으로 종교 생활에서 중시되었으며, 특히 목회활동에서 중요한 위치를 차지하게 되었다.

20세기 말의 목회적 돌봄을 수행하고 있는 우리는 개신교의 개혁으로부터 얻은 유산을 잘 활용하는 것이 중요하다. 현대의 목회적 돌봄 집단에서 폭넓게 논의되고 있는 몇 가지 논쟁들은 개혁의 시기에 그 뿌리를 두고 있거나 적어도 유사성을 가지고 있다. 이 중 하나는 15세기나 16세기와 같이 우리 시대에도 개인화와 협동적이고 공동체적인 삶의 질서 중 무엇이 우선인가 하는 문제에 대한 갈등과 긴장이 여전히 존재한다는 점

---

22) Theodore W. Jennings, Jr., *Beyond Theism: A Grammar of God-Language* (New York: Oxford University Press, 1985), 44.

이다. 현대의 개인주의의 뿌리를 모두 종교개혁에 두는 것은 현명하지 못한 일이기는 하지만, 이 시기가 서양 사회에 넓게 드려져 있는 개인주의를 태동시키는 데 중요한 역할을 한 것은 분명하다. 다음 장에서 더 자세히 논의하겠지만, 최근의 목회적 돌봄의 실행은 개인주의적인 강조점을 반영하고 있다. 공동으로 합의된 가치와 목적을 가진 모델을 통해서 기독교 공동체를 돌보고 개인의 삶을 지지하는 데에 더 많은 관심을 기울일 필요가 있다는 것을 우리는 쉽게 발견할 수 있다. 변화하는 상황에 따라 다른 형태를 나타나기는 하지만, 교회, 즉 교회의 집합적인 구조의 권위로서의 목회적 돌봄과 성직자와 도움을 청하는 자간의 개인적인 관계성으로서의 목회적 돌봄 사이의 목회적 돌봄에 관한 논쟁은 지금도 여전히 계속되고 있다.

종교개혁에 뿌리를 둔 현대의 두번째 논쟁은 어디에 초점을 두어야 하는가의 문제이다. 우리는 개인의 영혼을 구원하는 데 우리의 노력을 집중시킬 것인가 아니면 시대 상황에 따라 고통받는 사람들을 돌보는 데 집중할 것인가? 우선적인 목회적 관심의 영적인 방향성을 하나님과의 친밀한 관계를 경험함으로써 구원받는 경험에 둘 것인가 아니면 루터가 말한 것처럼 병자를 돌보고 학대받는 자를 위로하는 "인간적인 의무"에 둘 것인가?

세번째 논쟁점은 예전부터 내려온 권징의 문제이다. 넓은 의미에서 종교개혁 전의 목회 사역은 일반적으로 본래 목회자로서의 사제는 권징하는 자라는 생각을 바탕으로 이루어졌으며, 권징에 의해서 신자들은 신앙 공동체 안에 머물기도 하고 추방되기도 했다. 종교개혁자들은 목회적 권위의 패러다임에서 발달한 목회적 활동에 이의를 제기했다. 종교개혁과 함께 소집단의 상호작용을 통한 상호적 권징은 마틴 부서의 활동을 통해서 개신교회에서 나타나기 시작했다. 그리고 이러한 상호적 특징은 뒤에 존 웨슬리에 의해서 한층 더 다듬어졌다. 웨슬리는 신자들의 상호적인 교육과 훈련을 위해서 속회라는 체계를 만들어냈다.

루터의 종교개혁 이후로 수세기를 거치는 동안, 권징으로서의 목회적 돌봄 사역은 현재까지 대부분의 개신교와 가톨릭의 성직자들의 목회 사역에서 점점 자취를 감추어가고 있다. 이는 단지 간접적으로 이루어지고 있으며 영향을 미치거나 추방할 수 있는 권한은 줄어들었다. 교회 안의 소집단들은 종종 교회의 권징 수단이기 보다는 상호적인 지지 집단으로 인식되고 있다.

목회적 돌봄을 수행하고 있는 우리에게는 신자들의 삶과 그들의 신앙의 공동체와의 관계성을 바로잡는 데 어떻게, 그리고 어느 정도까지 도움을 줄 것인가 하는 문제를 해결해야 한다. 권징으로서의 목회적 돌봄은 사라져버린 것인가? 권징은 목회적 돌봄 사역에 꼭 필요한 것인가?[23]

계몽운동의 시기

이제 목회적 돌봄의 역사 중 근대의 시작을 알리는 계몽운동의 시기

---

23) Don S. Browning's Article "Displine, Pastoral Care As (History)" in Rodney J. Hunter, ed., *The Dictionary of Pastoral Care and Counseling*(Nashville: Abingdon Press, 1990), 389-91. 현대 사회에서 목회 분야의 기술의 상실에 대해서 간단하지만 훌륭하게 논의하고 있다.

에 대해 살펴보기로 하자. 계몽운동의 시기에는 세속주의가 생겨났다. 세속주의란 하나님을 배제하고 인간의 삶에 영향을 미치는 신의 활동을 인정하지 않은 채 현재의 삶은 물론 인간의 과거 역사를 이해할 수 있다는 믿음이다. 계몽운동의 발단은 18세기의 유럽의 철학적 경향과 관계가 있지만, 이러한 서구의 변화는 대체로 17세기에 일어나기 시작했다고 볼 수 있다. 이 변화는 인간의 이성에 대한 기본적인 신뢰, 인간의 학습능력에 대한 가능성을 향한 열정, 그리고 경험주의적인 진리추구 방법에 대한 확신 등으로 특징된다.

이전 시대에서와 마찬가지로, 이 시대의 목회적 돌봄 사역은 이 시대의 정신과 가정에 큰 영향을 받았다. 전통 자체에 대한 돌봄은 이성적인 방향으로 변화했다. 이성과 심지어 경험주의적인 배경에서 하나님의 존재를 증명해 보려는 노력이 생겨났다. 그리고 계시된 신학과 경험과학 사이에 경쟁이 시작되었다.

인간의 사고와 실천에 대한 이러한 새로운 경향에 부응하여, 목회적 돌봄 사역은 보다 과학적이고 "실용적인" 경영의 형태를 지향하기 시작했다. 1656년에 영국의 장로교회 목사인 리처드 백스터Richard Baxter가 출판한 『개혁자 목회자』The Reformed Pastor는 이러한 새로운 방식으로의 목회자의 사역을 이해하는 데 도움을 준 저서들 중에 가장 영향력이 있었다.

존 번연의 『천로역정』(1678)과 같은 이 시기의 다른 목회 관련 문헌과 마찬가지로, 백스터는 우선적으로 두 가지에 관심의 초점을 두었다. 이 관심사란 바로 영원한 구원을 위해 이 세상에서 많은 고난과 어려움을 겪고 있는 사람들을 지탱하는 일과 개인의 도덕성을 유지시키는 일을 말한다. 사람들에 대해서 알고 그들을 지도하려고 노력하면서, 백스터는 적어도 일 년에 한 번씩은 맡은 교구의 각 가정을 방문해서 시간을 보냈다. 이 방문에서 백스터는 이 두 가지 관심사에 열정을 쏟았다. 자신의 목회 활동에 관해 기록한 글에서 백스터는 다음과 같이 말한다.

> 우리는 가능한 한 완전히 성도들의 상태에 대해서 많은 것을 알도록 노력해야 한다. 성품과 성향, 그리고 그들이 나누는 대화 모두를 알아야 한다. 그리고 그들에게 가장 위험스러운 죄가 무엇인지, 그들이 무시하고 있는 의무들에 대해서도 알아야 한다. 그리고 그들이 가장 빠지기 쉬는 유혹이 무엇인지 알아야 한다. 우리가 사람들의 기질과 병에 대해 알지 못한다면, 우리는 결국 실패한 의사가 될 수밖에 없기 때문이다.[24]

백스터의 사역은 세 가지의 기본적인 목적을 구체화했는데 (1) 성도들의 영적 건강에 대해 아는 것 (2) 성도들에게 가장 중요한 선인 진정한 행복의 근원을 알려 주는 것 (3) 진정한 행복을 얻도록 성도들에게 적절한 방법을 알려 주는 것과 잘못된 삶의 방식을 추구하지 않도록 도움을 주는 것이다. 백스터는 병자와 죽어가는 사람들을 돌보는 데 특별한 관심을 두어야 한다고 주장했으며 실제로 그의 주장을 실행에 옮겼다. 백스터의 의도는 신실한 사역을 통해 고통 중에 있는 사람들을 도와주는

---

24) Richard Baxter, *The Reformed Pastor*, ed. John T. Wilkinson (London: Epworth Press, 1939), 83, Seward Hiltner, *Preface to Pastoral Theology* (Nashville: Abingdon Press, 1958), 30에서 인용.

것과 사람들이 영원한 존재로서의 궁극적인 변화를 직시하도록 준비시키는 것이다.

종교개혁 시기의 목회적 돌봄에서 중요시되던 많은 주제들이 백스터를 통해 계속 이어져 오고 있음을 알 수 있다. 종교개혁자들과 마찬가지로, 백스터는 권징으로서의 목회적 돌봄이 가지고 있는 문제를 해결하기 위해 새로운 방법들을 모색하기 시작했다. 세속화되어가는 시대적 경향에 대항하면서 백스터는 사람들의 신앙을 유지시키는 데 주력했다. 백스터와 다른 목회인도자들에게 있어 권징은 유대교로부터 기독교의 유산에 깊이 뿌리박힌 도덕성을 회복하려는 노력이었다. 근본적으로 목회적 돌봄은 사람들이 도덕적인 삶을 살도록 하기 위해 제공되는 돌봄을 의미했다.

리처드 백스터의 활동이 근대로의 전환기 동안 이루어진 목회적 돌봄의 전형적인 형태이기는 하지만, 백스터의 주제들은 영어권의 청교도, 루터파, 개혁파, 성공회 등의 개신교는 물론 독일의 경건주의에서도 다양하게 변화된 형태로 발견된다. '마음의 종교―이를 통해 영혼은 전통적인 기독교 교리에 대한 공격으로부터 자유로울 수 있다'는 개념을 포함함으로 독일의 경건주의자들은 백스터와 같은 목적을 추구하고 있다.[25]

우리는 리처드 백스터로부터 배워야 할 점이 많이 있다. 백스터는 우리에게 목회자와 사람들 사이에 친밀한 관계가 근본적으로 중요함을 보

---

25) Clbsch와 Jaekle, 29.

여 준다. 그리고 사람들이 살면서 투쟁하는 것들에 대해 상세하게 알아야 할 필요가 있다고 말한다. 백스터는 매일 매일의 우리의 관계를 아주 신중하게 다루어야 하며, 그리하여 이들 관계가 단순히 일상적이고 사교적인 것이 되지 않도록 해야 한다고 충고한다.

백스터는 또한 가족간의 관계성을 강조한다. 백스터가 자신이 맡은 교구의 가정을 일년에 한번씩 방문하면서 조직적이고 신중하게 그 가정을 살핀 것은 성도들의 실제의 삶을 알고자하는 현대의 목회자들이 본받아야 할 부분이다. 백스터가 오늘날 적용할 수 있는 가족의 움직임을 관찰하기 위한 방법들과 가족체계이론을 사용할 수 있었던 것은 아니었다. 하지만 성도의 영적 건강에 대한 백스터의 깊은 관심은 현대의 목회자들에게 아주 훌륭한 자극이 된다.

또한 우리는 백스터와 당시의 목회자들에게서 도덕과 윤리에 관심을 둔 중요한 모델을 얻을 수 있다. 성도들의 삶 속에 있는 도덕적 문제들에 민감하게 대처함으로써 여러 가지 측면에서 이들은 고대의 제사장적, 예언자적, 지혜자적 역할을 모두 결합시켰던 것이다. 이들이 자신들의 목회활동에서 가치중립적 태도를 가지지 않았던 것은 분명하다. 비지시성은 이들이 사용한 방법이 아니었다. 사실 이들은 성도들의 영적인 삶에 방향성을 제공해 주고 조언을 해 주는 데 전문가들이었다. 오늘날 사역을 하는 우리는 오늘날의 관계가 20세기 중반의 목회적 돌봄의 인도자로부터 물려받은 유산에 의해서 상당히 완화되었음을 발견할 수 있을 것이다. 하지만 백스터와 그의 동료들로부터, 우리는 목회활동에 있어 중요한 것은 선하고 도덕적인 삶을 가능케하는 것은 진정 무엇인가에 대한 관심이라는 것을 배울 수 있다.

주의론과 종교의 사유화의 시대

계몽운동의 시기 이후의 상황을 살펴보면, 종교개혁 이후의 시기에 시작된 이러한 경향은 계몽운동의 시기를 지나면서 이성주의와 세속주의와 혼합하게 되었고, 그 뒤 교회생활에 임의로 참여하는 분위기가 형성되면서 종교적인 사유화 현상이 나타나게 되었다. 19세기의 출발에 즈음하여 프리드리히 슐라이에르마허Friedrich Schleiermacher와 같은 신학자들은 인간의 사회적 관심사를 공적인 영역과 사적인 영역으로 구별해서 신앙적인 삶과 종교적인 활동을 개인적인 영역에 포함시켜야 한다고 강력하게 주장했다.[26]

특히 미국에서, 그리고 대영제국과 유럽에서도, 국가적인 후원, 통제와 관련되어 기존 교회들이 가지고 있던 지배력은 임의적인 연합에 의해서 조직된 교회 조직들과 종교 다원주의로 넘어갔다. 중세에 사회를 위해 문화적 가치의 공식적인 중재자의 역할을 했던 교회는 임의의 신자의 참여에 의해서 만들어진 개인적인 공동체로 완전히 탈바꿈하였다.

주의론voluntarism과 종교적 사유화privatism로의 전환은 교회 안에서의 목회적 돌봄의 기능과 역할에 대한 일반적인 이해에 깊은 영향을 주었

---

26) Friedrish E.D. Schleiermacher, *On Religion, Speeches to the Cultured Despisers* (New York: Harper Torchbooks, 1958), 155-56, 175.

다. 믿음과 행동을 통제하는 데 관심을 두었던 권징으로서의 목회적 돌봄의 역할은 거의 사라졌고 대신에 회심과 종교적인 삶을 육성하는 목회적 돌봄의 역할이 훨씬 강화되었다. 그러므로 19세기는 목회에 있어서 시험적인 시기가 되었다. 특히 미국에서 목회의 이러한 새로운 형태는 변화하는 문화적 환경이 물론 지금은 도시와 마을로 조직화되고 있지만, 변화하는 서부 개척 사회의 사회적 환경에 맞게 수정될 필요가 있었다.

브룩스 홀리필드E. Brooks Holifield가 자신의 책 『미국의 목회적 돌봄의 역사』 History of Pastoral Care in America에서 지적한 대로, 이 시기의 목회적 돌봄의 전형적인 인물은 1850년에 『목회자 수첩』 Pastor's Sketches을 출간한 이카보드 스펜서Ichabod Spencer 목사였다. 브루클린에서 사역한 스펜서는 자신이 "고뇌하는 탐구자"라고 명명한 사람들과의 대화를 기록했다. 홀리필드는 스펜서의 『목회자 수첩』 2판에 대해서 다음과 같이 적고 있다.

> 스펜서는 신중했으며 다소 방어적이기도 했다. …그는 모든 사람이 그의 대화의 형식을 찬성하는 것은 아닐 것이라고 기록했다. 그러나 스펜서는 "감정을 상하게 할 만한" 말은 한 문장도 고의로 언급하지 않았음을 독자들에게 분명히 했다. 어떤 표현들은 "무뚝뚝하거나 심하게" 들렸을 수도 있다. 그러나 분명히 "섬세한 취향의 사람이라도 공격적이라고 할 만한 것"을 발견할 수는 없을 것이다. 스펜서의 목적은 단지 "사람들로 하여금 진실을 이해하게 하는 것"이었다. 대화 방법에 대한 스펜서의 변론은 남북전쟁 전 미국에서 행해진 영혼의 치료를 특징짓는 그의 가정presupposition과 문제를 모두 구체화하고 있다. 가정이란 목회

자는 의지에 호소하면서도 이성과 감성 모두에 적절한 비중을 두리라는 것이다. 문제는 섬세한 취향을 가진 사람들을 배려하면서 어떻게 "진실"을 주장할 것인가를 결정하는 것이다.[27]

브룩스 홀리필드는 19세기의 종교적인 삶에 적절한 목회적 돌봄의 형태를 발견하려고 노력한 이카보드 스펜서에 대해서 이와 같이 해석했는데, 여기서 우리는 1656년에 리처드 백스터가 인식한 변화와는 다른 중요한 상황의 변화를 감지할 수 있다. 자원하는 기독교인과 함께, 스펜서는 진실을 이야기하려는 동안에도 공격적이지 않도록 더욱 신경써야 한다고 느꼈다. 1850년에 이르러 권고하거나 통솔하는 스펜서의 권위는 약화되었다. 그렇지만 스펜서의 목회적 중요성은 여전히 남아 있었다. 스펜서는 사람이 신앙의 전통과 예배 공동체와의 관계를 지속해가는 동안 겪게 되는 삶의 흥망성쇠에 대해 처음부터 끝까지 "고뇌하는" 영혼을 인도하길 바랬다. 그리고 도덕성에 관한 자신의 관심을 나누기를 원했다. 그러나 스펜서는 "감정"에 주의 깊은 관심을 가지고 도덕적인 관심을 나누어야 했다. 간단히 말해서, 스펜서는 앞선 시대의 사람들보다 더 많은 심리학적인 통찰력을 가져야만 했다.

스펜서의 목회적 돌봄의 상황을 〈표 2〉의 목회적 사고의 구조를 통해 살펴보는 것이 유용할 것이다. 이 구조에서 우리는 스펜서가 새로운 방법으로 자신이 관계를 맺고 있는 사람들을 돌보는 것 만큼 전통에 대한

---

27) E. Brooks Holifield, *A history of Pastoral Care in America* (Nashville: Abingdon Press, 1983), 107-8.

돌봄에도 관심을 두어야 했다는 것을 알 수 있다. 왜냐하면 지금은 기독교인의 공동체 자체가 자발적 참여자들에 의해 구성된 집단으로 인식되며, 기독교 공동체 외의 장소에서는 각각의 구성원은 문화적으로 승인되는 범위 안에서 어떠한 종교적인 행동을 할지 결정하기 때문이다. 또한 우리는 전통, 개인, 공동체 이 세 가지 목회적 돌봄의 관심사는 모두 당시의 사회문화적 상황에 엄청난 영향을 받고 있었음을 알 수 있다. 스펜서가 걱정하고 조금은 방어적이었던 것도 그다지 이상한 일은 아니다.

 브룩스 홀리필드에 따르면 19세기의 사유화는 자기수양에 대한 관심을 증가시켰다: "적절하게 균형잡힌 자아를 통해서 의지, 지성, 감성이 조화롭게 발전했다."[28] 이러한 발전을 통해서, 목회적 돌봄의 종사자들은 심리학적 과정에 더욱 관심을 갖게 되었는데, 이 심리학적 과정을 통해 자아는 건강, 균형잡힌 자아의식, 구원의 경험을 동시에 달성할 수 있었다. 홀리필드는 당시 널리 퍼져 있던 목회적 돌봄사역의 중요한 사례로 다음과 같은 윌리엄 엘러리 챈닝William Ellery Channing의 글을 인용하였다.

 챈닝은 개인의 능력과 재능을 드러내는 자기 수양과 구원 사이에는 연속성이 있다고 주장했다. 그리고 "기독교라는 종교의 진수"는 "지속적인 인간의 개선을 통해서" 우리의 본성을 완전케하시는 하나님의 역사라고 결론을 내렸다. 챈닝에게 있어서는 이러한 과정이 바로 "유일의

---

28) Ibid., 153-54.

진정한 선"이었다.[29]

목회적 돌봄 사역의 우선적인 목적이 자기수양의 촉진이 되면서, 목회적 돌봄의 방법에도 급속하게 발전하고 있는 심리학적 지식이 충분히 활용되었다. 윌리엄 엘러리 챈닝의 활동 이후에도 중요한 변화들이 있었다. 19세기 말에 이르러, 아주 중요한 두 가지의 발전이 있었는데, 하나는 목회적 양식에서 이루어진 발전이고 다른 하나는 회중의 삶의 양식에서 이루어진 발전이다. 브룩스 홀리필드의 해석에 따르면, 활력 있는 실제적인 제의 virtual cult of vitality—"강건한 기독교" a muscular Christianity—가 목회적 지도력을 좌우했다. 이것은 소위 미국 기업의 거물들이 국가적인 영웅이 되어 가지게 되는 활력에 필적할 만하다. "설교의 대가들"에 의해서 기독교는 능력있는 삶의 근원으로서 발전하게 되었다. 교구민들과의 조용한 면담이 타당한지에 대해 목회 인도자들 사이에 논쟁이 생겨났다. 사람들은 이러한 대화가 삶에 대한 기독교의 능력을 촉진한다는 근거에서 이러한 면담을 옹호했다.[30]

교회의 돌봄의 사역의 장을 변화시킨 두번째의 발전은 회중의 삶 내에서 일어났다. 이 변화는 교회의 휴게실이 유행처럼 생겨나면서 나타났다. 이전에는 예배와 전도의 장소였던 교회가 이제는 공동체의 사교적인 장소가 되었다. 교회의 시설들은 "교회 학교의 발표회나 교회의 친목회,

---

29) Ibid., 156.
30) Ibid., 167-72.

여성들의 모임들, 청소년 집단, 소년단, 소녀단, 노래교실, 개혁단체들, 그 외의 다양한 조직들과 활동들을 주체"하는 데 사용되었다. 미국에서 신앙공동체를 위한 모임의 장소였던 교회는 많은 지역사회의 사교적 장소가 되었다.[31]

  목회적 돌봄 분야의 이러한 심리학적인 발달을 20세기의 혁신이라고 생각하는 사람들은 이러한 경향이 더 깊고 복잡한 문화적 뿌리에 기초한다는 사실을 기억해야 한다. 일부의 성직자들에게 있어서 심리학에 대한 관심은 그리스의 스토아 철학에 관심을 가졌던 존 크리소스톰의 시대까지 거슬러 올라간다. 그러나 주의론과 이에 따른 사유화 시기에 이르러서 목회사역의 심리학적 관련성에 대한 관심은 더욱 중요성을 갖게 되었다. 그러므로 목회적 돌봄의 심리학적 발달에 대해서는 다음 장에서 근대의 심리학의 영향에 의한 목회적 돌봄의 부흥과 관련해서 살펴보겠지만, 이러한 목회적 돌봄의 심리학적 발달은 혁신적인 새로운 변화일 뿐 아니라 최소한 200년 전에 시작된 경향이 지속된 것임을 이해해야 한다. 이러한 발달은 대체로 종교의 사유화에 따른 자연스러운 결과이다.

  또한 회중의 삶에 대해 서로를 돌보는 공동체로서, 그리고 공동체를 돌보는 사람들의 공동체로서 다시 관심을 쏟게 된 것은 인간의 삶을 공적인 것과 사적인 것으로 나누면서 생겨난 교회의 변화에 근거를 두고 있다. 이러한 변화들과 함께 성직자의 권위 또한 변화되었다. 그리고 기독교인의 상호적 돌봄도 다른 성격을 띠게 되었다. 결과적으로 지금은

---

31) Ibid., 173.

목회적 돌봄을 보다 광범위하게 생각해야 할 필요가 있다. 이는 신앙공동체 전체에 대한 돌봄을 포함한다. 이러한 관점에서 임명된 목회자의 작업으로서의 목회적 돌봄은 개인적인 돌봄의 작업은 물론 목회적 지도의 임무를 포함한다.

  목회적 돌봄의 역사는 사실 세상 속의 광범위한 교회의 역사와 병행하며 교회의 긴 역사 안에서 펼쳐진 중요한 역사적 큰 획들을 가지고 있다. 이번 장에서 우리는 20세기의 목회적 돌봄의 부활에 이르기까지 긴 목회적 돌봄의 역사를 간략하게 살펴보았다.

제2장

20세기의 목회적 돌봄

우리는 1장에서 120년 이상의 목회적 돌봄의 역사를 살펴보았고 이제는 20세기 목회적 돌봄 사역에서 일어난 획기적인 발전에 대해 생각해 보려고 한다. 이것은 우리와 가장 가까운 시기의 선배들, 그리고 그들이 목회적 돌봄의 역사에 끼친 공헌에 대한 이야기이다. 이들이 바로 오늘날 우리가 알고 있는 목회적 돌봄을 이룬 사람들이다. 이들의 공헌 중 상당수가 목회의 표준이 되었다. 그래서 이 표준에 따라서 목회적 돌봄의 옳고 그름의 여부가 판단될 뿐 아니라 우리에게 여러 가지 목회적 돌봄의 기본적인 수단과 방법들을 제공한다. 목회자들의 기독교 사역에 대한 기본적인 헌신—이에 대해서는 이번 장에서 다룰 것이다—이 1장에서 논의된 역사적 인물들의 헌신과 깊은 연속선상에 있기는 하지만, 이들은 20세기를 살아가는 사람들로서 인간의 필요에 대한 이들의 의식과 인식은 문화에 대한 의식과 관심에 의해서 생겨났다.

세기의 전환기: 종교심리학 운동

20세기 초반의 목회적 돌봄에서 가장 중요한 발달은 19세기 서양에서 급속하게 발달한 종교의 사유화에 기인한 자아의 추구와의 연속성에 있다. 종교는 자아발전과 밀접한 관련을 갖게 되었다. 이것은 자유주의 신학, 개인의 구세주로 예수를 영접함으로써 구원을 얻는다고 믿는 복음주의적 신학, 또는 경건하고 성결한 삶의 실천에 의한 자아의 도덕적 수양 중 개인이 어떤 것에 더 관심을 갖는가의 문제였다. 브룩스 홀리필드는, 특히 자유주의에 대해 언급하면서, 이 시기에 대해 "목회인도자들이 종교의 신비와 현실을 푸는 열쇠는 바로 '우리 자신 안에' 있다고 결론을 내렸다"고 말하고 있다.[1]

또한 이 시기는 유럽과 미국에서 근대 심리학이 시작된 시기였다. 유럽에서 1879년에 빌헬름 분트Willhelm Wundt는 최초로 심리학 실험실을 설립해서 인간의 정신적 상태에 대한 기본적인 연구를 시작했다. 그리고 이를 구조주의 과학적 접근이라고 명명했다. 같은 시기에 미국에서는 윌리엄 제임스William James가 보다 기능주의적 접근에 의한 심리학 연구를 시작했다. 그 직후에 제임스는 자신의 기능적인 심리학과 종교적 경험에 대한 관심을 결합시켰다. 1902년에 제임스는 『다양한 종교 경험』Varieties of Religious Expreience이라는 책을 저술했는데, 이 책은 널리 읽히면서 영향

---

1) E. Brooks Holifield, *A History of Practical Care in America*(Nashville: Abingdon Press, 1983), 198

을 미쳤다.[2] 곧 종교 심리학의 발달에 관심을 가지고 있던 심리학자들이 제임스의 연구에 참여하였다. 이들 중에는 G. 스탠리 홀G. Stanly Hall, 제임스 루바James Leuba, E. D. 에드윈 스타벅E. D. Starbuck, 그리고 뒤에 미국의 종교교육의 선구자인 조지 알버트 코우George Allbert Coe가 있었다.[3]

비록 윌리엄 제임스나 세기의 전환기의 다른 종교 심리학자들의 관심은 종교심리학의 발달에 있었기 때문에 목회적 돌봄 사역에 직접 관여하지는 않았지만, 널리 읽힌 그들의 저서들은 목회의 심리학적인 방향성을 제공하는 데 상당한 영향을 주었다. 과학적인 심리학은 목회자가 자아의 종교적 발달에 대해 문화적으로 형성된 관심에 반응하도록 하는 중요한 조력자 역할을 하였다. 자유주의적 신학자들에게는 특히 그러했다. 시간이 흐르면서 종교심리학 운동은 쇠퇴하였지만, 이 종교심리학자들은 후에 20세기 근대 목회적 돌봄의 아버지로 불리는 안톤 보이즌에게 강한 영향을 주었다.

세기의 전환기: 자아, 그리고 목회적 치유의 회복

우리가 앞에서 살펴본 대로, 중세기에 강조되었던 목회적 치유는 개신

---

2) William James, *The Varieties of Religious Experience*(New York: Random House, 1902).

3) James Leuba, *A Psychological Study of Religion*(New York: Macmillan, 1912); E. D. Starbuck, *The Psychology of Religion*(New York: Chales Scriber's Sons, 1899); George Albert Coe, *The Psychology of Religion*(Chicago: University of Chicago Press, 1916).

교의 종교개혁 시기를 거치면서 관심 밖으로 밀려났다. 개인의 영혼을 하나님과 이웃과 화해시키는 일이 개신교 목회자들의 주된 관심이 되었다. 비록 개신교 목회자들이 소집단을 통해서 일하고 당시의 심각한 사회적 문제들에 참여하기는 했지만, 그 후 계몽운동과 사유화로 이어지는 빠른 변화의 시기에 영적인 삶을 유지시키는 데 우선적인 관심을 두게 되면서 이것이 기존의 화해에 대한 강조와 결합하였다. 하지만 20세기 초에 심리학적인 지식이 목회의 주된 관심이 되었고, 목회 치유는 다시 관심을 받게 되었다. 심리학, 특히 고통받는 자아의 치료를 위한 심리학은 교회 안의 고통받는 사람들을 돕도록 목회자들의 능력을 향상시키는 것을 가능케 했다.

1904년과 1906년 사이에 미국에서 이러한 새로운 형태의 목회적 돌봄의 발달을 주도한 조직이 엘우드 우스터 Elwood Worcester 목사에 의해서 보스턴의 임마누엘 교회에 설립되었다. 그래서 이것은 임마누엘 운동으로 널리 알려졌다. 영국 성공회의 신부였던 우스터는 뉴욕에 있는 General Seminary를 1년 만에 졸업한 뒤 독일로 가서 윌리엄 분트와 분트의 스승이자 생리심리학의 창시자인 구스타프 페흐너 Gustav Fechner와 함께 연구했다. 미국으로 돌아가서 1904년에 임마누엘 교회의 교구 신부가 된 후, 뉴잉글랜드에서 성장하던 기독교 과학에 대해 혼란을 느꼈던 우스터는 1906년에 사택에서 자신의 작업에 두 명의 정신과 의사를 참여시켜서 신경성 장애와 영적인 장애를 가진 사람들을 상담하기 시작했다. 첫번째 회기에 198명의 사람들이 찾아왔다. 이것은 우스터 자신에게도 놀라운 일이었다. 이렇게 해서 임마누엘 운동이 시작되었는데,

이 운동은 히스테리와 우울증에서부터 알코올 중독과 도덕적, 영적 어려움에 이르기까지 모든 종류의 기능적 질환을 겪고 있는 사람들을 위해서 목회적 돌봄 종사자들의 노력과 심리학을 지향하는 의사들의 전문 지식을 결합시킨 운동이었다. 이 운동은 곧 다른 교회로 퍼져 나갔는데, 의학과 종교, 그리고 의사와 목회자 사이의 중요한 연대적 활동으로서 주로 자유주의 교파의 교회로 급속히 퍼져나갔다. 이 운동은 20세기 초반의 20년 동안 왕성했으나, 1930년대에 이르러 쇠퇴했고 1940년에는 완전히 사라졌다.[4] 하지만 병든 자와 고통받는 자를 치유하는 기술에 있어 이론과 실제를 결합한 이 모델은 수년 동안 목회적 돌봄 사역의 방향을 제공하는 중요한 모델이 되었다.

프로이드와 프로이드의 정신 분석의 영향

19세기 말은 생리심리학자의 연구와 윌리엄 제임스의 기능주의적 연구에 기인한 인간심리학에 대한 새로운 접근이 급속하게 발달하던 시기만은 아니었다. 19세기 말은 지그문트 프로이드 Sigmund Freud가 비엔나에서 자신의 연구를 시작했던 시기이기도 하다. 초기에 프로이드는 인간심

---

[4] 임마누엘 운동에 대한 더 자세한 내용은 다음을 보라. Allison Strokes, *Ministry After Freud*(New York: The Pilgrim Press, 1985), 19-26; 그리고 Orlo Strunk, Jr., "Emmanuel Movement," in *Dictionary of Pastoral Care and Counseling*, ed. Rodney J. Hunter (Nashville: Abingdon Press, 1990).

리학에 관해 새로운 발견을 하기 위해서 생리학적, 해부학적 토대를 지나치게 기계적으로 발전시키려고 했다. 하지만 곧 정신적이고 경험적인 방향으로 전환했다. 『꿈의 해석』Interpretation of Dream을 발표하면서 지그문트 프로이드는 개인의 감정적인 삶을 설명하는 데 전력했다.

비록 프로이드는 종교가 자신의 연구에서 문화적 신경증이라는 것을 설명해준다는 것을 제외하고는 종교에 대한 어떠한 관심도 가질 필요가 없다고 생각했지만, 그의 연구는 곧 유럽과 미국 모드에서 목회자들의 관심을 끌었다. 스위스 목사인 오스카 피스터Oscar Pfister는 정신분석 지향적인 목회적 돌봄의 형태를 발달시키기 위해 자주 프로이드와 연락을 했다. 피스터는 인간의 발달을 향상시키려는 목적에서 정신분석의 정화 능력과 종교의 치유 능력을 결합시키기 위한 연구를 했다.[5]

북미에서는 프로이드의 정신 분석이 임마누엘 운동의 인도자들과 종교심리학자들의 관심을 끌었다. 1909년에 이르러, 임마누엘 운동의 창시자인 우스터는 자신과 이 운동에 참여한 다른 사람들은 프로이드의 이론에 동조한다고 발표했다. 클라크Clark 대학의 학장이자 미국에서의 종교심리학 운동의 주요 창설자였던 스탠리 홀은 프로이드를 대학에 초청해서 정신분석에 관한 강의를 하도록 했다. 브릴A. A. Brill이 많은 교회에서 정신분석에 대해 강의를 했던 것과 더불어, 이 사건을 통해 미국에서 목회적 돌봄을 심리학적으로 새롭게 하는 일에 전념하던 사람들은 지그

---

5) Strunk, "Emmanuel Movement," 911을 보라. 오스카 피스터(Oskar Pfister)의 저서, *Psychoanalysis and Face*에서 지그문트 프로이드와 피스터가 서로 완벽하게 일치함을 발견할 수 있다.

문트 프로이드의 연구에 주된 관심을 가지게 되었다.

임상목회 교육 운동Clinical Pastoral Educational Movement의 발달에 대해 논의하면서 살펴 보겠지만, 지그문트 프로이드의 정신 분석은 20세기 초반과 중반에 걸쳐 오늘날까지도 심리학을 지향하는 분야로서의 목회적 돌봄의 확립에 중요한 영향을 미치고 있다. 하지만 정신분석의 기본적인 위치는 다른 관점에서 중요한 도전들을 받았다.

사회복음운동

1장에서 우리는 목회적 돌봄을 전통에 대한 돌봄, 문화에 대한 돌봄, 개인에 대한 돌봄, 기독교인의 공동체에 대한 돌봄을 포함한 사변형의 구조로 도식화했다(1장의 〈표 2〉 참조). 임마누엘 운동에서도 보듯이, 목회심리학에 대한 프로이드의 영향으로 사변형의 도식 중 개인적인 요소가 강하게 강조되었다. 개인적인 정신병리학 즉 병든 영혼을 치유하는 방향으로 나아가도록 정신분석은 목회에 강한 자극을 주었다. 이 시기에 목회적 돌봄 사역의 다른 차원에서는 어떤 일이 일어나고 있었는가? 문화에 대한 지그문트 프로이드의 정신 분석 연구는 임마누엘 운동에 의해서 대체로 간과되었는데, 그렇다면 공동체와 사회에 대한 돌봄은 어떻게 되었을까?

사회복음운동에서 이 질문에 대한 하나의 답을 발견할 수 있을 것이다. 이 사회복음운동은 임마누엘 운동과 밀접한 연관성을 가지고 발달했다. 이 두 운동은 모두 19세기 후반의 사회과학의 출현과 그에 따른 자유주의 신학에 그 기원을 두고 있다. 이 두 운동에는 중요한 차이점이 있었고, 이 때문에 각기 전혀 다른 방향으로 운동이 전개되었다. 종교심리학자들과 더불어 임마누엘 운동이 심리학과의 사회과학적 협력을 중시한 반면, 사회복음운동은 사회학과의 대화를 진전시키면서 발전하였다. 다시 말하면 임마누엘운동이 영혼의 치료를 과학적인 목회적 치료로 변형시키려고 복음을 심리학화 한 반면, 사회복음운동은 기독교 사회윤리를 과학적인 사회적 질병의 치료로 변형시키기 위해서 복음을 사회화했다고도 할 수 있을 것이다.

조금 다른 관점에서 보면, 임마누엘운동의 지지자들이 당시에 지배적이었던 개인주의를 포용한 반면 사회복음운동의 지지자들은 개인주의에 대항해서 개인주의가 만들어낸 사회적 질병을 극복하려고 노력했다고도 할 수 있을 것이다. 사회복음운동의 지지자들은 널리 퍼져 있는 사회제도 즉 개인적인 자본주의가 가진 자와 못 가진 자라는 두 계급 집단을 만들어 냈다는 것에 주목하면서 사회적 삶의 불의를 비난하고 사회적 현실의 변화를 주장했다. 1893년에 조시아 스트롱Josiah Strong은 다음과 같은 글을 썼다.

> 우리의 기존의 사회제도는…이 시대의 사회적 문제가 해결되기에 앞서 엄청난 변화를 겪게 되어 있다. 그리고 이러한 문제가 예수의 가르침의 적용을 통해서 해결되어야 한다고 보면, 수세기 동안 교회는 예수의 가르침에 따라 미래의 문명을 형성할 기회가 있었다. 교회와 기독교의 이

론과의 대화는 세상과 기독교적 실천과의 대화보다 앞서서 이루어져야 한다.⁶⁾

사회복음운동의 발달에 중요한 역할을 한 조시아 스트롱의 이러한 진술은 이 운동에 관한 두 가지 사실을 말해준다. 첫째, 이 운동은 예수의 가르침을 인간의 사건에 적용시키려는 인간의 노력을 통해서 하나님의 나라를 점진적으로 실현하고자 하는 신학적 자유주의 신학의 영향을 반영하고 있다. 둘째, 이 운동은 기독교 사회주의라고 불리게 된 사회학의 영향을 반영하고 있다. 객관적으로 이 시대를 살펴볼 때, 사회복음운동은 교구민의 심리학적 발달을 이루려고 노력했던 세기적 전환기의 목회자들에게서 찾아볼 수 있는 것과 비슷한 건강한 기독교라는 특성을 갖는 듯하다. 목회심리학자들이 인간의 개인적인 발달을 위해서 하나님의 은혜와 능력의 부여를 강조한 반면, 사회복음운동의 지지자들은 하나님의 정의와 예수의 가르침의 사회적인 실현을 강조했다.

사회복음운동의 대표적인 대변인은 월터 라우쉔부쉬Walter Rauschenbuch이다. 라우쉔부쉬는 뉴욕 헬스 키친Hell's Kitchen의 변두리에서 어렵게 살아가고 있는 사람들을 섬기는 젊은 목사였다. 그곳에서 라우쉔부쉬는 불안, 실직, 비참한 가난, 영양실조, 성도들을 둘러싸고 있는 범죄 등에 깊

---

6) Josiah Strong, *The New Era, or the Coming Kingdom*(New York: Baker and Taylor, 1893), x-xi. Charles H. Hopkins, *The Rise of the Social Gospel in American Protestantism: 1865-1915*(New Haven, Conn.: Yale University Press, 1940), 139에서 인용.

은 상처를 받았다. 이러한 경험은 라우쉔부쉬의 목회적 관심이 성경에 나오는 하나님 나라의 이미지와 연결된 사회적 변화로 향하는 계기가 되었다. 그는 다음과 같이 쓰고 있다.

> 그래서 하나님 나라에 대한 예수의 개념은 나에게 계시로 다가왔다. 하나님 나라의 개념에는 예수 자신의 마음을 지배하고 있는 이상과 목적이 들어 있었다. 모든 예수의 가르침은 하나님 나라의 개념을 중심으로 하고 있다. 예수의 삶은 하나님 나라를 위해 바쳐졌고 예수의 죽음 역시 하나님 나라를 위해서였다…그러나 이와 더불어 나는 기독교의 목적을 위한 이러한 새로운 개념이 점차 실현되고 있음을 발견했다. 이것은 나의 종교적 삶의 낡은 요소들과 새로운 요소들과 모두 일치했다. 잃어버린 자들의 구원, 청소년 교육, 가난한 자들과 약한 자들을 위한 돌봄, 성경공부, 교회 일치, 정치적 개혁, 기업제도의 재구성, 국제적 평화, 이 모두는 하나님의 통치라는 하나의 목적에 의해 다루어졌다.[7]

라우쉔부쉬와 사회복음의 주창자들에게 있어, 이 세상에서 헬스키친이라는 덫에 걸려 있는 사람들을 위한 교회의 돌봄은 단순한 개인을 위한 돌봄 이상의 것을 의미했다. 이것은 가난과 불의를 만들어내는 사회적 구조를 공격하기 위해 가능한 한 모든 힘을 모으는 것을 의미했다. 또한 이것은 기독교의 사회적 원리를 적용함으로써 인간이 살고 있는 보다

---

7) Walter Rauschenbusch. Robert T. Handy, ed., *The Social Gospel in America*, 1870-1920: Gladden, Ely, *Rauschenbusch*(New York: Oxford University Press, 1966), 255-56 에서 인용.

넓은 세상을 돌보는 것을 의미했다. 그러므로 이들은 목회적 돌봄에 대해서 많은 관심을 갖지는 않았다. 오히려 교회의 지도력을 통한 사회의 변화에 대해서 언급했다. 이들의 목적은 심리학적인 것이 아니라 사회학적인 것이었다.

확실한 것은 사회복음운동에 헌신한 목회자들이 모두 본래 사회적 비평가는 아니었다는 점이다. 어떤 이들은 자신의 사회적 질병에 대한 관심을 목회적 돌봄에 대한 개인주의적 접근과 결합시키려 했다. 캔자스의 회중교회의 목사였던 찰스 쉘던Charles Sheldon은 1879년에 『그의 발자취를 따라』In His Step라는 책을 발표하면서 유명해졌다. 다소 단순한 이 소설에서 쉘던은 모든 중요한 선택과 행동을 하기에 앞서 "예수님이라면 어떻게 할 것인가?"라고 스스로 질문한다면 극히 평범한 사람들에게 무슨 일이 일어날 수 있을지를 나타내려고 하였다. 쉘던이 첫번째 판을 발행할 당시 이 책의 권리를 75달러라는 얼마 되지 않는 가격에 양도했음에도 불구하고, 1933년에 2천 3백만부가 판매될 정도로 이 책은 많은 인기를 얻었다.[8] 이 책은 아직까지도 출판되고 있다. 초판이 나온 지 거의 100년 가까이 되었지만 이 책은 여전히 많은 사람들에게 읽혀지고 있다.

지금 생각해 보면, 우리는 세기의 전환기에 심리학적인 지식을 발견했던 목회자들과 과학적인 사회학에 매료되었던 목회자들이 서로 철저하

---

8) Charles Scheldon, *In His Steps*(New York: H. M. Caldwell, 1897). 쉘던의 저서와 영향에 대해 알고 싶으면 Hopkins, *The Rise of the Social Gospel*, 142-45를 보라.

게 분리되었다는 점이 매우 유감스러울 뿐이다. 이들이 이렇게 분열되지 않았더라면 20세기의 목회적 돌봄의 역사는 매우 달라졌을 것이다. 심리학적인 통찰력을 활용함으로써 얻어진 것들을 없애기 위해 목회적 돌봄에 끼친 심리학의 광대하고 유익한 영향을 감소시키지 않아도 되었을지 모른다. 하지만 20세기 중반 동안 목회적 돌봄을 지배한 개인주의 역시 인간의 상태에 대한 사회적 차원의 관심에 의해서 약화된 것은 당연한 일이었다. 이러한 사회적 차원의 관심은 지나치게 낙관적이기는 하지만 사회복음의 주창자들에 의해서 강하게 표명되었다. 그러나 목회심리학과 사회변혁 사이의 이러한 분리를 둘러싼 문제는 사라지지 않고 오늘날에도 여전히 목회에 관한 관심을 왜곡시키는 중요한 문제로 남아 있다.

위에서 언급한, 자유주의 신학의 내재성에 의해서 활성화된 낙관적인 분위기는 20세기 초의 몇 십 년간 목회 심리학과 사회적 변혁 운동 모두에 영향을 미쳤다. 브룩스 홀리필드가 지적한 대로, 이 시기의 역사에서 핵심적인 단어는 '적응'이었다. 이 용어는 존 듀이John Dewey의 사상을 반영하였다. 목회심리학자들은 사람들로 하여금 복잡한 환경에 적응할 수 있도록 돕는 일을 했다. 사회 개혁가들은 교회와 그 밖의 사회적 기관들을 변화시켜서 이들로 하여금 사람들의 필요에 더 잘 적응할 수 있도록 했다.[9]

---

9) E. Brooks Holifield, *A History of Pastoral Care in America*(Nashville: Abingdon Press, 1983), 210-11.

안톤 보이즌과 임상목회 교육 운동의 시작

1920년대에 이르러 19세기에서 20세기로 넘어가는 시기 동안 목회적 돌봄을 형성해온 세 가지의 운동—임마누엘 운동, 사회복음운동, 과학적인 종교심리학을 발달시키려는 운동—은 모두 쇠퇴하기 시작했다. 신학적인 자유주의는 신정통주의의 시작과 함께 어려움을 겪기 시작했다. 신정통주의는 자유주의의 내재성에 대한 비판으로, 그리고 세계대전의 참상과 20세기에 맞게 된 압박감에 대응하여 나타나게 되었다. 1918년 칼 바르트Karl Barth의 『로마서 주석』이 출간되면서, 주류 교회들 내부에서의 전통에 대한 돌봄은 자유주의의 낙관론과 이상주의에 등을 돌렸고 인간의 죄성과 자아 밖에서 오는 구원의 필요성에 대해서 더 진지하게 관심을 가지게 되었다. 바르트나 후에 폴 틸리히, 디트리히 본회퍼, 그리고 라인홀드 니버와 같은 신정통주의 신학자들은 종교개혁의 신학과 성서로 돌아가는 것만이 하나님과 인간의 삶에 대한 실제적인 기독교적 이해를 가능케 한다고 믿었다.[10]

이러한 전환 속에서 목회적 돌봄 분야에 새로운 발전이 이루어졌는데, 이것은 수십 년간 교회의 돌봄의 사역에 기념비적인 영향을 주었고 현재

---

10) Karl Barth, *The Epistle to the Romans*(London: Oxford University Press, 1968). 신정통주의와 목회적 돌봄에 있어서 신정통주의가 갖는 의미에 대해 분명하게 알고 싶으면 Shirley C. Guthrie's article, "Neoorthodox Theology and Pastoral Care," in *Dictionary of Pastoral Care and Counseling*, ed. Rodney J. Hunter(Nashville: Abingdon Press, 1990), 780-81을 보라.

에 이르기까지 목회적 돌봄의 방법과 범위를 결정하는 중요한 요인으로 작용한다. 이러한 발달은 한 사람의 고통스럽지만 창조적인 정신에서 출발하였다. 비록 비슷한 관심을 나눈 많은 사람들이 있었고, 이들이 1920년대에서 1960년대까지 이 운동이 발달하도록 지지했지만 말이다.

일반적으로 임상목회 교육의 창시자로 불리는 안톤 보이즌은 회중교회 목사였다. 몇 차례의 지방 목회에 실패한 후에 보이즌은 심각한 정신적 질병으로 고통을 받았고, 결국 매사추세츠 주립 정신병원에 입원했다. 보이즌은 두 가지의 확신 가운데 이 정신적인 질병을 이겨냈다. 이 확신은 보이즌의 흐트러진 삶에 다시 힘있고 지속적인 사명감을 부여해 주었다. 보이즌은 정신병과의 싸움에서 심오한 종교적인 경험을 했으며, 종교적 회심과 정신적 고통 사이에는 고통만큼 깊은 연관성이 있다고 확신했다. 이러한 연관성은 어느 정도 연구할 가치가 있었으며 또한 신학적인 연구와 교류할 필요성도 있었다. 또한 보이즌은 교회가 정신적으로 고통받고 있는 사람들을 위한 사역을 무시하고 있다고 보았으며 앞으로 자신은 정신적으로 고통받는 사람들을 위한 목회를 하리라고 확신했다.

보스턴의 저명한 의사이자 신자였던 리처드 캐봇Richard Cabot과 신학교육에서 중요한 위치를 차지하고 있던 사람들의 지지를 받아서 보이즌은 메사추세츠의 우스터 주립 병원의 원목으로 임명되었고, 1925년에는 신학을 공부하는 학생 중 최우수 학생을 선발하여 병원에서 함께 연구했다. 이러한 위치에서 보이즌은 연구와 교육에 있어 사례 연구 방법을 발전시켰고, 이 방법은 새로운 운동에서 주된 연구형태가 되었다. 그리고 후에 이 방법은 목회적 돌봄을 공부하는 학생들과 학생들이 돌보는 사람들 사이의 대화를 보고하는 축어록을 사용함으로써 부족한 점을 보충하였다.

캐봇은 정신병의 경험에 대한 보이즌의 심리학적 관점에 관한 한 의견을 달리했다. 캐봇은 정신적 질병을 유기적 관점으로 이해하고 있었다. 결국 캐봇은 이 문제에 대한 보이즌의 연구를 지지하지 않았고 대신 매사추세츠 종합 병원에서 목회 훈련에 관심을 기울였다. 이 곳에서 목회 훈련을 받는 학생들은 사역의 초점을 신체적인 질병을 가진 환자들을 돌보는 데 두었다. 그 결과로 보이즌은 다시 정신병으로 인한 고통스러운 시간을 보내야 했지만 일리노이에 있는 엘진 주립 병원으로 옮겨서 이 연구를 했다. 이 곳에서 보이즌은 시카고 신학교에서 온 학생들과 함께 연구를 계속했다.

초기부터 임상목회 교육 운동은 미국 전역으로 퍼져나갔고 나중에는 전 세계로 퍼져나갔다. 이 임상목회 교육 운동은 병자나 고통받는 사람들 뿐 아니라 죄수들, 노인, 아동, 청소년, 그 밖의 특별히 목회적 돌봄을 필요로 하는 사람들을 위해 목회적 돌봄을 수행할 수 있도록 목회자들을 사회화시키는 일반적이고 표준이 되는 방법으로 여겨졌다. 보이즌의 학생들은 전국적으로 임상목회 훈련을 그 밖의 정신의학적 기관과 교화기관들에 적용했다. 그러는 동안 매사추세츠 주립 병원에서 시작한 캐봇의 연구는 뉴잉글랜드의 의료센터에서 훈련 프로그램과 관련이 있는 연결기관으로 발전했다. 이 두 임상 교육에 근거로 해서 두 조직이 형성되었다. 하나는 임상훈련협의회(Council for Clinical Training: 보이즌의 연구로부터 생겨난 그룹으로 정신의학과 목회적 돌봄에 우선적인 관심을 둠)이고 다른 하나는 목회적 돌봄협회(Institute of Pastoral Care: 뉴잉글랜드 그룹으로 초기에는 신체적 질병에 대한 목회적 돌봄에 우선적인 관심을 두었지만, 후에 정신의학과 그 밖의 다른 형태의 인간의 고통들에 대해서도 다룸)였다. 이후에 1960년대에는 루터파 교회와 남침례교 목회 감독들에 의해서 비슷한 그룹들이 만들어지고, 이 두 그룹이 합해져서 임상목회교육협회Association for Clinical Pastoral Education가 탄생하였다.

임상목회 교육 운동에서 나온 통찰력과 방법론에 대해 논의하기 전에, 먼저 보이즌이 목회적 돌봄의 역사에서 중요한 전환기의 인물임을 살펴보는 것이 중요하다. 비록 보이즌이 유니온 신학교에서 신학적 훈련을 받았지만, 그의 신학적 경향은 당시 시카고 신학교Chicago Theological Seminary에서 발달한 자유주의 신학의 경험주의 학파와 더 유사한 점이 많았다. 보이즌은 경험주의적인 연구방법을 종교적 회심과 정신적 질병의 연구에 적용시키려고 했다. 그러므로, 비록 개혁신학의 성서주의와 역사적 문헌으로의 복귀에 반대하는 신학적 자유주의자이기는 했으나, 보이즌은 사회복음운동에서 발견되는 20세기 초의 자유주의적 낙관론이나 진보주의를 거부했다. 오히려 보이즌은 자신의 연구를 "죄와 구원"에 대한 경험적 연구라고 보았다.

이와 관련해서, 보이즌은 또한 초기 종교심리학자들과 유사한 점이 많았다. 특히 종교의 "거듭남"의 회심 현상에 관심을 두고 이를 연구한 윌리엄 제임스와 많은 유사성을 가지고 있었다. 그럼에도 불구하고 보이즌은 어떤 면에서는 단순한 연구자가 아닌 사회적 변혁의 주창자에게 관심을 보였다. 보이즌은 정신적인 질병의 돌봄과 목회 신학 교육에서 변화가 일어나야 한다고 강력히 주장했다. 그가 맺고 있는 관계로 인해 생각에 잠기기도 하고 다투기도 하면서, 보이즌이 우선적으로 관심을 둔 것은 "최선의 삶을 살아가기에"는 자기 자신과 다른 사람들이 부족하고 무능하다는 것이었다. 그래서 그는 인간의 실패에 관심을 기울일 것을 주장했다. 이것은 신정통주의 신학자들의 강조점과 다를 바 없었다.

성숙기에 이른 임상목회 교육

1930년대에서 1940년대에 이르는 10년간은 임상목회 교육 운동이 점진적으로 성장하는 시기였고, 1950년대에서 1960년대까지는 이 운동이 신학교 안팎의 임상목회 교육을 지배하는 성숙기에 이른 시기였다. 1930년대 초에도 대부분의 목회적 돌봄에 관한 문헌을 주도한 것은 적응 심리학이었다. 신학교에서의 목회적 돌봄 수업은 먼저 적응이론들을 포함한 심리학적 발달에 관심을 가지고 있는 종교교육 교수들에 의해서 이루어졌다.

1930년대 초에 이르러서 목회적 돌봄 이론에 지그문트 프로이드의 영향이 미치기 시작했지만, 1930년대 말에 이르러서는 목회적 돌봄에 상당한 변화가 일어나게 되었다. 1936년에 보이즌은 『내면 세계 탐구』 *The Exploration of the Inner World*를 발표했는데, 이는 자신의 삶의 경험과 정신적 질병으로 고통받고 있는 사람들에게서 이루어진 정신병리학적 종교 경험에 대한 연구의 결과였다.[11] 보이즌이 성적인 역동을 강조한 지그문트 프로이드 대해서는 너무나도 근시안적이고 도덕적인 문제에 대한 관심이 부족하다고 우려를 나타냈지만, 무의식적인 갈등의 특성에 관한 프로이드 이론은 여러 면에서 개인의 내적 세계에 대한 보이즌의 관심과 일치했다. 후에 임상목회 교육 운동 인도자가 된 보이즌의 제자들은 프로이드의 이론을 더 열정적으로 받아들였다. 그래서 임상센터에서 가르치는 많은 목회 방법들에는 프로이드의 이론이 많이 반영되었다. 예상할 수 있겠지만, 이러한 경향은 보스턴 근처의 의료센터에서보다는 보이즌에 의해서 시작된 '뉴욕 그룹'과 관련된 의료센터에서 더 강하게 나타난 것이 사실이다.

1936년에는 리처드 캐봇과 러셀 딕스Russell Dicks가 공동으로 『병자를 위한 돌봄의 기술』The Art of Ministering to the Sick을 발표했다. 러셀 딕스는 매사추세츠 주립병원의 최초의 원목이었으며 임상목회 교육에서 처음으로 축어록을 사용한 사람이었다.[12]

이 책은 목회자들이 지향해야 할 방향으로 개인에게 내재되어 있는 '성장점'이라는 개념을 대중화시켰다. 이 개념은 신학적 자유주의의 낙관론을 반영했지만, 1960년대와 1970년대에는 목회적 돌봄 분야에서 많은 사람들이 이 개념을 비유적으로 사용했다. 그 중 가장 주목할 만한

---

11) Aneon T. Boisen, *The Exploration of the Inner World*(Chicago: Willett, Clark and Co., 1936).
12) Richard Cabot and Russell Dicks, *The Art of Ministering to the Sick*(New York: Macmillan, 1936).

사람은 하워드 클라인벨Howard Clinebell로서, 클라인벨은 '성장상담'을 기초로 해서 유명한 목회적 돌봄과 상담이론을 발전시켰다.[13]

1939년에 롤로 메이Rollo May는 초기에 널리 보급된 목회상담 교과서를 집필했다. 롤로 메이는 신학적인 훈련을 받은 심리학자로서 후에 "실존적 정신분석"의 대표적 인물 중 한 사람이 되었다. 롤로 메이는 『상담의 기술』The art of counseling에서 상담의 방법을 제시했는데, 이 방법은 실천적인 제안과 더불어 정신분석을 통해서 얻은 통찰을 구체화시켰다. 이것은 나중에 '정신위생' 운동으로 널리 알려졌다. 적응심리학이 지금은 보다 역동적인 심리적 원리에 영향을 받지만 과도기적 시기의 적응 심리학은 정신위생이라는 용어로 자유롭게 사용되었다.[14]

1940년대는 특히 미국에서 목회적 돌봄이 실천신학의 한 분야로 자리 잡은 중요한 시기였다. 이러한 인식과 인간을 돌보는 것에 대한 관심이 전문화한 데에는 몇 가지 이유가 있다. 가장 중요한 것은 이 시기에 정신건강운동이 점차적으로 미국의 문화에 중대한 영향을 미치기 시작했다는 점이다. 정신의학과 심리학은 2차 세계대전과 그로 인해 생겨난 수많은 피해자들에게 반드시 필요하면서도 중요한 사회적 반응이었다. 군대와 민간 건강 시설에서 사역하던 목회적 돌봄의 종사자들은 이러한 필요에 응답하기 위해서 그외의 정신 건강 종사자들과 손을 잡았다. 목회적

---

13) Howard Clinbell, *Basic Types of Pastoral Care and Counseling* (Nashville: Abingdon Press, 1966; rev. and. ed., Abingdon Press, 1984).
14) Rollo May, *The Art of Counseling* (Nashville: Cokesbury Press, 1939).

돌봄은 돌봄을 필요로 하는 모든 사람들을 위한 전문화된 사역으로 인식되기 시작했다. 지그문트 프로이드의 학설은 광범위하게 문화에 중요한 영향을 미치기 시작했다. 특히 미국의 교양있는 중류층의 문화에 영향을 미쳤다. 주류층 교회의 성도들은 목회자와 자신들의 삶의 문제에 관해 의논할 수 있기를 바랄 뿐만 아니라 목회자가 전국적으로 조용히 확산되고 있는 프로이드의 문화혁명에서 기인한 인간의 발달과 사람과 사람 사이의 관계성에 관한 새로운 이해와 지식까지 갖추기를 기대하기 시작했다.

보다 민감한 신학적 차원에서 특히 몇몇 젊은 목회자들에게 있어서, 목회적 돌봄은 인간의 종교적 경험에 대해 다시 신학적인 관심을 갖도록 유도하는 것이었다. 어떤 목회자들에게 있어서 이러한 신학적 연구에 참여한다는 것은, 훈련을 통해 삶을 변화시키는 인간의 능력을 중히 여기는 것처럼 보여지는, 신정통주의의 급진적인 초월론에 대한 불만의 표시였다. 그 밖의 사람들에게는, 이는 단순히 본질적으로 신학적 반성에 대한 자유주의적 접근을 추구하는 계속적인 경향일 뿐이었다. 위의 두 가지 경우에서 모두 인간의 경험 특히 관계적인 인간의 경험, 발달과 관련된 인간의 경험은 다시 신학의 주제들로서 관심의 대상이 되었다. 또한 인간적 목회 경험은 신학적인 타당성을 얻기 시작했다.

특히 개인과 대화하는 방법에 임상목회의 전통을 발전시켜 나가면서 프로이드의 학설과는 상관없이 새롭게 발전하고 있는 심리치료적인 심리학의 지류를 활용하기 시작했다. 이의 창시자이자 주요 대변자는 미국의 현상학적 심리학자인 칼 로저스Carl R. Rogers이다. 롤로 메이와 마찬가지로, 칼 로저스는 목회적 훈련을 추구했지만, 후에 신학을 떠난 학문적인 심리학 분야에서 박사학위를 받았다. 1942년에 로저스는 『상담과 심리치료』 Counseling and Psychotherapy라는 책을 펴냈는데, 이 책은 높이 평가되었다. 이 책에서 로저스는 처음으로 "비지시적" 상담 방법을 소개했다.[15] 1951년에는 비지시적 상담을 '내담자 중심 치료'라는 용어로 바꾸었다.[16] 이 두 용어가 말해 주듯이 로저스는 자신이 돌보는 사람들을 괴롭히는 대부분의 인간 관계에서 발생하는 문제들에 대한 해답은 바로 인간 자기 자신 안에 있다고 믿었다. 이러한 확신은 우리가 앞에서 살펴본 19세기 후반의 자유주의 신학과 크게 다르지 않았다. 심리학적인 도움을 주는 사람들의 임무는 관계를 형성할 수 있는 장을 만들어서 사람들로 하여금 자신 안에서 해답을 찾도록 하고, 이를 통해 자아의 하부의식을 극복하게 하는 것이다. 이 하부의식은 부모의 끊임없는 간섭과 개인의 "유기적인 반응"에 관해 그밖의 사람들의 자아와 현실에 대한 권위있는 인식에 의해 만들어진다. 반영적 응답은 어려움에 처한 사람들로 하여금 스스로 자신을 인식하고 자신의 가치, 목적, 의도를 발견하도록 격려하는 방법으로, 상담자나 심리치료자들에게 필요한 것이다.

로저스의 상담 방법은 곧 발달의 초기 단계에 있던 임상목회 교육 운동의 구성원들에게 영향력을 발휘했다. 비록 보이즌의 지지자들을 포함

---

15) Carl R. Rogers, *Counseling and Psychotherapy*(Boston: Houghton Mifflin Co., 1942).
16) Carl R. Rogers, *Client-Centered Therapy*(Boston: Houghton Mifflin Co., 1951).

한 많은 사람들이 자신과 성도들, 그리고 내담자들의 삶의 문제에 관한 발달적 역동을 이해하는 데 있어 계속 지그문트 프로이드의 이론을 사용했지만 말이다.[17] 이 시기에, 목회적 대화에서 비지시적 응답을 사용하는 법을 배우는 것은 좋은 목회적 돌봄을 위한 필요조건이었다. 대체로 이러한 경향은 1950년대와 1960년대에도 대부분 그대로 남아 있었다.

보이즌은 2차세계대전 이후의 격동 속에서 소외된 사람들을 돌보는 것과 관련하여 예언자적 사역에 헌신했는데, 1940년대 임상목회운동은 이러한 보이즌의 헌신을 계속 가능케 했다는 점에 주목해야 한다. 또한 이 시기에는 또한 임상목회운동의 이러한 예언자적 차원이 인간이 겪는 다양한 어려움들에 대해 광범위하게 관심을 불러 일으키도록 하였다. 병원과 그 외의 의료센터에서는 신체적 질병, 죽음, 사별 등의 위기를 겪고 있는 사람들이 보다 공감할 수 있는 반응을 보이는 데 초점을 두었다. 정신병원과 다른 정신건강센터에서는 정신적인 질병을 가진 사람들에게 보다 인간적인 관심을 가지고 반응하는 데 초점을 두었다. 교도소에서는 처벌보다는 수용자들의 요구와 관심에 주의를 기울이는 목회 프로그램

---

17) 1945-1946년에 저자가 소개한 임상목회와 방법론이 프로이드와 칼 로저스에 대한 연구를 포함했다는 것은 여기서 주목할 가치가 있을 것이다. 엘진주립병원(Elgin State Hospital)의 첫번째 임상목회훈련에서 기초적인 심리학 교과서는 O. S. English와 G.H.J. Pearson이 쓴 *Emotional Problems of Living*(New York: W.W. Norton, 1945)였다. 이것은 발달적이고 심리치료적인 심리학에 관한 프로이드 이론의 입문서였다. 동시에 나는 로저스의 Couselling and Paychotherapy를 소개받았고, 환자나 교구민과의 관계에서 비지시적인 상담방법을 사용하고자 했다. 하지만 인간의 정신에 관한 기본적인 가정에 있어 이 두 이론들 사이의 차이점은 심도있게 연구되지 않았다.

들이 만들어졌다. 다양하게 나타나는 목회적 돌봄에 대한 관심은 우선적인 기준을 가지고 있었다. 즉 목회적 돌봄은 여러 형태로 인간적인 어려움을 당하고 있는 사람들을 돌보는 것을 의미했다.

목회적 돌봄과 상담의 학문적 연구

임상목회적 돌봄운동은 대부분 신학교 이외의 곳에서 시작되었지만, 1940년대 후반에 이르러서 미국의 주류 개신교 신학교들은 임상센터에서 이루어진 발전에 근거해 점차적으로 목회적 돌봄학과, 또는 목회신학과를 신설하기 시작했다. 새로 임명된 목회적 돌봄 교수진들 중 4명은 신학부에서 학문적인 훈련을 받았고, 목회신학과 사역이라는 새로 생겨난 분야를 위한 기초적인 학문적 교과서를 집필하는 데 선구적 역할을 했다.

보스턴의 인격심리학파로서 종교철학을 공부한 폴 존슨Paul Johnson은 보스턴 대학의 최초의 목회상담 교수가 되었다. 존슨은 세기적 전환기에 종교심리학자들의 숭배의 대상이었다. 1945년에는 종교심리학에 대한 자신의 의견을 발표했으며, 그 후의 연구는 여기에 기초해서 이루어졌다.[18] 존슨은 그가 점점 관심을 갖기 시작한 지그문트 프로이드의 심리학과 인격심리학적 사고에 대한 자신의 관심을 결합시키기를 바랬다. 대

---

18) Paul E. Johnson, *The Psychology of Religion*(Nashville: Abingdon Press, 1945)

인심리학자인 신프로이드 학파의 해리 스택 설리반Harry Stack Sullivan의 개념을 도입하면서, 이러한 관심은 대인관계의 범위에 대한 그의 심리학적 관심을 확장하는 계기가 되었다. 1953년에 존슨은 『목회적 돌봄 심리학』Psychology of Pastoral Care을 발표했는데, 이는 칼 로저스의 방법론을 주로 사용하는 목회자들에게 널리 읽혔다. 그 후 1960년대에 존슨은 로저스의 비지시적인 기술에서 탈피해서 인격신학, 역동적인 대인관계 심리학Dynamic Interpersonal Psychology, 마틴 부버Martin Buber의 사상을 근거로 한 목회적 돌봄의 대인관계 모델interpersonal model을 만들려고 노력했다.[19]

특히 목회적 돌봄의 학문적 연구가 목회사역을 위한 실천신학적 근거와 관련이 있다고 본다면, 목회적 돌봄의 학문적 연구의 두번째 선구자는 시워드 힐트너였다. 보이즌의 제자이자 숭배자였던 힐트너는 1930년대 임상목회 교육 운동의 인도자들 중 한 사람이었으며, 수년간 신학생 임상훈련 협회Council for Clinical Training of Theological Students의 행정을 맡아 왔다. 그 후 힐트너는 교회연합회Federal Council of Churches의 목회 분야의 총무가 되었다. 그리고 1950년에 시카고 대학의 목회신학 교수가 될 때까지 교회협의회의 총무로 일하다가 1961년에는 프린스턴 신학교로 옮겼다. 1950년대에 가장 널리 사용된 목회적 돌봄의 교과서는 아마도 1945년에 출판된 힐트너의 『목회상담』이었을 것이다. 신학적 윤리학을 공부한 힐트너는 당시의 다른 사람들과 마찬가지로 로저스의 기술을 사

---

19) Paul E. Johnson, *The Psychology of Pastoral Care* (Nashville: Abingdon Press, 1953). 폴 존슨의 후기 이론을 보려면 그의 *Person and Counselor* (Nashville: Abingdon Press, 1967)을 보라.

용하려고 노력하였으면서도 윤리적 투명성과 목회신학적 정체성의 문제에 꾸준히 관심을 두었다. 1958년에는 『목회신학서론』Preface to Pastoral Theology을 발표했는데, 이는 신학적 연구 자체에 공헌하려는 생각으로 목회적 "운영"에 대한 신학적 태도를 확립하기 위해 이루어진 최초의 포괄적인 노력이었다. 20세기에 이르러 목회적 돌봄을 위해 "목자"의 역할로서의 목회적 돌봄의 이미지를 형성한 것도 바로 힐트너였다.[20]

또한 보이즌의 초기 제자들 중 하나로, 로저스의 상담방법을 사용하면서 지금 급속하게 성장하고 있는 정신건강상담운동에 중요한 공헌을 한 사람은 캐롤 와이즈Carroll A. Wise이다. 와이즈는 보이즌의 뒤를 이어 매사추세츠의 우스터 주립 병원의 원목이 되었고 보스턴 대학에서 신학박사 학위를 받았다. 폴 존슨과 마찬가지로 와이즈는 인격주의자의 신학적 경향을 가지고 있었다. 우스터 주립 병원에서 사역한지 얼마되지 않아서 미네소타 주의 미네아폴리스에 있는 큰 감리교회의 전임 목회상담자가 되었다. 1947년에는 일리노이 주의 에반스톤에 있는 Garrett Biblical Institute에서 최초의 목회신학과 상담교수가 되었다.

와이즈가 쓴 가장 영향력 있는 두 권의 저서는 존슨과 힐트너가 자신의 개론서를 발간한 해인 1951년에 출판된 『목회상담의 이론과 실제』 Pastoral Counseling: Its Theory and Practice와 1966년에 출판된 『목회적 돌봄

---

20) Seward Hiltner, *Pastoral Counseling*(Nashville: Abingdon Press, 1949)와 *Preface to Pastoral Theology*(Nashville: Abingdon Press, 1958).

의 의미』 *The Meaning of Pastoral Care*였다.[21] 캐롤 와이즈는 꾸준히 프로이드의 역동심리학을 로저스의 내담자 중심 방법론과 철저하게 결합시키려고 시도했다. 신학적인 관점에서, 와이즈는 목회적 돌봄은 근본적으로 관계적이며, 수용하고 보살피는 관계를 통해서 "내담자의 필요성에 맞게 복음의 내적인 의미를 전달하는 것"을 포함한다고 주장했다.[22] 학문적인 신학의 중요한 비평가로서 와이즈는 평생 심리학과 심리 치료에 우선적인 관심을 두었다. 와이즈는 종종 이 문제에 관해서 힐트너와 대립하였으며, 1960년대에 만들어진 미국목회상담자협회American Association of Pastoral Counselors의 창설자 중 한 명이 되었다. 이 협회는 목회상담은 교구 목사들의 활동과 보다 밀접하게 연결될 필요가 있다는 기본원리를 바탕으로 발전하였다. 이 원리에 대해 힐트너는 강력하게 반발했다.

보수적이고 복음적인 목회자들에게 있어서는, 웨인 오츠Wayne E. Oates가 학문적으로 중요한 위치를 차지한 사람이었을 뿐만 아니라 교구목사들에게 광범위하고 지속적인 교육적 노력을 기울인 중요한 대변자였다. 오츠는 오랜 세월 동안 남부침례신학교의 목회신학 교수로 있었다. 당시의 다른 목회적 돌봄 저술가들에 비해 로저스의 방법론에 그다지 집착하지 않은 오츠는 돌보는 자로서의 목회자의 이미지를 바탕으로 자신의 목회적 돌봄 개념을 만들었다. 돌보는 자로서의 목회자의 이미지란 목회자

---

21) Caroll A. Wise, *Pastoral Counseling: Its Theory and Practice*(New York: Harper, 1951)와 The Meaning of Pastoral Care(New York: Harper and Row, 1966).

22) 22) Wise, *The Meaning of Pastoral Care*, 8.

를 그리스도를 대신해서 하나님의 구원의 은혜를 필요로 하는 사람들을 돌보고 수용하는 대리인으로 보는 것이었다. 많은 저서들 중에서 오츠가 처음 발표한 책은 1951년에 출판된 『기독교 목회자』The Christian Pastor이다. 이 책은 여러 번 개정되었으며 기독교 목회자들의 돌봄의 역할에 대해 쉽게 기술한 책으로 여전히 널리 읽혀지고 있다. 1962년에는 『개신교 목회상담』Protestant Pastoral Counseling을 발표했는데 여기에서 웨인 오츠는 개신교의 자유교회 전통의 범위 안에서 목회상담에 대한 자신의 이해를 명료하게 밝혔다.[23] 오츠는 목회적 돌봄의 특징들은 신학적이어야 한다고 주장했다. "그리스도의 지도력, 창조자와 피조물 사이의 개인적인 대화, 만민제사장설, 그리고 특히 성령의 능력에 대한 긍정"이 바로 그것이다. 이러한 기준을 바탕으로 오츠는 나름대로 현대의 심리치료이론들을 수정해서 목회적 상황에 적용시켰다.[24]

목회적 돌봄에 대한 또 다른 신학적 관점이 유럽에서 생겨났는데, 이는 널리 퍼져 있던 심리학적, 심리치료적 지식에 관심을 두는 것에 반대했다. 이러한 반대의 목소리는 당시 유럽의 목회이론을 지배했던 신정통주의에 기인했다. 스위스에 있는 바젤Basel 대학의 실천신학 교수였던 에드워드 투르나이젠Eduard Thurneysen은 1962년에 영어로 책을 출판했는데, 널리 읽혀지면서 강한 논쟁을 불러일으켰다. 이 책에서 투르나이젠

---

23) Wayne E. Oates, *The Christian Pastor*(Philadelpia: Westminster Press, 1951)와 *Protestant Pastoral Counseling*(Philadelpia: Westminster Press, 1962).

24) E. Brooks Holifield, "Oates, Wayne E.," in *Dictionary of Pastoral Care and Counseling*, ed. Rodney J. Hunter(Nashville: Abingdon Press, 1990), 795.

은 목회적 돌봄은 반드시 명확한 기독교의 복음의 선포와 관련이 있어야 한다고 주장했다. 투르나이젠은 기독교의 의미를 구체화하려는 노력을 통해서 기독교의 의미들을 전달할 수 있는 여지를 거의 남겨 두지 않았다. 오히려 목회적 돌봄 분야를 설교학 분야에 비유했다. 이는 일대일의 관계에서 목회자가 명확하게 기독교의 언어로 말하는 것을 포함한다. 에드워드 투르나이젠은 지그문트 프로이드의 학설이나 다른 심층심리학적 관점에 정통했지만, 심리학 기술을 이용하는 것은 독특한 기독교의 언어로 목회적 돌봄을 실행하는 데 있어 단지 시작일 뿐이라고 생각했다.[25]

미국에서 목회적 돌봄의 이론가들과 종사자들은 대체로 투르나이젠의 견해에 반대했고, 대신 목회자의 인품을 통해, 그리고 목회자가 관계를 대하는 태도를 통해 기독교의 의미를 상징적으로 표현함으로써 신학적인 연관성을 이루었다. 여기에서 로저스의 "무조건적인 관심"의 개념은 종종 용서받을 수 없는 인간을 하나님이 용서하셨다는 폴 틸리히Paul Tillich의 복음의 이해와 연관되었다. 이 시기의 미국의 목회적 돌봄 실천가들은 칼 바르트의 급진적인 초월론보다 틸리히의 실존적인 신정통주의를 더 선호했다.[26]

하지만 바르트의 신정통주의 신학과 목회적 돌봄과 관련하여 이러한 대다수의 미국인의 견해에서 벗어나는 예외가 있었다. 목회신학자인 토

---

25) Edward Thruneysen, *A Theology of Pastoral Care*(Atlanta: John Knox Press, 1962).

26) Paul Tillich, *The Courage to be*(New Haven, Conn.:Yale University Press, 1952), 164를 보라.

마스 오덴Thomas Oden은 1960년대에 발표한 두 권의 책에서 칼 바르트의 신학과 로저스의 심리치료를 연결시키려는 시도를 했다. 오덴은 기독교의 케리그마는 로저스 학파의 치료자들에 의해 만들어지는 수용적인 분위기 안에서는 "불분명"하며, 바르트와 그의 신정통주의 지지자들이 이해하는 계시를 통해서 명확하고 분명하게 알려질 수 있다고 주장했다.[27]

후기 로저스 학파의 목회적 돌봄

1930년에서 1965년에 이르는 35년 간이 임상목회운동의 인도자들이 지그문트 프로이드의 심리학 이론과 신프로이드 학파의 역동심리학을 활용하고 여기서 얻은 통찰을 로저스의 비지시적인 방법들과 통합하려고 노력했던 시기라면, 1965년 이후는 목회적 돌봄을 가르치는 교사들과 종사자들이 많은 심리치료에 효과적인 방법들을 적용하려고 애쓴 시기였다. 가족치료, 교류분석, 현실치료, 인지치료, 빅터 프랭클Viktor frank의 의미요법logotherapy, 프리츠 펄Fritz Perls의 형태 치료, 그리고 그밖의 다양한 심리치료 요법들이 인간의 관계에서 발생하는 어려움을 치료하기 위한 대응책으로 제시되었다. 이 시기에는 또한 목회적 돌봄이 전

---

27) Thomas C. Oden, *Kerygma and Counseling*(Philadelphia: Westminster Press, 1966)과 *The Structure of Awareness*(Nashville: Abingdon Press, 1969).

문화된 목회의 형태로 교구 목사의 돌봄과 분리되면서 미국목회상담자협회American Association of Pastoral Counselors라는 전문적인 협회가 조직되었다.

새로운 방법들을 목회적 돌봄 안에서 목회자들이 사용할 수 있게 하는 데 힘쓴 인도자는 하워드 클라인벨Howard Clinbell이었다. 클라인벨은 클레어몬트 신학교Claremont School of Theology의 목회상담 교수이자 새로운 목회상담자협회의 최초의 회장이었다. 목회자들이 어려움에 처한 사람들을 돌보는 데 있어 로저스로부터 중요한 것들을 많이 얻어냈지만, 비지시적인 방법은 목회자들이 접하게 되는 요구를 충족시키기에는 역부족이었다. 클라인벨은 목회자들이 융통성을 발휘할 필요가 있다고 주장했다. 『목회적 돌봄과 상담의 기본적 유형』Basic Types of Pastoral Care of Counseling이라는 책에서 클라인벨은 바로 이 작업에 착수했다.[28]

여러 장에 걸쳐 다양한 문제들을 해결하기 위한 "지지 상담과 돌봄", "사별 상담과 돌봄", "결혼 위기 상담과 행복한 결혼만들기", "위탁상담", 그리고 "목회심리치료"와 같은 다양한 접근을 소개함과 동시에, 클라인벨은 도구적 접근을 제공함으로써 목회자들로 하여금 적당한 상담 유형을 선택해서 독특한 개인의 문제에 쉽게 적용하도록 했다. 클라인벨의 지도하에, 목회적 돌봄을 수행하는 데 충분한 자격을 갖춘다는 것은 신중하게 진단을 하고 문제의 유형에 가장 적절한 기술을 사용하는 것을 의미했다. 하지만 대부분의 이러한 기술들은 당시에 일반적으로 사용되

---

28) Clinbell, *Basic Types of Pastoral Care and Counseling*.

던 세속적인 치료들로부터 온 것이었다.

클라인벨이 접근한 주제는 바로 "성장"이었다. 목회적 돌봄은 사람들을 인격적, 관계적, 영적으로 성장하도록 돕는 목회자의 노력의 대표적인 유형이다. 비록 클라인벨이 자신의 접근에 대한 신학적인 근거에 대해 깊이 생각하지는 않았지만, 그의 저서를 주의 깊게 읽어보면 1930년대 "성장점"을 모방했을 뿐 아니라 세기의 전환기에 있었던 신학적 자유주의의 낙관론과 진보주의 색채를 띠고 있음을 알 수 있다. 1984년 『목회적 돌봄과 상담의 기본적 유형』을 개정한 클라인벨은 자신의 성장상담의 개념을 해방신학과 여성신학에 연관시키려는 시도를 했다. 비록 진보주의와 인간의 성장 잠재력이라는 주제가 여전히 그의 중심사상으로 남아 있었지만 말이다.

1970년대와 1980년대의 목회적 돌봄: 개인을 위한 상담인가? 공동체와 공동체의 전통에 대한 돌봄인가?

계속 성장해온 목회적 돌봄의 전통에서 1970년대와 1980년대 동안 일어난 일들을 이해하려면, 우리는 1장에서 만들었던 목회적 돌봄의 역사의 해석적 구조, 즉 전통에 대한 돌봄, 문화에 대한 돌봄, 개인에 대한 돌봄, 기독교 공동체에 대한 돌봄을 포함하는 사변형의 구조로 돌아갈 필요가 있다. 이들 각 영역들에서 중요하면서도 때로는 논쟁의 소지가 있는 발달이 이루어졌으며, 이러한 발달로 인해 종종 혼란스럽고 갈등적인 시기도 있었다. 그럼에도 불구하고 목회적 돌봄 운동은 번창한 분화기에 있었다.

개인 특히 근래에 특별한 전문적 도움을 필요로 하는 개인들을 돌보는 데 있어, 목회자들과 평신도 상담자들이 사용할 수 있도록 실제적이고 방법론적인 제안을 하는 문헌들이 발표되면서 광범위한 발전을 이루었다. 어떻게 애도사역을 할 것인지, 그리고 어떻게 죽어가는 사람들, 청소년, 노인, 에이즈 환자들을 돌볼 것인가에 관한 책들이 발표되었고, 또한 배우자 폭력과 아동학대의 피해자, 물질남용자들과 그의 가족들, 그리고 그 밖의 목회자가 관심을 두어야 하는 도움을 요청하는 특별한 상황들을 어떻게 다룰 것인가에 관한 책들도 출판되었다. 전에 하워드 클라인벨의 『목회적 돌봄과 상담의 기본적 유형』의 경우에서처럼, 이러한 책들과 학술지에 실린 논문들의 대부분은 세상에서 도움을 주는 분야의 전문가들로부터 얻은 결과들을 목회자들이 이용할 수 있도록 시도한 것이었다. 그러므로 대부분의 사람들은 목회적 돌봄에 대한 신학적 근거에 대해 단지 피상적인 관심을 가졌고, 오히려 단순히 실질적인 진단의 문제나 심리학적인 돌봄을 제공하는 방법들에 더 초점을 두었다. 교구의 사역자들은 회중 가운데 특별한 도움을 필요로 하는 사람들을 돌보는 기술을 향상시키는 데 관심을 가졌고, 자신의 사역에 실제적인 지침을 제공해 주는 "방법론"을 다룬 책들에 의지했다.

그러는 사이에, 여전히 개인에 대한 돌봄의 차원에서 목회상담의 전문화가 급속하게 진행되었으며 목회상담소들이 급속하게 설립되기 시작했다. 이 목회 상담소들 중 일부는 개인의 후원에 의해서 설립되었고, 혹은 교회가 중심이 된 비영리적인 지역사회의 기관으로 발달했으며, 더러는 지역사회에 기반을 둔 센터의 "체인"의 지부로서 발전하였다. 이와 같은 목회상담소 중 일부는 목회상담자, 심리학자, 사회사업가, 가족치료사, 의사 모두가 협력적으로 참여하는 자유로운 구조의 프로그램을 가지고 있었다. 그렇지 않은 상담소들은 적절한 목회상담 전문가 자격증을 갖춘 사람을 고용하였는데, 이들 중 대부분은 목회상담자 뿐만 아니라 가족치료사와 심리학자의 자격까지 갖추려고 노력하였다. 결국 모두가 동의한 것은 아니지만, 이 시기 동안 많은 목회상담 전문가들이 스스로를 목회심리치료사라고 불렀다. 목회상담은 점점 더 전문적인 위탁 활동으로 정의되었다. 목회자와 그 외의 사람들은 성도들의 요구가 자신들의 능력에서 벗어나거나 돌볼 시간이 부족할 경우 사람들의 요구를 만족시키는 수단으로 사용했다.

비슷한 문제들을 가진 사람들이 모여서 서로를 돌본다는 상호적 돌봄의 개념이 교회 안에 자리잡은 것도 바로 이 시기이다. 비교적 성공을 거두고 있던 금주모임에서 엿볼 수 있는 가능성에 기초한 이러한 경향은 곧 사별한 사람들, 최근에 이혼한 사람들, 독신자들, 치매환자의 가족들, 노인들과 그들의 가족들과 같은 사람들을 위한 상호적인 자조 집단으로까지 확대되었다. 하지만 이러한 집단이 언제나 교회를 기반으로 형성된 것은 아니다. 이러한 집단의 대부분은 평신도 인도자들에 의해 생겨났다. 종종 교회의 형식적인 지도 없이 자연발생적으로 생겨나기도 했다.

목회적 돌봄이 계속 전문화되고 세분화되면서, 다른 차원에서는 일부 목회적 돌봄 인도자들이 2차 세계대전 이후 목회 돌봄에 큰 영향을 준 개인적인 심리학과 심리치료의 영향에서 벗어나서 기독교 공동체를 돌보는 일에 새로이 관심을 두기 시작했다. 목회자들이 공동체 안에서 돌봄의 주최가 되는 상징적 인물이긴 하지만, 돌봄 공동체의 장을 돌보는 데서 발견되는 가치에 초점을 두면서, 이들은 교회에서 이루어지는 사람들에 대한 기본적인 돌봄이 교회 생활에서 발생하는 가족과 집단의 상호작용을 통해 이루어진다는 것을 보여 주는 자료들을 모으기 시작했다.[29] 목회자들의 일대일 돌봄의 관계를 넘어서 살아 있는 공동체인 교회가 형성할 수 있는 돌봄의 조직망에 이들의 목회적 돌봄의 초점이 모아지기 시작했다. 이러한 경향 속에서, 목회적 돌봄의 개념은 공동체 구성원들의 삶의 질을 향상시키는 목회지도력으로 바뀌기 시작했다. 그리고 일부에서는 사회학자, 종교인류학자들과 힘을 합해서 회중과 회중의 역사, 그리고 대인적 상호작용들의 역동성을 연구하는 데 관심을 둔 사람들의 상호 학문적 교류의 기초를 형성했다.[30]

---

29) 이러한 연구 보고에 대해 알려면, Rogers A. Jonson, *Congregations As Nurturing Communities: A study of Nine Congregations of Lutheran Church in America* (Division for Parish Services, Lutheran Church in America, 1979)를 보라. 또한 R. H. Sunderland, "Congregation, Pastoral Care of," in *Dictionary of Pastoral care and Counseling*, ed. Rodney J. Hunter (Nashville: Abingdon Press, 1990), 213-215를 보라.

30) 예를 들어, James F. Hopewell, *Congregation: Stories and Structures* (Philadelphia: Fortress Press, 1987)를 보라.

사회와 문화에 대한 돌봄의 차원에서, 그리고 돌봄의 의미와 질에 문화가 미치는 영향의 차원에서도 1970년대와 1980년대에 중요한 발전이 이루어졌다. 1976년에 발표된 『목회적 돌봄의 도덕적 상황』 The Moral Context of Pastoral Care에서 목회신학자이자 윤리학자인 단 브라우닝Don S. Browning은 변화하는 서양사회의 문화적 상황은 과거에 당연하게 받아들여진 도덕적 상황을 파괴했기 때문에 목회적 돌봄이 부활한 후 수십 년간 지배해온 목회적 돌봄 작업은 수정될 필요가 있다는 자신의 소견을 강력하게 피력했다. 브라우닝은 목회자와 도움을 구하는 교구민이 돌아갈 비교적 안정된 문화의 도덕적 상황이 있다고 보고, 용납과 용서를 전하기 위해서 일시적으로 도덕과 윤리의 문제를 배제하는 것은 이제는 불가능하다고 주장했다. 이제는 이 문화의 도덕적 상황은 매우 불안정해졌기 때문에 목회적 돌봄의 관계 안에서 중요한 도덕과 윤리의 문제들에 유의할 필요가 있다. 목회적 돌봄 종사자들은 자신과 자신에게 도움을 청하는 교구민들의 행동과 결정 속에 나타나는 도덕적이며 윤리적인 함축적 의미에 대해 더 민감해지고, 이에 대해 솔직하게 반응할 필요가 있다.[31]

20년 동안 그 외에도 많은 대규모의 문화적 발전들이 이루어졌다. 그리고 이들은 목회적 돌봄에 크던 작던 간에 영향을 미쳤다. 이에 대해서 상세하게 언급하기에는 지면이 허락하지 않겠지만, 단순히 이들을 열거

---

31) Don S. Browning, *The Moral Context of Pastoral Care*(Philadelphia: Fortress Press, 1976).

하는 것만으로도 목회적 돌봄의 이론가들과 실천가들이 현재 직면할 수밖에 없는 문제들의 복잡성과 중요성을 알게 될 것이다.

예를 들면, 목회자들과 평신도 모두에게 있어서, 우리 문화의 사회적 구조가 목회자가 회중을 돌보면서 직면하게 되는 많은 인간의 문제들을 만들어내고 결정한다는 인식이 자기도 모르는 사이에 급격히 증가하고 있다. 빈곤과 풍요, 인종과 계급, 물질적으로 가난한 사람들에 대한 부유한 사람들의 착취, 연령 차별과 성 차별, 노동자와 소비자의 기본적인 인간의 요구를 무시한 이해득실만을 따지는 경제의 구조들—이 모든 사회적인 불평등과 문제들은 목회적 돌봄으로 해결할 수 있는 영역 외의 인간의 고통과 요구들을 증가시킨다. 간단히 말해, 1세기 전 사회복음운동을 야기했던 사회변혁의 필요성에 대한 인식이 오늘날 더 강하고 폭넓게 생겨났다. 그러므로 목회적 돌봄의 임무는 역사적으로 사회변혁의 임무와 통합될 필요가 있다. 세기의 전환기에 사회복음운동의 지지자들과 임마누엘운동의 지지자들을 분리시킨 각각의 관심사들은 더욱 통합되어야 한다.

여권신장론의 관점에서 우리는 가부장적 문화에 의해 오랜 세월 압박받아 온 여성의 역사를 인식할 수 있다. 많은 수의 여성들이 작업장에 들어갈 뿐 아니라 가정, 교회, 공동체 안에서 공평성을 획득하기 위해서 노력하면서, 이러한 새로운 인식은 목회적 돌봄의 임무와 여성의 상호적 돌봄을 철저하게 변화시켰다. 이는 또한 남성과 아동을 돌보는 임무도 변화시켰다. 돌봄 자체에 대한 여권신장론의 관점은 보다 전통적이고 권

위적인 돌봄의 이미지와 결합될 필요가 있다.[32]

1970년대와 1980년대에 서양의 문화와 불의와 불평등에 대한 새로운 인식이 목회적 돌봄 분야에 영향을 주었다면, 미국을 포함해 세계적으로 나타나고 있는 문화적 다원주의에 대한 확장된 인식 또한 목회적 돌봄 분야에 영향을 주었다. 미국 흑인들에게 나타나는 문화적 상이성들은 지배적인 백인 사회에 합류하고자 하는 단순한 소망이라기보다는 자신들의 문화에 대한 독립성과 자부심을 나타내는 것으로 보여진다. 이것은 라틴계나 미국 원주민의 경우도 마찬가지이다.

우리는 세계의 문화들 속에는 각각의 가치들, 인간의 발달을 예정하는 각각의 방법들, 그리고 돌봄의 질을 측정하는 각자의 기준들이 존재란다는 것에 대한 인식이 확산되고 있음을 알았다. 서양의 백인 중류층의 문화적 표준이 다른 사회를 판단할 수 있는 기준이라는 가정은 더 이상 성립될 수 없다. 그러므로 목회자들은 삶의 다양한 문화적 형태를 평가하는 데 필요한 능력과 지식을 갖출 필요가 있다. 오늘날 목회자들은 자신의 회중 안에서 종종 다양한 문화적 배경을 가진 사람들을 만나게 된다. 그러므로 고도의 목회적 돌봄은 과거보다 더욱 세계화되어야 한다.[33]

---

32) Bonnie J. Miller-McLemore. *Also a Mother: Work and Family As Theological Dilemma* (Nashville : Abingdon Press, 1944), 104-5를 보라.

33) 예를 들어, David W. Augsburger, *Pastoral Counseling Across Cultures Factors in Pastoral Care*(Philadelphia: Westminster Press, 1986), 또는 Peggy Way, "Cultural and Ethnic Factors in Pastoral Care," in *Dictionary of Pastoral Care and Counseling*, ed. Rodeny J. Hunter(Nashville: Abingdon Press, 1990), 253-54를 보라.

전통에 대한 변화하는 돌봄의 형태

20세기의 목회적 돌봄의 경향은 1960년대, 70년대, 그리고 80년대를 지나면서 의식을 변화시키는 사회문화적인 변화에 의해서만 영향을 받은 것이 아니다. 이는 또한 기독교 전통에 대한 돌봄이 전통적인 사상을 평가하고 해석하는 근대 후기의 방법들 속으로 어쩔 수 없이 유입되면서 발생한 변화들에 의해 영향을 받았다. 일부 목회신학자들에게 있어서, 이것은 로저스와 다른 인본주의적인 방법들로 상징되는 자유주의적 인본주의에 기초한 목회적 돌봄의 모델들이 더 이상 적당하지 않다는 것을 의미했다. 로저스와 다른 인본주의적인 방법들은 목회적 관계 안에서 기독교의 복음을 구체화해야 한다고 강조했다. 하지만 목회적 돌봄의 상호작용 안에서 기독교의 언어를 사용하지 않으려는 인본주의적인 방법론은 배척되기 시작했다. 기독교의 언어를 심리학적인 언어로 대체한 것은 이들 신학자들에게는 인간의 상태에 대한 기독교의 이해의 핵심적이고 결정적인 측면을 상실했음을 증명하는 것처럼 보였다.

동시에, 이들 목회신학자들에게는 에드워드 투르나이젠, 토마스 오덴, 그리고 그 외의 학자들이 주장한 칼 바르트의 신정통주의에 뿌리를 둔 목회적 방법들이 불만족스러워 보였다. 기독교 공동체 안에서의 목회 사역과 삶의 인간관계적 측면은 단지 협의적으로 정의된 기독교의 언어—협의적인 기독교 언어는 '목회적' 돌봄이라 명시되는데—를 말하기 위한 준비작업이라는 그들의 주장은 편협하고 제한적으로 보였다. 후기 근대의 신학자들이 주장하는 대로, 개방적이고 대중적인 대화를 통해 기독교 공동체의 언어가 아닌 다른 방법으로 인간의 상태에 대해 언급함으로써 기독교 공동체의 전통적인 언어를 주장하고 있는 사람들로 하여금 신뢰할 수 있게 하는 새로운 방법을 발견할 필요가 있었다.

목회신학자들에게 이것은 기독교의 대화 방식과 사람들의 일상적인 언어 사이에 대화의 창구를 여는 방법을 발견하는 것을 의미했다. 목회자들은 보다 더 능숙한 해석자가 될 필요가 있었다. 기독교 언어, 인간의 세상사에 대한 기독교의 시각과 평가 방식, 그리고 일상적인 삶의 대부분을 형성하는 문화의 언어를 해석할 필요가 있었다. 세상의 많은 언어와 다양한 대화 방식 안에서 삶을 살아가는 한, 기독교 공동체들은 더욱 자신들의 기독교 정체성 안에서 자아를 인식할 필요가 있었다.

우리는 성서의 시대부터 시작해서 현재에 이르기까지 목회적 돌봄의 역사를 살펴보았고, 이제는 미래—가까운 미래와 먼 미래 둘 다—에 관심을 가질 필요가 있다. 변화하는 세상 속에서 목회적 돌봄이 부딪히는 논쟁점과 문제들에 명확하게 대응하면서 목회적 돌봄의 역사를 통해서 얻은 것들을 소중하게 지켜갈 수 있는 목회적 돌봄의 모델이 있는가? 우리 목회자들과 기독교인들에게 정체성을 제공해 주는 전통에 대한 돌봄, 세계의 많은 문화 속에서 일어나는 유동적인 변화, 기독교 공동체들의 보존과 양육에 대한 우리의 책임, 그리고 우리에게 도움을 구하는 개인과 가족들의 다양한 요구, 이 모든 것에 대해 균형있게 관심을 가지게 하는 모델이 있는가? 나는 이러한 모델이 있다고 확신한다. 이러한 모델의 기초적인 틀은 목회적 돌봄 전통의 역사로부터 얻을 수 있다. 다른 전통들과 마찬가지로, 우리가 새로이 등장하는 문제들과 마음을 열고 대화하

면서 전통을 주의해서 다루기만 한다면 목회적 돌봄의 전통은 여전히 계속될 것이다.[34]

---

34) Charles V. Gerkin, *Prophetic Pastoral Practice: A Christian Vision of Life Together* (Nashville: Abingdon Press, 1991), p. 19.

제3장
목회적 돌봄의 새로운 경향

　목회적 돌봄의 역사에 대해 개괄적으로 살펴보면서, 우리는 다른 것들에 비해서 어떤 사건들과 목회적 공헌들에 더 많은 주의를 기울일 수밖에 없었다. 나는 목회적 돌봄에 부정적인 영향을 미친 시대보다는 목회 전통에 긍정적인 공헌을 했다고 생각되는 사람들과 변화들에 초점을 맞추었다. 나의 이러한 결정은 목회적 돌봄의 역사 전체를 보는 독특한 시각과 미래를 향해 나아가려고 할 때 우리가 오늘날 취할 필요가 있는 방향성들을 고려해서 이루어졌다. 다른 목회적 돌봄의 역사에 관한 책을 읽는 독자들은 그 외의 발달과 다른 목회 선배들에게 초점을 두었을지도 모른다.

　목회적 돌봄의 실제를 위한 새로운 방향을 제안하기 전에, 나는 21세기를 맞이하면서 우리가 기억해야 할 목회적 돌봄의 역사 속에서 이루어진 중요한 공헌들을 강조하려고 한다. 과거에 실행된 이들 공헌 중 일부는 미래의 변화하는 상황에 적합하도록 수정할 필요가 있을 것이다. 그러나 이것을 계속 보존하는 것은 중요한 일이다. 왜냐하면 이 공헌들이 하나님의 백성을 위한 신실한 목회자가 된다는 것이 무엇을 의미하는지에 대한 전통을 형성했기 때문이다. 우리는 이러한 공헌들을 우리가 미래의 목회적 돌봄을 살펴볼 때 고려해야 할 모델들, 이미지들, 기능들로 생각할 수도 있다. 고대와 근대 모두를 합친 우리의 유산 중에서, 우리가 미래를 향해 나아갈 때 우리에게 필요한 것은 무엇인가?

고대 이스라엘의 유산: 제사장, 예언자, 현명한 안내자로서의 목회자

첫째로, 우리는 오늘날 구약성서의 이스라엘의 선배들이 이루려고 노력했던 제사장, 예언자, 현명한 안내자로서의 목회인도자의 기능 사이에 균형을 이룰 필요가 있다. 이스라엘 사람들은 목회인도자의 역할을 제도적으로 구분함으로써 균형을 잡으려고 노력했다. 때로 이러한 구분은 주도권을 둘러싼 경쟁을 야기하기도 했다. 후에 당시의 목회인도자들이 이러한 역할 모델들을 돌아가면서 강조하는 모습을 볼 수 있다. 1장에서 언급한 것처럼, 최근에는 현명한 안내자로서의 역할이 목회적 돌봄의 실제에서 지배적인 위치를 차지하고 있다. 교회의 의식을 통한 제사장의 돌봄의 역할과 이스라엘 백성들에게 행한 제사장들의 교육적 기능들은 오늘날 주의해서 상상력을 가지고 시도할 필요가 있다. 또한 오늘날 이루어지는 목회적 돌봄의 작업에서 예언자적인 상상력을 발휘하는 것은 오늘날과 같은 시대에서 아주 중요하다. 이 때 우리는 점점 더 억압적인 사회적 구조와 관습에 의해 야기된 우리 주변의 인간의 고통을 인식하게 될 것이다. 우리는 또한 우리 시대의 문화적, 경제적 특권 속에 살고 있는 사람들에게조차도 우리가 어떤 사람인지, 그리고 어떻게 행동해야 하는지를 교묘하게 암시하는 사회 문화적인 힘에 의해서 삶을 살아가고 있음을 더 잘 인식할 수 있을 것이다. 이 세 가지 역할 사이에 새롭고 창조적인 균형을 이루는 일은 다가오는 세대에 우리가 이루어야 할 임무 중 하나가 될 것이다.[1]

양떼를 치는 목자로서의 목회자

우리는 마음에 예수가 보여 준 그리스도의 양을 치는 목자로서의 목회자의 이미지를 다른 이미지보다 더 분명하고 강력하게 새길 필요가 있다. 분명히 이 이미지는 목자가 평범한 사람이었던 그 시절 그 장소에 기인했다. 그리고 우리는 양을 친다는 것이 어떤 것인지 알지 못하거나, 더 나아가 사회적으로 무시당하는 직업으로 인식되는 사회적 상황에 살고 있다. 그럼에도 불구하고, 신약성서에서 예수를 자신의 양들에 대해서 잘 알고 있는, 그리고 양들도 그를 따르는 선한 목자로 묘사하고 있는 것

---

[1] 구약성서에서 목회적 돌봄과 분명한 관련있는 구절을 알려면 M. Tucker, "Old Testament and Apocrypha, traditions and Theory of Care in," in *Dictionary of Pastoral Care and Counseling*, ed. Rodney J. Hunter(Nashville: Abingdon Press, 1990), 799-807를 보라.

은(요 10:14) 하나님의 백성을 돌보는 목회자에 대한 의미 있고 표준이 되는 초상을 그려 주었다. 모든 사회적 계층의 사람들에게 보여 주었던 예수의 행동과 말을 생각해 보면, 우리의 돌봄과 우리가 만나게 되는 이 방인들을 돌보는 데 있어 즉각적으로 사용될 수 있는 목회적 관계에 대한 필수적인 모델을 발견할 수 있다.[2]

우리는 또한 오직 그리스도에게 속한 하나님의 백성을 재판하고 통제하는 권위를 목회인도자가 가지고 있다고 가정함으로써 목자로서의 목회자의 이미지를 왜곡시킨 과거의 목회자들을 기억해야 한다. 특히 중세교회의 권력이 커지던 시대의 리처드 백스터와 그의 동료인 이성주의자들의 시대에, 목회자들은 사람들에 대해 권위적인 힘을 행사하는 경향을 보이면서 사람들의 의식을 부패시켰다. 이 모든 일이 그리스도의 이름으로 행해졌다. 그리스도의 양을 치는 목자로서의 목회자에 대한 더욱 이상적인 예는 공동체의 권력에 의해서 소외받고 있는 사람들을 돌보고 사람들에게 능력을 부여하는 목자로서의 목회적 권위를 실현한 우리의 선배들이었다. 중요한 관점에서 자신의 목회적 권위를 사람들을 지시하고 통제하는 데 사용하였던 그레고리 교황보다는 사막의 수도사들과 성 프란시스의 유산이 선한 목자의 좋은 모델들이 되었다. 힐트너는 목자의 역할을 "돌봄과 염려하는 관심"으로 정의했다. 힐트너의 이러한 정의는

---

[2] 목자의 모델을 형성하는 예수의 가르침과 행동에 대해 더 충분한 설명을 원한다면 A. L. Malherbe, "New Testament, Traditions and Theology of Care in," in *Dictionary of pastoral Care and Counseling*, ed. Rodney J. Hunter (Nashville: Abingdon Press, 1990), 787-89.를 보라.

우리가 목회활동에서 목자의 모델을 구체화하려고 노력하는 데 적절한 지침이 된다.

중재자와 화해자로서의 목회자

비록 우리가 돌보는 사람들을 향한 우리의 목회적 자세가 신약과 신약 이후 교회의 초기 인도자들의 자세와는 엄청나게 다르겠지만, 우리는 개인과 기독교인 공동체 사이의 중재자와 화해자로서의 고대의 목회자의 기능을 유지하기를 바랄 것이다. 신약성서에서 사도 바울보다 더 좋은 중재와 화해의 모델은 없다. 바울 서신들을 읽어보면 위대한 사도와 그가 방문했던 회중에 속해 있는 다양한 사람들 사이의 긴 대화를 들을 수 있을 것이다. 이 대화들은 사람들을 다른 사람과, 그리고 바울이 받은 복음과, 그리고 무엇보다도 교회의 머리인 그리스도와 화해시키려는 것이었다.[3]

후기 신약성서 시대의 로마의 박해 시기에 이르러, 1장에서 본 대로, 화해자로서의 목회자의 역할은 고백과 참회의 공식적인 절차를 운영하는 사람으로 제도화되었다. 박해의 압력과 세속적인 권위에 의해 위협받으면서, 대부분의 경우에 목회자의 화해자로서의 역할은 권위주의적이고 독단적이 되었다. 수세기를 거치면서 이러한 명령적이고 배타적인 권

---

3) Ibid., 789-92.

위들이 파괴된 것은 참으로 감사할 만한 일이다. 우리의 화해의 방법들은 경청하고, 숙고하도록 요청하며, 그리고 헌신에 대한 명료화라는 방식을 더욱 따라야 한다. 어떤 관점에서 이것은 사도 바울이 그의 교회들에게 한 것보다 훨씬 온화한 역할이다. 그렇다고 해도 우리가 우리의 목회적 전통의 근원에 충실하려면, 우리는 목회적 돌봄의 제공자로서 화해의 기능의 근원을 우리의 작업 배경의 중심에 두어야만 한다. 퀸투스 터툴리안이나 존 크리소스톰과 같이, 우리는 신앙공동체와 개인 구성원 사이에서 개인에게 우선적인 관심을 두면서도 공동체의 경계들에도 세심한 주의를 기울여야 한다.

돌봄과 성례: 의례를 이끄는 인도자로서의 목회자

우리는 중세의 선배들로부터 무엇을 얻기를 바라는가? 아마도 구원의 열쇠에 대해 그들에게 주어졌던 완전한 통제권은 아닐 것이다. 면죄부를 발행하고 성사를 베풀고 거두어들이는 권리 말이다. 목회적 돌봄의 권위를 행사하기 위해 고안된 이러한 방법들은 우리 시대의 목회활동에는 더 이상 필요하지도 적합하지도 않다. 그럼에도 불구하고 성례, 예배, 의례를 통해 표현되는 기독교인의 공동체에 의한 돌봄에 대해서는 중세의 교회로부터 배워야 할 점들이 있다. 예배의식의 전통은 예배의 행위와 삶의 경험을 세심하게 연결시키는 목회인도자들에 의해서 조심스럽게 운영될 때만 보존될 수 있다. 하지만 이것이 중요하다고 할지라도, 모든 돌봄이 대화라는 매개를 통해서 표현될 수 있는 것은 아니다. 어떤 돌봄은 단지 빵과 포도주를 받고, 손을 얹어 축복하고, 물세례를 베푸는 등의 상징적인 행위에 공동으로 참여함으로써 공동의 의미에 깊이 관련하면서 제공될 수 있다. 함께 노래를 부름으로써 돌봄을 표현할 수 있으며 우리의 상호적인 돌봄에 대한 필요성을 인식할 수 있다. 또한 함께 기도함으로써 하나님이 우리를 돌보시기를 구하고 이를 함께 기뻐할 수 있다.

중세는 또한 우리에게 영혼의 의사로서의 목회자라는 상징적인 유산을 남겼다. 이러한 영혼의 의사로서의 이미지는 우리의 돌봄이 단순히 타인을 향해 표면적으로 선의를 표하는 것만으로는 충분하지 않다는 것을 말해준다. 단순히 우리의 교구의 성도들이 잘 되기를 바라는 것, 또는 그들에게 "좋은 하루 보내세요"라고 단순하게 말하는 것으로는 충분하지 않다. 절대로 충분하다고 할 수 없다. 중세의 목회자들로부터 우리가 배울 수 있는 것은, 좋은 목회자가 된다는 것은 사람들의 진정한 소망, 은밀한 죄, 두려움들을 이해하려고 노력하는 것이며, 이 이해라는 치유법을 통해서 우리와 우리가 섬기는 하나님은 그들을 깊이 있고 친밀하게 돌본다는 것을 전달할 수 있다는 것이다.

나는 동네를 매일 산책한다. 하루는 우연히 마가렛 앨고드Margaret Algood와 그의 남편 로버트를 방문했다. 그들은 60대 초반이었고, 나는 몇 해 전 로버트가 뇌출혈을 일으킨 이후로 그들이 갑작스럽게 변한 생활 때문에 어려움을 겪고 있다는 것을 알고 있었다. 이들은 담담하게 감당하고 있었지만 점점 어려움을 느끼고 있었다. 사실 말은 안했지만 전에는 활동적이고 창조적이던 로버트는 거의 앞을 보지 못했고, 주변의 도움 없이는 걷지 못했으며, 침실과 현관에 있는 그물침대에서 대부분의 시간을 보내고 있었다. 대부분의 기본적인 신체 활동도 도움을 받아야 했으며 심각한 우울증도 겪고 있었다. 그러는 동안 마가렛은 24시간 남편을 간호하면서 시간을 보냈다. 전에 그녀는 자신의 직업을 즐겼고, 정원을 가꾸고, 매일 산책을 즐겼으며 주말에는 테니스를 쳤다. 그리고 가끔 남편과 여행을 하거나 외출을 하기도 했다. 지금은 이따금씩 아주 힘들게 병원이나 의료기관을 찾아야 하며, 건강보험과 의료비를 제때에 지불하지 못하고 있다. 앨고드의 집으로 가까이 갔을 때 나는 마가렛이 잔디를 깎느라 애쓰는 것을 보았다. 이 일은 그녀가 집에서 수백 마일이나 떨어진 병원에서 살다시피 했기 때문에 몇 주 동안 밀려 있었던 것이다. 어렵지만 필요한 일이 있어 마가렛의 어머니를 방문했을 때 로버트는 병이 나 있었고 탈수 증상을 보였다. 마가렛은 언니와 함께 남편을 돌보았다.

친한 이웃이 하는 것처럼, 나도 요즘 어떻게 지내는지 물었고 이웃으로서 걱정하고 있다고 말하고 싶었다. 마가렛은 잠시 현관으로 가서 이야기를 할 수 있느냐고 물었다. 우리는 전에 일상적으로 대화를 했지만 지금처럼 필요에 의해서는 아니었다. 나는 그녀의 이웃이면서 그녀의 남편의 친구이기도 했다. 그녀는 내가 목사이며 목회적 돌봄을 가르치고 있다는 것을 알고 있었다. 그녀는 내가 말을 꺼내기도 전에 자신의 영혼의 고통들과 심각한 질문들을 털어놓기 시작했다. 언제 남편의 삶을 연장시키려는 그녀의 싸움이 끝날까? 언제까지 남편을 돌보는 일을 계속할 수 있을까? 이전에 다른 사람들에게는 표현할 수 없었던 그녀가 느끼는 극도의 피로와 낙심을 어떻게 할 것인가? 남편은 그녀가 어떻게 하기를 바랄까? 이들 부부는 로버트가 뇌출혈을 일으킨 후 지금까지 그나마 단편적으로 힘들게 의사소통을 할 수 있었지만, 지금은 로버트와의 의사소통이 불가능한 것처럼 보였다. 그녀가 지금 바로 이 자리를 털고 일어나 혼자 살면서 환자용 변기를 비우거나 남편에게 음식을 먹이려고 애쓰는 것 말고 다른 것을 하고 싶다고 느낀다면, 그녀가 잘못된 것일까? 뇌출혈을 일으킨 후 다시 되돌아갈 수 없는 남편과 함께 했던 많은 행복한 추억들 때문에 그녀는 훨씬 더 고통스러웠다.

마가렛과 나와의 대화에서 목사로서 그녀의 영혼을 돌보려고 노력하는 것보다 더 나은 방법은 없었다. 마가렛은 자신이 직면하고 있는 가장 심각한 문제에 대해 이야기했다. 그녀는 자신이 삶의 사건을 해석하는 방식과, 자신이 형성해온 생애 깊은 곳에서 기인하는 자신이 누구이며 어떤 사람이 되려고 하는지에 대해서 알려 주었다. 마가렛은 고립되어 형성된 존재가 아니라 신앙공동체와 그녀에게 자신의 행동을 살피고 판단하는 특정한 방식과 특정한 의미와 특정한 질문들을 강요하는 문화에 참여함으로써 형성된 존재였다.

내가 이 책의 첫 장을 집필하는 동안 인간의 고통과 그 고통으로 인해 도움을 청하는 이 사건이 일어났기 때문에, 나는 짧은 기간이지만 중세의 목회의 선배들과 동일한 입장에서 마가렛의 고통을 함께 느낄 수 있었다. 이것이 중세의 목회자들이 말한 영혼의 의사로서 목회자가 해야 할 돌봄과 영혼의 치유이다. 이 경험은 이러한 사역이 갖는 깊음과 풍요함, 고통과 어려움, 그리고 특권에 대해 깊이 깨닫는 계기가 되었다. 이것은 목회자가 소중히 여기고 갈고 닦아야 할 유산이다.

목회적 돌봄과 도덕적인 삶

목회적 돌봄의 역사에서 전체적으로 영혼의 치유와 돌봄이라는 주제가 중요시되어 왔지만, 이것은 끊임없이 다른 주제와 비교되었다. 사람들의 도덕적인 삶을 관리하는 사람으로서의 목회자의 이미지가 그것이다. 이것은 이스라엘의 예언자의 주된 모습이었다. 목회를 통해 사람—개인과 공동체로서의 사람 모두—을 돌본다는 것은 끊임없이 사람들로 하여금 자신의 행동의 도덕성에 대해 생각하도록 질문하고 돕는 것이다. 그래서 법의 전통이 발달했다. 법의 전통이란 하나님의 백성이 살아가면서 지켜야 할 도덕적인 경계를 결정하는 정의들을 모아 놓은 것이다. 사람들로 하여금 도덕적인 경계를 벗어나기 않도록 하는 것은 구약 공동체의 아주 초기의 삶에서부터 목회적 돌봄의 중심적인 역할이 되었다.

그리고 복음서에서 보여지는 예수의 돌봄의 모델은 적법한 삶을 꾸려가는 것과 관련이 있었다. 바리새인의 법의 전통에 대항했던 예수의 모습과는 상반되게도 예수가 주장했고 살았던 목적은 율법을 '완성' 하는 것이며, 이로써 최대한 삶에 대한 법의 지배를 새롭게 하는 것이다. 하지만 예수는 도덕적인 삶에 대한 유대 공동체의 전통적인 이해에 성급하게 도전하거나 변화시키려고 하지 않았다. 예수는 유대 율법의 함축적인 의미에 대한 태도를 더 완전하게 구체화했다. "내가 예언자의 율법을 폐하러 온 줄로 생각지 말라. 나는 폐하러 온 것이 아니라 완성하러 왔다"(마 5:17).

이스라엘의 목회적 돌봄의 선배들에 기초한 이러한 도덕적인 삶에 대한 관심은 역사 전체에 계속 이어졌다. 바울이 율법 안에 사로잡혀 있다고 느끼고 이 때문에 심하게 몸부림치면서도, 이것은 바울이 신약의 교회들에게 보낸 목회서신의 주된 주제였다. 도덕적 삶에 대한 관심은 로마의 박해 시기 동안 고대의 기독교 공동체를 단결시키려고 했던 목회자들에게서도 찾아볼 수 있다. 이것은 우리가 사막교부들의 목회 사역에 대해 가지고 있는 단편적인 기록들에서 발견되는 중심적인 주제였다. 비록 이들 초기의 금욕적인 공동체 안에서 제공된 돌봄이 박해 시기 동안 그들의 이전의 공동체에서 제공된 돌봄만큼 법률을 존중하지는 않지만 말이다.[4]

도덕적인 안내자로서의 목회자의 이미지는 20세기까지 지속되었다. 하지만 목회 활동을 위한 치료적인 패러다임이 주도권을 가지면서, 이러한 주제에 대한 관심은 줄어들었다. 최근에는 도덕적 지도보다는 수용과 용서라는 주제에 더 관심이 모아지고 있다. 이 주제에 대해 살펴봄으로써 우리는 도덕적 안내자라는 목회자의 역할을 다시 부활시키는 데 참여하게 될 것이다. 대부분의 평신도의 마음속에는 목회자의 도덕적 지도라는 이미지가 여전히 남아 있다는 것을 기억하는 것이 필요하다. 나의 이

---

4) Roberta Bondi, "The Abba and Amma in Early Monastism: The First Pastoral Counseling?" *The Jounal of Pastoral Care 40* (December 1986): 311-20.

옷인 마가렛 앨우드가 자신의 절망스러운 상황에 대해 자신의 영혼의 문제를 솔직히 털어 놓으면서 앉을 때, 그녀는 무엇보다도 도덕적인 지도를 원했다.[5]

목회적 돌봄과 영적인 삶

도덕적 지도라는 주제가 이스라엘에 그 근거를 둔다면, 하나님과 하나가 된다는 신비스러운 소망인 영적 추구라는 주제, 즉 영적인 안내자로서의 목회자는 기독교가 그리스 철학의 영향을 받으면서 생겨났다. 분명한 것은 신비적인 전통이 성서에서 발견된다는 것이다. 특히 대부분이 시편(예를 들면, 27, 42, 139편 등), 아사야서, 그리고 신약의 요한복음에서 발견된다. 하지만 이것을 목회적 돌봄의 주제로 활용한 것은 기독교가 그리스의 플라톤의 철학과 신플라톤 철학과 대화하면서부터이다.[6]

가장 좋은 점은 영적 추구라는 주제가 인간의 삶이 신적인 은혜의 신비에 의존한다는 것을 나타내 주었다는 것이다. 인간의 삶의 방식에 질서를 부여해야 하는 필요성과는 별도로, 인간의 모든 삶은 인간의 유익

---

5) 현대 목회적 돌봄에서 도덕적 지도의 기본적인 원리들에 대해 간단하지만 매우 훌륭하게 설명한 James M. Lapsley, "Moral Dilemmas in Pastoral Perspective," in Dictionary of Pastoral Care and Counseling, ed. Rodney J. Hunter (Nashville: Abingdon Press, 1990), 752-55를 보라.

6) Alan Richardson and John Bowden, eds., *The Westminster Dictionary of Christian Theology* (Philadelphia: Westminster Press, 1983), 388.

을 위한 하나님의 신실하고 지속적인 활동에 의해 가능해졌다. 인간이 실패했을 때, 하나님의 용서는 신비스러울 정도로 유용하다. 이와 같이 인간의 삶이 힘을 얻고 속죄받고 새로워지고 개선되는 것은 하나님의 은혜에 의해서이다. 그리고 하나님의 은혜로 분별력과 치유라는 특별한 선물이 개인에게 주어진다. 은혜는 영적인 선물로 알려져 있다. 수세대에 걸쳐 기독교 공동체는 도덕적 인도자는 물론 영적인 인도자들을 중요시하였고 이들을 양성해왔다.[7]

초기의 기독교 공동체에서, 목회적 돌봄에서의 영적인 지도는 비형식적이고 일상적으로 이루어졌다. 그 후 중세에는 영적인 지도가 더 형식화되었으며, 더 엄격하게 이루어졌다. 이렇게 해서 영적인 지도는 신앙 공동체 안에서 사람들이 가지고 있는 삶의 문제들을 일상적으로 돌보는 것과는 거리가 멀어졌다. 몇 가지 예외를 제외하고는 이러한 분리는 현재까지도 계속되고 있다. 영적인 지도를 하는 사람들은 목회적 돌봄이 당면한 문제에 대해 순간적인 해결책만을 제공하는 반면, 영적인 지도는 "창조적인 영적 선물을 발달시키는 것을 목적으로 보다 적극적인 지도"를 제공한다고 주장했다.[8]

---

7) 은혜와 목회적 돌봄과의 관계성에 관한 복잡한 개념에 대해 충분히 알려면 Rodney J. Hunter, "Grade and Pastoral Care" in *Dictionary of Pastoral Care and Counseling*, ed. Rodney Hunter(Nashville :Abingdon Press, 1990), 468-70 그리고 "Law and Gospel in Pastoral Care," *Journal of Pastoral Care 30*(1976): 146-58을 보라.

8) Martin Thorton, "Spiritual Direction, History and Tradition of,in Dictionary of Pastoral Care and Counseling, ed. Rodney J. Hunter (Nashville: Abingdon

한편 목회적 돌봄에 종사하고 있는 사람들은 목회적 돌봄이 개인의 "실제적인 문제"를 다루는 반면, 영적 지도는 단지 사람들이 고통 중에 있을 때 더 찾게 되는 그리스도를 향한 집중과 영지주의적인 추구를 격려할 뿐이라고 주장하면서 영적인 지도를 하는 사람들과 마찬가지로 똑같이 편견을 가지고 이 둘을 구분했다.

근래에 와서, 오랫동안 분리되었던 이 두 목회적 전통들이 화해를 모색한다는 징후들이 나타나고 있다. 독자들은 차차 알게 되겠지만, 나는 목회자들의 돌봄의 활동에서, 그리고 기독교인의 공동체에서 영적인 분별력을 가진 언어를 회복시켜야 하는 중요한 임무가 미래의 목회적 돌봄에게 주어졌다고 본다. 일부 영적 지도소에서는 영적인 조명을 원하는 사람들을 다루는 데 있어서 과거에 목회상담을 심리학을 지향하는 분야로 특징지웠던, 비지시적이고 인간 중심적인 대화 방법을 이용하기 시작했다. 어쨌든, 우리가 관심을 가져야 할 또 하나의 목회적 유산은 우리 자신의 삶과 우리가 돌보는 사람들의 삶 속에 적용하는 영적인 분별력과 관련이 있다.

20세기의 유산 중 지속될 필요가 있는 것은?

20세기는 무엇보다도 목회적 돌봄에 있어 인간의 발달에 대한 인식이

Press, 1990), 1210.

급증한 시기였다. 특히 인간의 역사적 경험이 중요하다는 것을 인식하게 되었다. 실제로, 성도의 삶에 어려움이나 갈등이 생겼을 때, 목회자들은 흔히 그 사람이 가지고 있는 과거의 경험에 대해 궁금해 하고 이를 알고자 했다. 우리는 현재의 어려움들은 종종 어려움을 겪고 있는 사람들이 오래 전에 경험한 사건을 통해서 해결된다고 확신한다. 이러한 역사적 경험을 통한 문제 해결은 보존될 가치가 있다. 이를 통해 목회적 돌봄 제공자들은 특정한 역사적인 논리를 가정할 수 있으며, 혹은 종종 난처한 인간적인 딜레마에 빠질 수도 있다. 이를 잘 사용한다면, 목회자는 독특한 인간의 요구에 대응하는 능력을 향상시킬 수 있다. 이러한 도구를 보존하기 위해서는 모든 목회적 돌봄 종사자들이 인간의 발달에 대해 진보된 이론과 심리학적, 이론적 구조를 숙달할 필요가 있다. 이를 통해서 우리의 돌봄의 대상이 되는 사람들이 직면하고 있는 발달적 문제들을 고려할 수 있게 된다.[9]

20세기에 인간의 발달에 중점을 둔 관점들은 많고도 다양했다. 처음 여기에 공헌을 한 사람들은 종교의 구성에 심리학적인 관심을 두었던 세기의 전환기의 종교심리학자들이었다. 목회 종사자들이 프로이드의 이론을 활용하면서, 종교적 발달에 대한 조사는 뚜렷하게 정신역동학의 경향을 취하게 되었고, 따라서 종교적 발달에 대한 조사에서 특별히 종교

---

[9] 예로 *Dictionary of Pastoral Care and Counseling*, ed. Rodney J. Hunter (Nashville: Abingdon Press, 1991)에 있는 두 개의 짧은 논문을 보라: Charles V. Gerkin, "Psychoanalysis and Pastoral Care," 979-84; Richard R. Osmer, "Developmental Theory and Pastoral Care," 277-79.

적인 측면 대부분이 소외되었다. 정신병리학적인 특징들 소위 비정상적인 발달에 몰두하면서, 심리학 지향적인 목회적 돌봄은 주로 목회상담이나 고통받는 사람들의 돌봄으로 인식되었다. 개인의 역사를 살펴보는 것은 개인의 결점이 무엇인지, 현재의 어려움이 일게 한 역사적 원인이 무엇인지를 살펴보는 것을 의미하게 되었다. 목회적 돌봄이 정신병리학과 상담에 몰두하면서, 목회상담 분야는 더욱 전문화되었다. 그리고 목회 심리치료를 하고자 하는 움직임이 시작되었다.

20세기에 와서 고통받는 사람들을 위한 사역으로 목회상담에 초점을 둔 것은 중요한 일이기는 하지만, 이는 안타깝게도 일반적인 사람, 즉 비교적 건강한 사람들의 발달을 돌보는 데에는 그다지 관심을 기울이지 않았다. 목회적 돌봄은 모든 사람들이 자신의 잠재력을 완전히 발달시키도록 돌봄의 환경을 만들어서, 하나님의 모든 백성들을 그들의 변화하는 일상을 통해 돌보는 일에 우선적인 초점을 맞출 필요가 있다. 하나님의 모든 백성들이 목회상담을 필요로 하지는 않는다. 하지만 모든 사람들은 돌봄의 환경에 의한 양육과 지지를 필요로 하고 있다.

개인의 내적인 삶에 대한 목회적 경청

나는 상담을 목회적 돌봄의 핵심적인 임무로 보고 여기에 지나치게 많은 관심을 두는 것을 우려했지만, 지금은 이 부분에 대한 경계를 늦출 필요가 있다. 분명히 목회상담의 어떤 요소들은 미래의 목회적 돌봄에서도 유지되어야만 한다. 첫번째 요소는 목회상담이 심리적 역동성과 개인의 내적 삶에 대해 강조한 점이다. 1960년대 중반에 캐롤 와이즈가 말한 대로, 가장 적절하게 정의한 목회적 돌봄의 목적은 복음의 내적인 의미를 사람들에게 전달하는 것이다.[10]

좋은 목회적 돌봄은 단순히 복음에 대해서 이야기한다거나 몇몇 일반적인 진술을 사람들의 삶에 적용시키는 것이 아니다. 좋은 목회적 돌봄이란 개인의 내적 존재와 이야기함으로써 관계 안에서 복음을 구체화하는 것이다. 좋은 목회자는 리처드 니버H. Richard Niebuhur가 말한 "계시의 순간"moments of revelation[11]을 가능케 하는 방식으로 사람들과 관계를 맺으려고 노력한다. 이러한 관계를 통해 전달되는 것은 잠재적으로 새롭게 변화되는 식으로 사람들의 내적인 역사와 연결된다.

모든 단계에서 목회적 관계가 이러한 연결의 단계로 이어지게 하기 위해서는, 목회 인도자들은 사람들의 내적인 삶과 관계를 맺는 기술과 분별력 있는 민감성을 갖출 필요가 있다. 정신역동학을 잘 이용한다면 목회자가 성공적으로 이를 달성하는 데 도움이 될 것이다. 분명히, 정신역동학에 대한 지식은 영적인 역동성에 대한 지식으로 보완되어야 할 필요가 있다. 영적인 역동성이란 하나님에 대한 지식과 성령의 역사를 개인

---

10) H. Richard Niebuhr, *The Meaning of Revelation*(New York: Haper and Row, 1966), 8.
11) H. Richard Niebuhr, *The Meaning of Revelation*(New York: Macmillan, 1941), 111. 그리고 Charles V. Gerkin, *Widening the Horizons: Pastoral Reponses to a Fragmented Society*(Philadelphia: Westminster Press, 1986), 56-57를 보라.

이 내재화하는 데서 생기는 역동성이다.

근래의 목회상담자들은 가족역동과 가족체계 이론에 중점을 둔 이론들을 사용하면서 정신역동학에 대해 많은 것을 알게 되었다. 그리고 이러한 형태의 상담은 목회에서 전문적인 분야가 되었다. 비록 교구의 목사가 전문적인 의미의 가족치료사가 되려고 노력하는 것은 바람직하지 않을 수도 있지만, 그들 교구의 가족의 삶의 역동성에 민감해진다면 가족 구성원들에게 그들의 필요에 따른 복음을 전할 수 있는 능력을 향상시킬 수 있다.[12]

특별한 도움이 필요한 사람들을 위한 목회적 돌봄

목회상담의 역사로부터 우리가 보존할 필요가 있는 두번째 요소는 무시되거나 소외된 사람들을 향한 사명감이다. 우리가 제2장에서 살펴본 대로, 안톤 보이즌과 그 밖의 임상목회 돌봄 운동에 참여한 사람들은 정신적인 질병을 가진 사람들과 감옥에 갇힌 사람들, 즉 사회에서 버림받은 사람들에게 깊은 관심을 가졌다.

심리치료의 영향 아래서 목회상담이 점차적으로 전문화되면서, 목회상담을 받는 사람들이 점점 사회의 주변인이 아니라 풍요로운 중류층과

---

12) J. C. Wynn, *Family Therapy in Pastoral Ministry*(San Francisco: Harper and Row, 1991). 그리고 Herbert Anderson, "Family, Pastoral Care and Counseling of." in *Dictionary of Pastoral Care and Counseling*, ed. Rodney J. Hunter (Nashville: Abingdon Press, 1990), 416-19를 보라.

상류층이 되어가고 있다는 사실은 참 안타까운 일이다. 목회상담은 점점 여유있는 사람들만의 상담이 되어가고 있다. 그렇기 때문에 앞으로의 목회적 돌봄 분야는 자신들에게 필요한 돌봄을 찾아내는 능력은 적은 반면 자신들의 필요는 엄청난 사람들에 대한 사명감을 새롭게 하고 회복해야만 한다. 우리는 단순히 목회상담자의 사무실을 찾을 만큼 풍요롭게 살아가는 사람들이나 심리학적인 지식을 충분히 갖춘 사람들이 아닌 돌봄을 필요로 하는 모든 사람들이 이를 이용할 수 있는 새로운 방법을 찾아내야 한다. 이것은 심리치료라는 엄격한 의미에서의 상담보다는 사회의 주변인들을 돌볼 수 있는 구체적인 방법을 찾는 것을 의미할 수도 있다.

개인들과 사회적 상황에 대한 목회적 관심

20세기에서 21세기로의 전환기에서 목회적 돌봄은 개인에 대한 관심과 개인을 둘러싸고 있는 보다 큰 사회적 상황에 대한 돌봄을 똑같이 강조하는 새로운 방법을 모색해야 한다.

20세기의 목회 유산을 생각해 보면 임마누엘운동의 개인주의와 사회복음운동의 사회 변혁에 대한 헌신 사이에 일어난 분리를 기억하지 않을 수 없다. 이러한 분리 이후 북미의 목회적 돌봄은 심리학적인 개인주의의 주도 아래 발전되었다. 관심의 범위는 지금 목회적 돌봄의 대상이 되는 개인에게 중요한 것이 무엇인가를 중심으로 집중되었다. 적응심리학이 유행하던 시기에, 목회적 돌봄의 종사자들은 개인의 자아실현을 돕기 위해서는 보다 큰 사회적인 상황이 고려되어야 한다는 것을 당연하게 받아들이는 경향이 있었다. 2차 세계대전 말기에 이르러 이러한 분위기는 에릭 프롬이나 케런 호나이와 같은 신프로이드 학파의 심리학자들의 영향으로 바뀌었다. 이들 심리학자들과 이들을 따르는 목회자들은 대부분의 사회적 제도들을 인간의 자유와 존엄성에 대한 관료적 부과물로 보는 경향이 있었다.[13]

어떤 의미에서 목회적 돌봄은 개인과 개인의 가족에게 깊은 관심을 두었다. 목회상담이 목회적 돌봄의 주요 형태로 등장하면서, 돌봄을 필요로 하는 개인들로 하여금 사회적 상황의 횡포로부터 살아 남고 더 나아가 이를 극복하도록 돕는 것을 포함하는 특징이 목회적 돌봄에 나타난다.

반면, 2장에서 살펴본 것처럼, 사회복음운동—이는 사회적 현실을 변화시켜 하나님의 정의로운 나라의 법칙에 의해서 지배되는 사회로 만들 수 있다는 신학적인 자유주의의 낙관론의 산물이다—은 점점 신정통주의의 현실주의에게 자리를 내어 주었다. 한참 후에, 억압받는 자들에게 사회적인 힘을 실어줌으로써 사회를 변화시키는 데에 초점을 두기 시작하면서 해방신학이 다시 부활하였다. 목회적 돌봄의 관점에서 본다면, 신학 안에서 이루어진 이러한 운동들은 개인에 대한 관심과 사회적 변혁

---

13) E. Brooks Holifield, *A History of Pastoral Care in America*(Nashville: Abingdon Press, 1983), 260.

에 대한 관심을 만족스럽게 결합시키는 방법을 제시하지는 못했다. 시간이 흐른 뒤에도 이러한 두 관심의 분리는 대체로 그대로 남아 있다.

모든 단계의 사회적 삶을 살고 있는 개인들과 매일 관계를 맺고 있기 때문에, 적어도 두 가지의 관찰 능력을 갖는 것이 중요하다. 이 두 가지 능력은 개인에 대한 관심, 그리고 공동체에 대한 새로워진 관심에 의해서 각각 강조된다. 하나는 경청의 기술이다. 다른 무엇보다도, 20세기의 임상목회 돌봄 운동은 목회자들에게 경청의 기술에 대해 가르쳤다. 경청은 단순히 사람들이 하는 말을 듣는 것 이상이다. 이것은 말에 수반되는 정서적인 의사표현에 주의를 기울이는 것을 의미한다. 또한 개인의 내적인 삶을 지배하는 개인적인 의미에 대한 단서를 제공하는 표현에 귀 기울이는 것을 의미한다. 그리고 감추어진 갈등, 말로 표현되지 않은 욕구, 말로 표현할 수 없는 두려움, 그리고 어렴풋한 소망에 귀 기울이는 것을 의미하기도 한다. 가장 우선적이면서 동시에 가장 중요한 것은, 목회자들은 사람들로 하여금 자신을 노출하도록 인도하는 경청자가 되어야 한다는 것이다. 그렇게 함으로써 수용과 비판단적인 돌봄을 제공할 수 있다.

다른 하나의 관찰 능력은 말 그대로 관찰하는 능력이라고 말할 수 있다. 이것은 목회자가 목회적 돌봄의 대상이 되는 사람들을 둘러싸고 있는 사회적인 환경을 주의 깊게 관찰하고 진단적 판단을 내리는 것을 의미한다. 우리는 이러한 능력이 내부를 살피는 것은 물론 주위까지 살피는 것을 요구한다고 말할 수 있다. 우리의 돌봄을 필요로 하는 사람들의 사회적 상황에서 사람들에게 고통을 일으키고 악화시키는 것은 무엇인가? 우리가 돌보는 사람들의 삶을 둘러싸고 있는 사회적 구조는 그들이 풍요롭게 살 수 있도록 그들의 요구를 사회적으로 인정해 주고 있는가?

앞으로 목회적 돌봄을 제공하려고 하는 사람들이 경청하는 능력과 관찰하는 능력 모두를 배우게 된다면, 우리는 개인과 가족의 삶을 돌보고 양육하는 사역과 사회 문화적 변화를 일으키는 사역을 하게 될 것이다. 사회와 문화를 변화시키는 사역은 억압받고 상처를 입은 사람들을 지원하는 것 뿐만 아니라, 성서학자인 월터 브루그만Walter Brueggemann이 말했듯이, "우리 주위의 지배적인 문화에서 오는 의식이나 인식을 대신할 수 있는 의식과 인식을 교육하고 강화하고 불러 일으키는" 노력을 포함한다.[14]

회중 안에서의, 그리고 회중에 대한 목회 돌봄

20세기 목회적 돌봄 안에서 어떤 면에서는 덜 발달된 강조점인 하나님의 백성을 위한 일차적인 장이요, 돌봄의 기관으로서의 회중의 재발견에 대해 생각해 보도록 하자. 나는 이를 재발견이라고 생각한다. 왜냐하면, 어떤 의미에서 세대와 세대를 이어오면서 기독교 공동체를 형성한 우리는 언제나 기독교의 양육과 돌봄의 근원이 하나님의 백성이 함께 모이는

---

14) Waler Brueggemann, *The Prophetic Imagination*(Philadelphia: Fortress Press, 1978), 13. 부루그만의 목회적 돌봄의 개념에 대해서 더 알려면 Charles Gerkin, *Prophetic Pastoral Practice*(Nashville, Abingdon Press, 1991), 70-71을 보라.

데에 있다는 것을 알고 있었기 때문이다. 초기의 기독교인 공동체들에게 이것은 진실이었고, 그 이후로도 마찬가지였다. 하지만 수세기를 거치면서 교회는 임명된 인도자들의 돌봄의 관계를 특별히 중요하게 여겨왔다. 그러므로 비록 강조점들이 시대에 따라 변하기는 했지만, 임명된 성직자들의 개인에 대한 돌봄의 중요성이 지배적이었다. 또한, 개인주의와 심리치료적인 심리학으로 인해 근래의 목회적 돌봄의 역사에서 목회적 돌봄의 개념은 개인적인 사람들을 위해 목회자들이 행하는 개인의 돌봄에 초점이 맞추어졌다.

우리의 역사를 다시 우리의 것으로 만들기 위해서, 유대 기독교 전통 안에서 사용되어온 '목회'라는 용어의 의미가 근본적으로 공동체적인 의미를 가지고 있음을 기억해야 한다. 따라서 목회적 돌봄은 구성원들을 위한 공동체의 돌봄이라는 것을 뜻한다. 로날드 선더랜드Ronald H. Sunderland가 지적한 것처럼, "목회라는 용어는 유대 경전들의 비유적인 표현들, 그리고 궁극적으로는 이스라엘에 대한 하나님의 돌봄으로부터 나왔다"(시 23편, 80편).[15]

이스라엘 백성의 삶의 초기부터, 이미지, 주제, 그리고 이야기들은 사람들에게 서로를 돌보고 또한 그들 가운데 거하는 이방인들을 돌봐야 하는 의무가 있음을 보여 주었다. 이러한 규범은 신약, 특히 네번째 복음서와 사도 요한의 서신에서 다시 강조되었는데, "신약에서의 구성원의 서

---

15) Ronald H. Sunderland, "Congregation, Pastoral Care of," in *Dictionary of Pastoral Care and Counseling*, ed. Rodney J. Hunte (Nashville: Abingdon Press, 1990), 213-14.

로에 대한 사랑은 복음의 최고의 표현이다. 이 사랑에 의해서 세상은 그들이 주의 제자임을 알게 될 것이다. 서로를 돌봄으로써 그들은 예수가 제자들에게 보이셨던 모범을 본받게 된다."[16]

최근에 회중이 행하는 돌봄을 하나님의 백성에 대한 돌봄의 일차적인 구조로 보고 이에 대해 새로운 관심을 갖게 된 것은, 회중을 중심으로 연구하는 광범위하고 다각적인 움직임의 한 측면이라 할 수 있다. 이러한 흐름을 타고 기독교의 삶의 의미와 실천이 민중의 삶의 차원에서 유지되었다. 지역 회중의 삶 내부에서 일어나는 역동적인 관계성을 이해하기 위한 조사의 수단으로서 다각적인 접근이 시도되었다.[17] 대부분의 이러한 접근은 회중 안에는 적어도 한 명 이상의 사람들이 있다는 가정에 근거한 것으로 보인다. 부분적으로 사람들이 공동체의 구성원들을 돌보고 공동체의 구성원들에 의해서 돌보아지기 때문이다. 하지만 단지 소수의 연구자들만이 이러한 가정을 체계적으로 연구하고자 노력했다.

그렇다면 우리가 개인의 돌봄을 위한 일차적인 장소인 회중에 대한 새

---

16) Ibid., 214.
17) 예로 다음에 나오는 사람들의 접근과 비교해 보라. *Congregation: Stories and Structures*(Philadelphia: Fortress Press, 1987)의 비교민족학자 James F. Hopewell; *Building Effective Ministry: Theory and Practice in Local Church*(San Francisco: Harper and Row, 1983)의 교회조직 이론가, Carl S. Dudley와 동료들; *A Community of Character: Toward a Constructive Christian Social Ethic*(Notre Dame: University of Notre Dame Press, 1981)의 신학윤리학자, Stanley Hauerwas; *New Hope for the Congregatopns*(New York: Seabury Press, 1972)의 교회발전 자문가 Loren Mead; *Generation to Generation: Family Process in Church and Synagogue*(New York: Guilford Press, 1985)의 유대가족연구 이론가 Edwin H. Friedman.

로워진 관심을 진척시키고자 할 때, 우리는 신앙공동체의 목회지도력에 대한 새로워진 관심과 연구 과업을 모두 진척시킬 필요가 있을 것이다. 우리는 지역의 신앙공동체 안에서 돌봄이 어떻게 전달되는지 더 잘 알아야 할 필요가 있다. 2장에서 언급한 루터교회의 연구와 같은 예비 연구들은 돌봄의 기본적인 토대는 공동체 내에서 대체로 비공식적으로, 그리고 비교적 일상적인 방식으로 전달된다는 것을 보여 준다고 생각된다. 여기에서, 회중 내의 비공식적인 돌봄의 조직망에 대해 더 알고 싶은 목회자들은 제임스 호프웰James Hopewell이 발달시킨 민족학적인 방법들을 사용하는 것이 도움이 될 것이다.[18]

또한 목회적 돌봄의 공동체적 측면에 새로이 관심을 두다 보면 하나님의 백성의 행복을 위한 하나님의 돌봄과 백성들의 상호 돌봄을 공동으로 표현하는 제의적 행위들과 예배 행위의 중요성에 더욱 관심을 기울이게 될 것이다. 공동체의 상징적 의미는 제의와 예배의 형식을 통해서 일상적인 행사에 의미를 부여하고 그 의미들을 표현하는 대중의 행위 속에서 가장 잘 표현된다. 제의적 행위를 통해 돌봄이 얼마나 전달될 수 있는가 하는 점은 제의적 행위를 둘러싼 공동체 내의 비형식적인 돌봄의 분위기에 의해 크게 좌우된다. 그러므로 목회 지도력을 위해서는 이러한 돌봄의 차원들에 적절한 주의를 기울여야 한다.

---

18) Hopewell, *Congregation: Stores and Structures*. 그리고 Rogers Johnson, *Congregation As Nurturing Communities: A Study of Nine Congregations of the Lutheran Church in America*(Division for Parish Services, Lutheran Church in America, 1979)의 간략한 연구를 보라.

목회교육으로서의 목회적 돌봄

목회적 돌봄의 역사에서 각 시대마다 이루어진 중요한 발전들 속에는 내가 아직 충분히 인식하지 못한 돌봄의 기능이 숨겨져 있다. 간단히 말하자면, 이것은 목회 교육의 기능이다. 20세기에 이 기능은 일반적으로 목회의 역할 안에 있는 다른 하위 전문 분야로 넘어갔다. 목회 사역의 역사의 각 단계들마다, 사제들과 목회자들은 돌본다는 것이 무엇을 의미하는지에 대해—여기에는 신앙의 전통에 대한 돌봄, 신자의 공동체에 대한 돌봄, 개인과 가족에 대한 돌봄, 그리고 믿음의 공동체의 사회문화적 환경에 대한 돌봄 등이 포함된다—공식적으로, 혹은 비공식적으로 사람들을 교육했다.

신약시대의 교회들을 방문하거나 부재 중에는 교회들에게 보낸 편지를 통해서, 바울은 복음의 의미와 사람들이 신실한 공동체가 되었을 때 실현될 기대들에 관해 끊임없이 사람들에게 가르쳤다. 신약시대 이후의 초대교회에서 목회자들은 사람들에게 공동체 속에서의 삶과 주위 이방 문화 속에서의 삶 사이에 없어서는 안될 경계들에 대해 가르쳤다. 중세의 성직자들은 그들의 성례적 목회 활동과 성례의 용도에 관해 사람들을 가르치는 것을 결합시켜서 삶과 죽음의 사건에 의미를 부여하려고 했다. 이것은 수세기에 걸쳐 계속되었다. 목회적 돌봄의 역사 속에서 의도적으로 혹은 의도하지 않는 중에 이루어진 각각의 새로운 전환에는 돌봄의 의미와 장에 대해서 정성들여 사람들을 가르치는 것이 포함되었다.

근래에 심리치료적인 패러다임이 지배적인 이 시기는 돌봄을 가르치는 목회의 기능이 더 중요하게 부각되면서도 역사상 돌봄을 가르치는 목회의 기능이 가장 약화된 시기이다. 인간의 문제에 대한 심리학적이고 심리치료적인 사고 방식에 대해 알게 된 목회자들은 목회심리학적 교육자로서의 역할을 했다. 그들의 이러한 행동은 때때로 의도적으로 이루어졌으며, 외국에서 들어온 심리학적인 표현들을 비공식적으로 사용함으로써 더욱 빈번하게 이루어졌다. 그들은 사람들에게 현재 겪고 있는 어려움의 기원이 되는 어린 시절의 기억에서부터 죽음과 사별의 과정에 이르기까지 모든 것에 대해 심리학적으로 말하는 방법을 가르쳤다. 목회자들은 복음의 이미지와 현대의 심리학적 언어를 사용하는 주제와 이미지들을 다양한 방법으로 연결시키는 설교를 통해서, 개인과 가족이 건강한 삶을 살도록 도와주는 합리적인 노력을 통해서, 그리고 목회 대화에서 심리학적인 개념을 사용함으로써 많은 사람들의 삶에 널리 퍼져 있는 심리학적인 개념들을 심어 주는 교육자이자 참여자였다. 긍정적인 부분은 이러한 목회적 활동이 기독교 전통의 가치와 의미들, 그리고 당시의 문화 사이에 생산적인 대화가 이루어지도록 할 수 있었다는 점이다. 반면 부정적인 부분은 이러한 활동들이 복음을 최근의 유행하고 있는 심리학에 종속시키는 경향을 보였다는 것이다. 이 두 경우에서 목회자들은 목회적 돌봄을 제공하는 데 있어서 목회적 교육자로서의 역할을 했다.

앞으로 알게 되겠지만, 이 책의 주된 의도는 이러한 목회적 돌봄의 교육적인 측면과 지도력을 전면에 확실하게 부각시키는 것이다. 이것은 목회자들이 자신의 목회적 역할을 적절하게 실행하려면, 유능한 심리학자나 치료적인 상담자가 되는 것으로는 충분하지 않다는 것을 의미한다.

또한 목회자들은 공동체 내에서의 신앙적인 삶, 하나님의 백성으로서의 정체성을 부여하는 전통, 그리고 우리의 삶에서 일상적으로 만나게 되는 개인적, 사회적, 문화적 현실들 사이를 연결할 수 있도록 사람들을 도와줄 수 있어야 한다.

다음 장에서 나는 이러한 연결을 추구하는 목회적 돌봄의 모델을 제시하려고 한다. 어떤 의미에서 이것은 새로운 모델이다. 새로운 모델은 얼마 전까지만 해도 목회적 돌봄의 실제를 거의 지배했던 심리치료적인 상담으로부터 떠나는 것을 포함한다. 그러나 보다 큰 의미에서 이 모델은 현재 목회활동의 오랜 전통들을 배경으로 하며 이 전통에 의지한다. 그리고 이전 시대의 목회적 돌봄의 발달을 모두 포괄하며 최근의 심리치료적 시대도 포함한다. 그러므로 우리가 추구하는 것은 어떤 의미에서는 목회전통의 강점들을 종합함으로써 현재와 미래를 위한 모델을 만드는 것이다. 특정한 논리적 변증법—전통에 대한 성실성과 현재의 우리의 삶이 요구하는 것에 대한 신중성 사이의 변증법—이 새로운 모델의 구조를 지배할 것이다.

제4장

삶의 이야기와 기독교의 이야기

　이 장에서는 우리의 관심의 시제가 바뀐다. 이제 우리는 현재, 그리고 예견할 수 있는 한 미래로 관심을 전환하려고 한다. 우리가 이미 주목한 대로, 시간과 역사의 흐름에 따라 이전에 인간의 경험으로부터 형성된 전통의 지속력에는 변화가 생기게 마련이다. 과거의 역사에 기초하면서도 현재의 논쟁들에 귀 기울이는 목회적 돌봄을 위한 모델이 있는가? 우리의 시대와 앞으로 도래할 시대의 사람들의 요구에 맞는 목회 사역이 가능하도록 하는 목회적 돌봄을 위한 모델이 있는가? 20세기 후반에 살고 있는 사람들의 삶의 전면에 부각되면서 특별한 목회적 돌봄을 필요로 하는 인간의 요구가 있는가? 이러한 필요들을 충족시키기 위해서 20세기 중반에 여러 가지 면에서 매우 효과적이었던 목회를 위한 기본적인 패러다임을 개선할 필요가 있는가?

　바로 이러한 질문들은 실제로 우리의 목회적 돌봄의 형태가 인간의 요구를 만족시키려는 방향으로 변화되어 왔음을 보여 준다. 목회활동이 이루어져야만 하는 문화적 상황은 엄청나게 변화하였다. 이미 존재하고 있었지만 과거에는 다소 숨겨져 왔던 이런 문화적 상황의 측면들이 이제는 분명해졌고 우리는 여기에 새로이 대응해야 한다. 부분적으로는, 이러한 문화적 변화들 때문에 기독교 공동체 내부의 상황도 바뀌게 되었다.

우리가 이미 목회의 형태가 바뀌었던 다른 시대들에 관해 살펴본 대로, 보다 거대한 사회적 상황 안에서 일어나는 변화들은 기독교 공동체의 형태를 변화시키며 이에 따라서 목회의 필요조건과 형태들도 달라진다. 그러므로 목회적 돌봄의 실제 안에 일어나는 패러다임의 변화에 대해 이야기하는 것은 인간의 문화적 의식과 활동들에 변화가 있었다는 것을, 그리고 현재의 목회자들이 자신들의 임무를 위해서 변화된 상황에 따라 변화해왔다는 것을 함축적으로 의미한다. 비록 지난 50년 동안 비교적 짧은 기간에 일어난 변화들이 그 이전의 시기들의 변화만큼 근본적이거나 지대한 영향을 미치는 것은 아니지만, 그럼에도 불구하고 이 변화들은 실질적이어서 우리는 분명 현재의 패러다임에 대해서 재검토해야 할 필요가 있다.

하지만 여기에 반대할 사람들도 많을 것이다. 그들은 목회적 돌봄의 심리치료적 패러다임은 다소 정교해질 필요가 있으며, 그리하여 에이즈와 같은 새로운 질병과 약물 중독, 아동 폭력, 배우자 학대, 노인 학대와 같은 일탈 행위들을 다루는 데까지 기술의 범위를 확대시켜야 한다는 주장에 동의할지도 모른다. 이러한 목회적 돌봄의 이론가들은 여전히 목회적 돌봄과 상담, 그리고 심리치료 사이의 대화에 초점을 둔 기본적인 패러다임을 신뢰하고 있다. 하지만, 비록 심리치료적인 목회 모델들에 보존할 필요가 있는 많은 장점들이 있다고 하더라도, 오늘날 목회적 돌봄에 부딪쳐오는 문제들을 제기하고, 그 요구들을 충족시키기에는 부적절하다고 나는 확신한다.

로버트와 마가렛 앨고드 부부의 사례

앞 장에서 마가렛 앨고드의 고통스러운 상황에 대해 간단하게 살펴 보았다. 마가렛의 삶은 남편 로버트의 갑작스런 뇌출혈로 인하여 완전히 바뀌었다. 나는 그녀의 영혼의 심각한 위기에 응답함으로써 이루어진 그녀와의 목회 사역에 대해서 이야기했다. 다시 한번 그녀의 상황을 살펴봄으로써 오늘날 표준이 되는 목회적 돌봄의 모델 안에 중요한 변화가 일어나도록 만드는 요소들이 무엇인지에 대해 알아볼 수 있으리라고 생각한다.

만약 내가 마가렛에게 심리치료적인 목회적 돌봄의 패러다임이라고 부르는 방식으로 응답한다면, 우선적으로 나는 관심의 초점을 마가렛의 모순되는 감정에 맞출 것이다. 마가렛에게는 남편에 대한 그녀의 사랑과 전처럼 몸을 움직이거나 의사소통하지 못하는 남편에 대한 분노와 좌절 등의 모순된 감정들이 있었다. 그리고 의사들에 대해서도 비슷한 좌절과 분노를 느꼈는데, 의사들은 남편의 증세를 호전시키지 못하는 것 같았고 남편의 상태와 병의 경과에 대한 그들의 의견은 혼란스러울 뿐이었다. 그러므로 나는 또한 마가렛의 엄청난 상실감에 응답하고 이를 회복시키려고 노력했을 것이다.

이러한 혼란스러운 감정 상태에 반응하면서, 나는 마가렛의 삶의 역사들, 특히 남편과 함께 나누었던 부분들에 관해 대략적으로 종합하려고 했을 것이다. 간단히 말해서, 나는 우선 마가렛의 심리학적이고 관계적인 갈등과 모순된 감정에 초점을 두고 반응했을 것이다. 나의 바램은 민감하게 경청하고 그녀가 표현하는 혼란스러운 감정들을 반영함으로써 그녀를 수용해 주고 하나님과 하나님의 대리자인 내가 그녀를 돌본다는 확신을 갖게 하는 일이었을 것이다.

내가 만약 성공적으로 이 일을 수행했다면, 이러한 모든 일은 목회적 돌봄의 심리치료적인 모델에 적합하게 실천한 것일 것이다. 이 정도까지는 마가렛에게도 유용하고 사랑과 수용의 기독교 복음에도 부합했을 것이다. 그리고 진정한 사역일 것이다. 그러나 목회적 돌봄 모델 안에 변화가 일어나야 할 필요가 있다고 본다면, 여러분은 위의 모델에서 생략된 것이 무엇이냐고 질문할 것이다.

이 질문에 대한 나의 대답은 복잡하고 다면적이다. 첫째로, 엄밀하게 따져보면, 심리치료적인 모델은 마가렛이 직면하고 있는 아주 실제적이고 복잡한 윤리적인 문제들에는 충분한 주의를 기울이지 않는다. 마가렛은 자신을 심리적, 금전적으로 고갈시켜가면서 남편의 생명을 연장시키려고 노력하는 이 용기있는 일을 그만 두어야 하는가? 남편의 행복을 위해서 가장 좋은 것은 무엇인가? 남편의 행복과 자기 자신의 행복의 상대적인 가치는 어떻게 결정되어야 하는가? 마가렛은 자신이 처한 상황에서 옳은 일을 하기를 진정으로 원했다. 그러나 옳은 것이 무엇인지 어떻게 결정을 내릴 수 있을까? 한 마디로, 어떻게 하면 이들 부부의 삶이 제자리를 찾을 수 있을 것인가?

두번째로, 내가 이 책에서 사용하고 있는 담화적인 해석적 관점에서 보면, 여기에는 도덕적 선택이라는 말보다 더 포괄적인 용어로 표현되어야 하는 무엇인가가 일어나고 있다고 볼 수 있다. 담화적인 접근을 사용해서 위의 말을 표현하자면, 그녀의 삶을 의식적, 또는 무의식적으로 지배하고 있는 사회적, 종교적 담화에 따라 앞으로의 삶이 어떻게 될 것인지에 대한 이야기와 관련해서, 마가렛은 남편과 의사들, 그리고 그 외의 주변 사람들과 더불어 살아가고 있는 자신의 이야기를 이해하는 데 어려움을 겪고 있다. 이러한 보다 더 광범위한 기독교 담화는 분명히 마가렛이 다음과 같은 질문들을 하는 데 영향을 주었다. 하나님은 내가 어떻게 하기를 원하실까? 내가 때때로 도망가고 싶다고 느끼는 것은 잘못된 것일까? 나의 감정과 소망들은 죄가 될까? 마가렛은 자신의 상황에 대해서 이야기를 나눌 때 무의식중에 이러한 특정한 말투를 사용했다. 이러한 말투는 특별한 공동체의 삶에 대한 이야기 방식에서 유래한다. 이것은 마가렛이 종교적인 공동체의 일원이 되면서 배우게 된 이야기 방식으로, 기독교 공동체는 이러한 언어를 사용해서 세상을 이해했고 세상 속에서의 삶을 이해했다. 지금 어떻게 이러한 말투가 마가렛과 남편에게 일어나고 있는 이 일에 사용될 수 있을까? 마가렛이 사용하고 있는 말투는 혼란스움, 의심과 의문들로 가득 차 있다.[1]

---

1) 여기서 말투라는 용어가 사용된 것은 신학을 인간의 경험과 관련시키려는 문화-언어적 접근들에서 이 용어가 사용되면서이다. 이 용어가 신학에서 어떻게 사용되는지 보려면 George A. Lindbeck, *The Nature of Doctrine: Religion and*

세번째로, 직접적으로 언급하지는 않았지만, 마가렛은 종교적인 공동체와 다시 새로운 관계를 맺기 위한 방법을 모색하고 있다. 마가렛 역시 이 공동체로부터 깊은 통찰력을 가진 말투를 배웠고, 이 말투를 통해서 자신의 어려운 삶의 상황을 이해하려고 노력하고 있다. 다른 무엇보다도 마가렛은 자신의 딜레마 속에 혼자 남겨지지 않도록 공동체의 지지와 양육을 필요로 했다. 이웃으로서 내가 이 공동체를 대신하는 데는 한계가 있었다. 마가렛이 나를 기독교 목사로 보는 한은 나는 보다 광범위하고 상징적인 의미에서 공동체를 대신할 수 있었다. 그러나 마가렛은 신앙과 돌봄의 살아 있는 공동체에 둘러싸일 필요가 있었다. 말하자면 "둥지 안에 들어올" 필요가 있었던 것이다.

목회적 돌봄의 심리치료적인 모델도 유용하지만, 이 모델은 마가렛이 처해 있는 이러한 문제들에 거의 도움을 주지 못한다. 그리고 도움을 준다고 해도 그녀의 관심사를 종교적인 이야기 방식으로 전환시키기보다는 심리치료에서 나오는 말투로 전환시키는 경향이 있다. 마가렛이 언급하는 문제들은 분명히 또 다른 차원의 대화와 일관된 응답의 모델을 요구한다.

마가렛과 로버트 부부의 사례에 대한 이러한 반성은 최근에 심리학을 활용한 목회적 돌봄의 모델을 단순히 확장하는 것 이상의 것에 대한 일련의 논의를 펼치게 하였다. 다음 장에서 논의되는 사례들은 우리로 하

Theology in a Postliberal Age(Philadelphia: Westminster Press, 1984), esp.18과 Theodore W. Jennings, Jr., Beyond Theism: A Grammar of God Language(New York: Oxford University Press, 1985), 140-41.

여금 다른 관점의 논의를 하도록 할 것이다. 하지만 지금은 목회를 위해서 이러한 패러다임의 변화가 필요함을 보여 주는 '시대의 징조들'에 대한 다소 일반적이고 난해한 논의에 주의를 기울이려고 한다.

변화의 필요성을 암시하는 시대의 징조들

1. 사회에서 인간이 겪는 고통의 정도와 다양성의 변화

심리학적이고 관계적인 문제들 안에는 불안malaise이 숨겨져 있다. 이 불안은 극도로 절망적인 상태에 사로잡혀 있는 사람들 뿐만 아니라 대부분은 아닐지라도, 비교적 책임감 있게 더욱이 마가렛의 경우에서처럼 용기있게 살아가는 우리 공동체 안의 많은 사람들에게 영향을 미친다.

불안은 서양의 문화 전체에 영향을 끼쳤으며, 세계가 점점 더 서양화가 되어 가는 추세 속에서, 그 밖의 많은 문화적 상황에도 침투하게 되었다. 우리의 문화에 영향을 끼치는 불안을 제대로 설명할 수 있는 용어가 부족하기 때문에, 나는 이것을 인간의 삶에 질서와 목적을 부여해 주는 의미와 가치의 합의 구조의 상실, 또는 분열이라고 부를 것이다.[2]

---

2) 교회의 가르침의 사역과 관련해서 일치되는 개념을 찾게 되는 과정에 관해 설득력 있는 논의를 보려면 Richard R. Osmer, A. *Teachable Spirit: Recovering the Teaching Office of the Church*(Louisville: Westminster / John Knox Press, 1990), chap. 8을 보라.

단순하면서도 분명한 이 의미의 합의구조라는 정의는 기존의 문화에 속한 사람들이 진실, 정의, 선한 것으로 받아들이는 모든 의미들을 포함한다. 또한 기존의 사회가 진실하지 않다거나 악한 것으로 받아들이는 것들도 포함한다. 사회가 의미들의 합의적 경향을 상실할 때, 사회는 분리되어 사회 자체가 무너지는 위험에 처하게 되고, 점점 '지구촌화 되어가는 세상 속에 내재되어 있는 다양성과 다원주의를 극복할 수 있는 능력이 줄어들게 된다.[3]

현대의 서양 사회에서 의미 분열의 징조는 처음 보기에는 서로 관련이 없는 것 같은 개인적이고 사회적인 문제들을 포함한다. 나는 이미 두 세 가지의 이러한 징조들에 대해서 언급했다. 증가하는 모든 종류의 폭력, 약물 남용, 알코올 중독의 확산, 더 나아가 에이즈라는 전염병의 확산 위기 등의 징조들이다.[4]

최근 정신치료 공동생활체에서 나온 문헌에서 우리는 북미를 괴롭히

---

[3] Marshall Mcluhan, *The Global Village: Transformation in World Life and Media*(New York: Oxford University Press, 1989)를 보라.

[4] 에이즈를 언급한 것은 물론 HIV를 가지고 있는 모든 사람이 개인적인 의미의 분열(personal meaning fragmentation)을 경험하고 있다는 것을 말하려는 것이 아니다. 하지만 에이즈의 전염에 엄청난 영향을 미치는 성적인 난잡함은 수세기 동안 서양사회를 지배한 성에 대한 전통적인 개념이 무너지고 있음을 분명하게 나타내고 있다는 것을 말하는 것이다. 청소년들에게 콘돔을 판매하고 "안전한 성"에 대해서 가르쳐야 하느냐의 문제 또는 결혼하기까지는 공공연한 성행위를 금하도록 가르쳐야 하는지에 관한 오늘날의 논쟁은 사회 전체에서 성과 관련하여 의미와 가치의 분열이 일어나고 있음을 말해준다. 에이즈와 관련된 문제에 관해 교회 안에서 신중하게 이루어진 토의를 보려면 Earl E. Shelp and Ronald Sunderland, *AIDS and the Church*(Philadelphia: Westminster Press, 1987)을 보라.

고 있는 더 많은 분열의 증거들을 발견할 수 있다. 50년 전의 문헌에서는 주로 죄책감과 불안을 일으키는 다양한 형태의 심리내적인 갈등에 기초한 신경증의 문제들(통제와 순종을 지나치게 강조하는 환경에 의해서 발생하는 문제들)에 대한 논의가 우위를 차지했다면, 최근의 문헌은 소위 경계성 상태들이나 분열되거나 미발달된 자아의식과 같은 문제들에 우선적인 관심을 두고 있다.[5] 이러한 문헌이 갖는 사회적인 함축적 의미는 아주 분명하다. 만약 사람들이 견고하고 진정한 자아의식을 발달시키려면, 사람들은 자신들의 발달에 따라 지속적인 양육의 관계, 즉 '충분히 좋은' 지지적 환경에 둘러싸여야 한다.[6] 심리치료자의 사무실을 찾는 사람들 중 많은 사람들이 자신들의 삶의 역사에서 지속적인 돌봄과 양육이 부족했음을 보여 준다는 사실은 이러한 "충분히 좋은" 양육을 정당화하고 가능케 하는 관계적 의미들이 붕괴되고 있음을 암시한다.

이러한 모든 문제들이 개인적인 차원이기도 하지만 사회적인 차원이기도 하다는 것을 인식하는 것이 중요하다. 이 문제들은 목회자들과 회중 모두가 참여하는 사회적, 문화적 경향들을 대표하며, 그렇기 때문에 이 문제들은 목회자들과 회중들이 통제할 수가 없다. 그리고 이러한 문제들은 우리를 둘러싸고 있는 시대와 장소를 대표하며, 중세의 교회가

---

5) 예로, Heinze Kohut, *The Restoration of the Self*(New York: International Universities Press, 1977)를 보라.

6) "충분히 좋다"는 개념은 영국의 소아과 의사이자 정신분석가인 D. W. Winnicott의 글에서 심리학적 범주 안에서 흔히 사용되었다. Winnicott의 표현을 보려면 D. W. Winnicott, *Playing and Reality*(London and New York: Routledge, 1971), esp. 10을 보라.

로마제국의 붕괴를 통제할 수 없었던 것처럼 우리도 이 문제들을 통제할 수가 없다.[7]

또한 개인적인 위기든 사회적인 위기든, 위기의 시기는 위험과 기회를 함께 제공한다는 것을 기억할 필요가 있다. 사실 오래된 사회 구조나 인격 구조들이 더 이상 새로운 경험을 적절하게 흡수하지 못할 때 위기는 발생한다. 변화는 필요하다. 하지만 이것은 언제나 과거를 지속시키려는 기존의 양식에 의해 저항을 받게 된다. 많은 점에서 인간의 개인적, 사회적인 관계에서의 지속과 변화 사이의 긴장은 핵심적인 역동이다. 이러한 긴장은 개인의 삶과 사회적인 구조가 침체되거나 혼란스러운 무질서 상태로 나아가는 것을 막는다. 그러나 긴장이 너무 커져서 쉽게 억제되지 못할 때, 위기가 발생한다.[8]

2. 기독교 회중이 직면하는 문제 성격의 변화

앞에서 최근에 지역 기독교 회중이 모든 연령과 환경에 있는 사람들이 그들의 동료 기독교인으로부터 돌봄을 받는 기본적인 장으로서 중요하다는 것을 재발견하게 되었다고 이야기했다. 목회자들이 직접 제공하는

---

7) 서양 사회의 의미의 분열에 대한 더 자세한 논의를 보려면 나의 책, *Prophetic Pastoral Practice: A Christian Vision of Life Together* (Nashville: Abingdon Press, 1991)를 보라.

8) Anton Boisen, "Theology in the Light og Psychiatric Experience," in *Vision From a Little Known Country: A Boisen Reader*, ed. Glenn H. Asquith, Jr. (Atlanta: Journal of Pastoral Care Publications, 1992), esp. 57.

개인 대 개인의 돌봄은 위기와 억압의 시기에는 상징적으로 중요하기는 하지만 많은 경우에 있어서 신앙공동체 내에서 동료들 사이에 주고 받는 비공식적인 돌봄보다는 부차적이다. 회중 안에서의 사람들의 돌봄은 임명된 목회자에 의해서 제공되는 돌봄보다 더 광범위하고 포괄적인 것을 의미한다. 이것은 공동체의 모든 구성원의 임무이다.

심리치료적인 목회적 돌봄의 모델은 돌봄의 사역에서 목회자들을 "지원"하도록 평신도를 "훈련"시키는 노력을 하고는 있지만, 처음부터 임명된 목회자, 그 외의 성직자들, 그리고 평신도 인도자들에 의한 일대일 상담과 가족 상담, 소집단 사역에 초점을 두었다. 이러한 관점이 돌봄의 관계의 중요성을 강조하는 데 유용하게 사용되기는 했지만, 이것은 대체로 회중 내에 있는 모든 돌봄의 측면에 적절한 주의를 기울이지 못했다. 넓은 의미에서, 일상적으로 맺고 있는 친밀한 관계는 서로 도움이 되며, 따라서 어떤 의미에서는 치유적이기도 하다. 평신도들이 치유적이라는 용어를 거의 사용하지는 않지만 말이다. 교제, 친교, 동료의식과 같은 상징적인 표현들이 일상생활에서 더 쉽게 사용된다. 이러한 돌봄의 차원은 말보다는 어깨에 팔을 두른다거나, 또는 사별했을 때 꽃이나 음식을 보내는 것과 같은 행동을 통해서 쉽게 표현된다.

상담과 문제 해결을 강조하기 때문에, 심리치료적 모델을 따르는 목회적 돌봄은 기독교의 돌봄에 독특한 이야기 방식을 제공하는 적절한 의미의 상황을 상징적으로 만들어주는 회중의 의식과 예배에 적절한 주의를 기울이지 못했다. 심리치료적 모델의 목회 돌봄은 신앙공동체가 제공할 수 있는 가장 기초적인 돌봄의 기능 중 하나가 사람들이 대화를 통해 삶을 살아갈 수 있는 궁극적인 의미의 상황이라는 것을 인식하지 못했다. 다른 말로 표현하자면, 신앙공동체의 삶이 제공할 수 있고 또 제공해야 하는 돌봄의 근본적인 구조 중의 하나는 이야기, 또는 말투이다. 이는 사람들의 상황에 대한 이야기 방식으로, 사람들의 삶의 경험을 기독교 복음 안에 들어 있는 궁극적인 의미의 상황과 결합시킬 수 있다.

기독교 돌봄의 언어 구조라는 주제는 다음 장들, 특히 2부에서 다양하게 나타날 것이다. 다시 지금 다루고 있는 내용으로 돌아가서, 회중의 구성과 장소는 변했으며 최근 십 년 동안에도 계속 변하고 있다는 것을 지적할 필요가 있다. 대부분의 경우에 이러한 변화들은 모든 차원의 교회 생활을 더욱 복잡하게 만들며 문제들을 야기한다.

어떤 변화들은 단순히 서양 사회가 도시화되어가는 과정에서 나타났다. 100년 전에는 대부분의 미국인들이 시골 지역이나 작은 마을에서 살았지만 오늘날 대다수의 미국인들은 대도시에 살고 있다. 덧붙이자면, 도시에 사는 사람들의 친한 친구나 동료들은 일반적으로 그들의 이웃들이 아니라, 여러 곳으로 흩어져서 그들로부터 멀리 떨어져서 살고 있는 직장 동료들이다. 도시 지역에 있는 교회들의 상황도 마찬가지이다. 회중교회의 구성원들은 종종 서로 가까이에 살지 않는다. 가까이 산다고 하더라도, 일상적인 생활에서 친밀한 교제를 나누지 않는다. 또한 도시 교회의 성도들은 사회적으로 경제적으로 다양한 배경을 가지고 있기 때문에 진정한 의미의 공동체가 형성되기가 어렵다.

이러한 모든 사회적 변화가 일어나는 동안, 회중의 돌봄을 위한 기본적인 모델은 서로 알고 지내고 일상생활에서도 만나는 사람들로 구성된 지역의 비교적 작은 교회공동체(300명 내외)를 근거로 했다. 이 모델은 목회자들이 모두는 아니더라도 대부분의 회중을 잘 알고 지낼 것이라고 가정했다. 오늘날의 도시와 도시 주변의 교회에서, 목회자들이 성도들을 다 잘 알고 지내는 것은 점점 더 어려워지고 있다. 특히 교회를 공동체 생활의 중심으로 여기지 않는 교회들의 경우는 더욱 그렇다.

비록 목회적 돌봄과 상담의 심리치료적 모델이 주로 지역 교회에서가 아니라 제도적인 장institutional contexts(병원, 정신건강치료 프로그램, 최근에는 목회상담센터 등)에서 발달하기는 했지만, 이것이 교구의 목회적 돌봄 사역에 적용될 수 있을 것이라고 가정했다. 앞에서 말한 대로, 목회적 돌봄과 상담의 심리치료적 모델은 목회자의 일대일 사역과 가족 사역에 우선 초점을 두었다. 여기에는 지역교회는 비교적 소수의 사람으로 구성된 작은 공동체로서 목회자들은 모든 성도들을 잘 알 수 있으며, 필요하다면 일대일의 사역도 가능하다는 가정이 숨겨져 있었다. 일대일의 사역이 어려워지면서, 목회자들은 심각한 위기에 있는 사람들을 돌볼 것이며 목회자의 시간이나 능력이 부족하다면 이들을 위탁할 것이라는 가정이 생겨났다. 위기에 처하지 않은 사람들은 '자기 자신을 돌볼' 능력이 있다고 간주되었다.

보다 공동체적인 목회적 돌봄의 모델이 분명히 필요하다. 하지만 회중의 삶의 문제들은 매우 복잡해지고 있다. 이 책의 2부에서는 이러한 문제들과 이 문제들을 다루는 목회적 접근들에 대해 알아볼 것이다.

3. 목회적 돌봄의 실제에 영향을 미치는 신학의 변화들

이전 시대의 목회적 돌봄의 역사를 연구하면서, 우리는 역사상 특정 시대에 유행한 목회 활동이 종종 그 시대를 특징짓는 신학의 강조점들과 밀접한 연관이 있거나, 직접적으로 신학적 강조점으로부터 나온 결과임을 알 수 있었다. 예를 들면, 중세의 목회에서 성례중시주의는 그 시기를 지배했던 교회신학의 직접적인 결과였다. 마틴 루터의 개혁신학은 목회 활동을 성례주의와는 다른 방향으로 나아가게 했다. 그리고 19세기 말과 20세기 초에 개신교회를 지배한 자유주의 신학의 영향으로 목회적 돌봄은 자기 발전과 자기 수양에 초점을 두게 되었다.

신학에 있어 현대는 변화와 논쟁의 시기, 그리고 신학적 작업에 대한 새로운 접근을 모색하는 시기라고 불러도 좋을 것이다. 로마 가톨릭에서나 개신교에서도 주도권을 가진다고 할 만한 신학적 학파가 없다. 자유주의신학과 정치신학이 교회에서 목소리를 높이고 있을 뿐만 아니라 여권신장론 신학자와 흑인 신학자들의 다양한 목소리들 또한 점점 분명해지고 있다. 로마 가톨릭의 신학은 라틴 아메리카의 자유주의자들의 사상에 영향을 받았으며, 또한 목회신학적 반성에 많은 관심을 두기 시작한 제2차 바티칸 공의회Vatican II 이후로 큰 변화를 겪고 있다.[9] 그러는 동안 복음적인 신근본주의가 개신교회에서 부활했다. 그리고 적어도 한 명 이

---

9) 로마 가톨릭에서 목회신학에 부여한 새로운 강조점에 대해서 간단하지만 정보를 얻으려면 R. L. Kinast, "Pastoral Theology, Roman Datholid," in *Dictionary of Pastoral Care and Counseling*, ed. Rodney J. Hunter(Nashville: Abingdon Press, 1990), 873-74를 보라.

상의 유력한 목회신학자들이 전통적인 정통주의로 돌아가자고 주장했다.[10]

목회적 돌봄 분야가 변화와 논쟁 속에 있다는 것은 그다지 놀라운 일이 아니다. 신학 내부에 존재하는 모든 다양성을 어떻게 구분할 것이며, 이것을 이용해서 어떻게 목회적 돌봄의 실제에 새로운 방향성을 제시할 것인가의 문제가 관심을 모으게 되었지만, 이것은 쉬운 문제가 아니다. 목회적 돌봄의 새로운 지평을 열기 위해 어떤 방법이 취해지든지 간에 이는 개방적이고 융통성을 발휘할 필요가 있으며, 더 나아가 새로운 발전을 도모할 수 있어야 한다.

신학적 작업에 대한 접근들의 유형론

목회적 돌봄의 실제를 위한 새로운 모델이 필요하다는 절박함 속에 이러한 문제들을 다루면서, 나는 역사신학자인 조지 린드벡Gorge A. Lindbeck에 의해 발전된 신학적 모델의 유형론Typology of Approaches to Theological Work이 매우 유용하며 관련된 문제들을 명확하게 밝혀준다는 것을 발견했다.[11] 간단히 말해서, 린드벡은 모든 신학들은 신조주의자

---

10) Thomas C. Oden, *After Mordenity-What? Agenda for Theology*(Grand Rapids, Mich.: Academic Books), 1990을 보라.

11) Lindbeck, *The Nature of Doctrine*, esp. 1, 2장

propositionalist, 경험적 표현주의자experiential-expressivist, 문화 언어주의적 모델cultural-linguistic 중 하나의 유형에 따라 발달하는 경향이 있음을 주장했다. 조지 린드벡의 용어는 전문적이고, 겉으로 보기에는 만만하지 않다. 그러나 이 용어의 내용은 관련된 문제들을 명확하게 밝혀준다.

모든 전통적인 정통주의는 물론 일부 신정통주의 신학의 형태도 포함하여, 신조주의자 모델을 따르는 신학은 '객관적인 실체에 관해 지식을 제공하는 명제로서의 기능을 하거나 진리를 주장하는 기능을 했다. 사람들이 전통적으로 철학이나 과학에 대해서 생각하는 것처럼 종교도 이들과 비슷한 것으로 여겨졌다.'[12] 이 모델은 하나님이나 궁극적인 실체에 관해서 이야기하는 것은 언제나 비유적인 언어나 시적인 언어로 이야기해야 한다고 주장했다. 반대로, 이 모델의 명제들은 무엇이 실재하며 참된 것인가에 직접적으로 해당하는 것으로 여겨진다. 이 명제들은 단순히 어떤 것인지를 기술한다.

이 모델에 따르면, "진실한 신자"가 된다는 것은 특정한 신학적 명제들을 받아들이는 것이다. 그러므로 이 모델 안에서 근본적인 목회적 돌봄의 목적이 다음과 같다는 것은 당연하다. 즉, 명제를 듣는 사람들이 이를 받아들이고 믿을 것이라는 기대 속에서 가까이 있는 상황에 적용할 수 있는 명제의 진실을 명료하게 하는 것이다. 이것은 스위스의 칼 바르트주의Barthian 목회신학자인 에드워드 투르나이젠이 『목회적 돌봄의 신학』Theology of Pastoral Care에서 제안한 것과 같은 목회적 돌봄의 방법론들

---

12) Ibid., 16.

의 배후에 있는 논리이다.[13] 비록 에드워드 투루나이젠이 지그문트 프로이드의 심리학 이론에 정통했고 목회적 돌봄의 실제에 대한 관계적인 접근을 수용했지만, 투르나이젠은 이러한 개념들에 의해서 형성된 목회에 관련된 모든 것은 목회적 돌봄의 실제 사역에 예비적이거나 이차적이며, 목회적 돌봄의 실제 사역은 신학의 명제적 진리를 명료화하는 것을 포함한다고 주장했다. 어느 정도 투르나이젠과 같은 입장을 나타내는 미국의 목회신학 교과서는 남침례교회의 에드워드 쏜톤Edward Thornton의 입장을 취하고 있다. 쏜톤은 목회적 돌봄은 "길을 예비하는 것"이라고 말했다.[14]

조지 린드벡은 두번째 모델을 경험적 표현주의라고 이름붙였다. 특정한 명제의 객관적인 사실을 밝히는 것에 기초한 것이 아니라, 다양한 문화적 상황에서 다양한 형태로 표현되는 인간의 종교적인 경험에는 공통적인 중심 부분이 있다는 가정에 기초하고 있다. 그러므로 신학적인 교리는 "내적인 느낌과 태도, 경향들의 비지식적이고 비추론적인 상징들 noninformative and nondistructive symbols"이다.[15]

이 모델에서 신학적인 신조는 과학적인 진술보다는 예술, 시, 그리고 미학과 더 유사하다. 린드벡은 신학에서 가톨릭 신학자인 버나드 로너간

---

13) Edward Thrunysen, *A Theology of Pastoral Care*(Atlanta: John Knox Press, 1962).

14) Edward Thonton, *Theology and Pastoral Counseling*(Englewood Cliffs, N.J.: Prentice Hall, 1964).

15) Lindbeck, *The Nature of Doctrine*, 16.

Bernard Lonergan을 경험적 표현주의의 가장 분명한 예로 든다. 폴 틸리히나 그 밖의 신학자들도 언급하기는 하지만 말이다.[16]

의심할 여지없이, 이러한 신학적 모델은 그 근원을 자아로의 전환에 두고 있다. 우리가 1장에서 본 대로, 이것은 근대성의 출발과 함께 시작되었다. 이것은 현대 개신교 신학의 아버지라고 불리는 19세기 신학자인 슐라이에르마허Schleiermacher의 작업의 특징이다. 슐라이에르마허의 신학은 인간의 공통적인 완전하고 절대적인 의존의 경험에 기초를 두고 있다. 아니면 폴 틸리히의 상관관계의 방법론이 말하는 대로, 인간의 경험은 신학이 대답하려고 노력하는 질문들을 만들어 낸다. 그리고 조지 린드벡이 지적하듯이, "근대성의 구조는 개인을 먼저 영혼 깊은 곳에서 하나님과 만나도록 하며, 그 다음에는, 사람들의 개인적인 기호에 맞는다면, 전통의 일부가 되거나 교회에 참여하도록 한다."[17] 그러므로 경험적-표현주의는 우리 시대를 지배하고 있는 개인주의를 더욱 부채질한다. 그러나 린드벡은 이어서 "그러므로 서양인들은 사회화될 가능성이 가장 많은 종교적 사고와 실제의 전통은 사람들에게 종교란 아주 사적이고 개인적인 문제라는 의식이 사회적인 기원을 갖는다는 것을 숨기려 한다"[18]라고 말한다.

에드워드 투르나이젠이 제시한 신정통주의의 방법을 따르지 않는 20

---

16) Ibid., 31.
17) Ibid., 22.
18) Ibid.

세기 목회적 돌봄의 대부분은 신학에 근거하는 한, 의식적이든 무의식적이든 간에, 경험적 표현주의를 따랐다. 종종 이를 자각하지 못할 때도 있지만, 개인과 가족들의 구체적인 경험에 초점을 둔 20세기의 목회적 돌봄은 때로 우연히 겪게 된 특정한 인간의 경험과 특정한 종교적 상징들의 의미 사이에 대략적인 경험적-표현주의의 대화가 이루어지도록 도왔다. 대체로 소위 공통적인 인간의 경험은 심리학적인 언어로 표현되었으며, 그 후 이러한 심리학적으로 기술된 경험들과 관련이 있는 신학적인 상징으로 표현되었다. 그러므로 엄격하게 적용되지는 않았지만, 종종 목회적 돌봄을 실행하는 많은 사람들에게 폴 틸리히의 상관관계의 모델이 적용되었다.

조지 린드벡은 세번째 모델을 문화-언어적 모델이라고 불렀는데, 앞의 두 모델보다 이 세번째 모델을 더 선호했다. 이러한 신학적 연구의 모델 안에서는, "종교는 포괄적인 해석적 도식들이며, 보통 신화와 담화에서 구체화되고, 깊숙하게 의식화儀式化된다고 여겨진다. 그리하여 인간의 경험을 구조화하고 자아와 세상에 대한 이해를 구조화한다."[19] 신학을 함에 있어, 신조주의자의 형태가 과학과 유사하고(과학으로서의 신학은 실체에 관한 사실들을 주장한다), 경험적 표현주의의 형태가 시나 예술과 유사한 반면(예술이나 시로서의 신학은 인간의 우주적인 경험을 설명하려고 한다), 문화-언어적 형태는 문화와 유사하다(특정한 종교적 문화를 설화와 의식 안에서 객관화하고 구체화하려고 시도한다).

---

19) Ibid., 32.

이 세번째 모델로부터 나는 말투라는 용어를 활용했다. 한 종교에 속한다는 것은 특정한 말투, 이야기 방식, 그리고 자신과 자신의 세계에 대한 이해를 구조화하는 해석적 도식을 받아들이는 것과 같다. 자신의 삶의 이야기는 보다 넓은 기독교 이야기라는 담화 속으로 들어가게 된다.

조지 린드벡은 보다 전문적인 용어로 계속해서 문화-언어적 모델에 대해 설명한다.

> 종교는 본래 진실과 선에 관한 신념들의 나열이나(이것들이 포함된다고 하더라도), 기본적인 태도, 감정, 또는 정서를 표현하는 상징주의가(비록 이것들이 생겨난다 하더라도) 아니다. 오히려 이것은 현실의 묘사, 신념들의 설명, 그리고 내적인 태도와 감정들, 정서들의 경험을 가능케 하는 관용어와 비슷하다. 문화나 언어처럼, 이것은 개인의 주관의 표명이라기 보다는 개인의 주관을 형성하는 공동체적 현상이다. 이것은 추론적, 비추론적 상징들의 단어를 포함하며, 이 단어를 의미있게 전개시키는 독특한 논리도 함께 포함한다. 마지막으로, 언어가 삶의 형태와 관련이 있는 것처럼(비트겐슈타인의 문구를 사용하자면, "언어게임"), 그리고 문화가 인지적이고 행동적인 차원을 모두 가지고 있는 것처럼, 이는 또한 종교적인 전통의 경우에서도 마찬가지이다. 종교의 교리, 우주적인 설화나 신화들, 윤리적인 명령들은 종교가 실행하는 의식들, 종교가 유발하는 정서, 경험들, 종교가 요구하는 행동들, 그리고 종교가 발전시킨 제도적 형태들과 전체적으로 관련이 있다.[20]

---

20) Ibid., 33.

린드벡이 문화 언어적 모델을 더 선호하는 데는 몇 가지 이유가 있는데, 이는 모두 다른 두 모델에서 발견되는 문제들과 관련이 있다. 조지 린드벡이 신조주의적 모델의 타당성에 대해 어떻게 평가하고 반론을 제기하는지의 문제는 매우 복잡하기 때문에 여기서 말할 수는 없다. 하지만 린드벡이 신조주의는 점점 지속되기가 어렵다고 믿고 있다고 보면 타당할 것이다.[21] 신조주의는 쇠퇴하지는 않았지만(예를 들어, 여전히 많은 훌륭한 칼 바르트주의자들이 있다), 일신론의 "증거들"에 관해 현대 과학과 점점 더 어려운 논쟁에 빠져들고 있다. 린드벡은 이들 신학자들이 강조하는 성서적 근원에 대한 진정한 가치를 이해는 하지만, 신조주의자가 성서를 이용하는 방법들은 시대에 뒤떨어진 신학적 개념에 근거한다고 생각한다. 성서는 종교공동체의 기본이 되는 이야기들을 포함하며, 이야기 속에 들어 있는 신성한 진리들에 따라 종교 공동체의 삶을 구조화하려 한다고 보는 것이 더 바람직하다.

조지 린드벡이 경험적 표현주의자들의 접근에 대한 타당성을 의심하는 데는 두 가지의 중요한 이유가 있는데, 둘 다 인간의 경험을 형성하는 공동체의 문화가 갖는 힘에 대한 린드벡의 이해와 관련이 있다. 이 인간의 경험에는 종교적인 경험도 포함된다. 첫번째는 경험에는 공통적이고 보편적인 중심부분이 있다는 경험적 표현주의자의 가정과 관련이 있는데, 이러한 가정은 종교적 경험에 관한 의문을 제시한다. 린드벡은 다

---

21) 현대의 사상에서 유신론의 문제들에 대한 상세한 논의를 보려면 Jennings, *Beyond Theism*을 보라.

원적인 문화적 상황은 인간이 다양한 경험들을 하게 만든다고 지적한다. "경험의 중심 부분이란 없다. 왜냐하면 흔히 논의되는 것처럼, 종교들이 유발하고 만들어 내는 경험들은 종교가 구체화하는 해석적인 도식들만큼이나 다양하기 때문이다. 서로 다른 종교를 가진 사람들은 같은 경험을 여러 가지로 해석하지 않는다. 오히려 그들은 별개의 경험들을 가지고 있다."[22]

두번째 이유는 경험적 표현주의자가 개인의 종교적 경험에 초점을 두는 것과 관련이 있다는 것을 여러분도 예측할 수 있을 것이다. 마치 개인의 내부에서 생겨난 종교적인 경험이 공동체를 찾아서 밖으로 나오기나 하는 것처럼 말이다. 그리고 조지 린드벡에게 있어 사실은 그 반대이다. 사람들은 하나님, 또는 무엇이 진정한 궁극적인 실체인지에 대한 여러 가지 명제 사이에서 하나를 고르거나 선택하지 않는다. 사람들은 어떤 내적 종교의 필요성을 먼저 인식하고 그 후에 이 같은 개인들의 공동체를 찾아 나서지는 않는다는 것이다. 도리어 종교적이 된다는 것은—문화적으로나 언어학적으로 능력을 갖추는 것 못지 않게—실천과 훈련을 통해서 기술들을 내재화하는 것이다. 사람들은 종교적 전통에 맞게 느끼고 행동하고 생각하는 것을 배운다. 종교적 전통은 그 내부 구조에 있어서 명확하게 표현될 수 없을 정도로 훨씬 더 풍부하고 더 섬세하다. 사람들의 중요한 지식은 종교나 종교가 가르쳐준 것이 아니라 어떻게 종교적

---

22) Lindbeck, *The Nature of Doctrine*, 40.

이 되는가이다.[23]

그러므로 린드벡에게 있어 종교적이라는 것, 또는 종교적이 된다는 것은 계속적인 공동체의 경험을 통해서이다. 종교적이 된다는 것은 삶에 질서를 부여하는 관습과 신앙공동체에 의해서 형성된 느끼고 생각하고 행동하는 나름대로의 방식을 갖는 것이다. 이러한 질서의 부여는, 분명하게, 또는 희미하게 내재되어, 전통과 세상과 세상 안에서의 삶에 관한 전통의 이야기 방식을 구체화한다. 공동체에 속한다는 것은 의식 생활, 기도 생활, 그리고 공동체의 구성원들에게 세상 속에서 그들이 누구이며 어떤 사람이 되어야 하는지를 상기시키는 행위에 참여하는 것이다. 이러한 공동체의 구성원으로서 진리를 추구하는 것은 세상 속에서 공동체의 존재 방식을 구조화하는 중요한 문제에 충실하려고 노력하는 것이다.

문화적 다원주의, 이에 따른 분열과 허무주의적인 상대주의, 그리고 분리의 위협에 대한 인식이 점점 증가하고 있는 시대에서, 신학 연구를 위한 이러한 접근은 대단히 설득력이 있다. 이 접근은 문화적 통일성과 문화적 다원론을 모두 인정한다. 개인의 삶을 이루는 언어의 힘과 문화적 힘을 인정하는 반면, 문화 사이의 대화를 유도하고 삶에 질서를 부여하는 전통적인 방식이 새로운 경험을 받아들이도록 한다. 모순되는 가치, 사고, 느낌, 행동의 방식에 의해서 고통받는 개인들에게 있어, 이 접근은 진정으로 그들이 누구인지 말해 주는 기초적인 신화적 담화로 돌아

---

23) Ibid., 35.

가는 수단을 제공한다.[24]

목회적 돌봄을 위한 문화 언어적 모델

문화 언어적 모델은 기독교 공동체가 개인과 가족들을 돌보기 위해 사용할 수 있는 가장 기본적인 모델이다. 이 모델은 사람들에게 그들의 삶에 대한 이야기화된 궁극적인 의미의 정황을 제공하는 독특한 능력을 가지고 있다. 이 이야기화된 장이 세상에서의 개인의 삶, 가족의 삶, 공동체의 삶의 다양한 이야기들과 연관되어 있는 한, 이는 의미가 가득한 보금자리를 제공할 수 있으며, 따라서 가장 기초적인 돌봄의 장을 제공한다.

이렇게 생각해 볼 때, 문화 언어적 모델은 목회적 돌봄의 실제에서는 물론 실천신학에서도 발생하는 의문과 문제들 사이의 연관성을 유지하기 위한 기틀을 제공한다. 실천신학의 과제는 삶의 다양한 이야기들과 기독교 공동체의 근본적인 이야기 사이의 연관성을 유지하는 것이 된다. 그리고 목회적 돌봄은 공동체가 이러한 근본적인 이야기를 구체적으로 표현하는 것이 된다.

목회신학적 작업과 목회적 돌봄 사이에 관계성을 형성하는 이러한 방

---

24) 종교적인 담화를 통한 삶의 구조화에 대해 더 상세한 내용을 알려면 나의 책, *Widening the Horizons: Pastoral Responses to a Fragmented Society* (Philadelphia: Westminster Press, 1986), 특히 2장을 보라.

법은 심리치료적 돌봄의 모델보다 훨씬 탁월하다. 여러분은 심리치료적 모델이 사람들의 요구와 갈등을 심리학적, 또는 심리치료적으로 기술함에 있어 경험적 표현주의자의 방법을 따른다는 것을 기억하고 있을 것이다. 일단 이 요구와 갈등이 심리학적 용어로 기술되면, 돌봄을 제공하는 사람들은 이러한 심리학적인 설명과 신학의 상징들 사이에 어떤 상징적인 연관성이 있는지를 발견하려고 노력한다. 때때로 상징적인 연관성들이 돌봄의 관계에서 분명하게 나타난다.

반대로, 문화-언어적 접근은 인간의 상황들과 문제들을 해석하는데 필요한 해석과 언어의 중요성을 우선적으로 강조한다. 기독교 목회자, 또는 전체로서의 기독교 공동체에 있어, 중요한 돌봄의 언어는 기독교 역사와 전통의 언어이다. 그러므로 나는 이러한 목회적 돌봄의 모델을 담화적인 해석적 모델이라고 부르려고 한다. 담화적인 해석적 모델의 구조는 이야기에 따라 삶을 구조화하려는 인간의 경향성과, 삶을 형성하고 돌봄을 표현하는 해석의 힘 모두를 강조한다.

우리는 담화적인 해석적, 목회적 돌봄의 모델을 〈표 3〉에서와 같이 도식화할 수 있다.

기독교 공동체의 전통 이야기	목회적 돌봄	삶의 이야기들의 독특성

〈표 3〉

〈표 3〉은 목회적 돌봄을 기독교 공동체의 공동의 역사와 기독교 공동체와 관계가 있는 사람들의 인생 이야기 사이의 대화의 중심에 위치시킨다. 이 위치는 아주 중요하며, 이 모델 안에 있는 많은 중요한 요소들을 보여 주려는 것이다.

첫째로, 목회적 돌봄을 기독교 역사와 인생의 이야기들의 중간에 위치시키는 것은 목회적 돌봄의 가장 근본적인 돌봄의 목적은 인생 이야기들을 기독교 이야기와 연관시키는 과정, 또는 반대로 기독교 이야기를 인생 이야기와 연관시키는 과정을 촉진시키는 것임을 보여 준다. 나는 이미 이것이 기독교 공동체가 제공해야 하는 목회적 돌봄의 가장 기초적인 형태라고 단언한 바 있다.

두번째로, 이 도식은 인생 이야기와 기독교 이야기 사이의 대화가 긴장, 또는 변증법을 포함함을 보여 주려고 한다. 비록 조지 린드벡이 보여 준 대로, 사람들은 종교 공동체의 역사를 포함하여 자신의 인생 이야기를 경험함에 있어 언어와 의미, 그리고 감정들까지도 이용하지만, 인생 이야기들은 이야기마다의 독특성을 갖는다. 이들 인생 이야기에 속한 의미들과 이미지들은 개인과 가족, 그리고 이와 관련된 다른 집단의 삶의 경험에 따라 독성이 부여된다. 인생 이야기들의 특성과 기독교의 이야기는 결코 정확하게 일치할 수 없다. 이들은 사실상 서로 어느 정도의 긴장 속에 있게 된다.

이렇게 도식화된 목회적 돌봄에서 돌봄을 제공하는 목회자의 임무는 한편으로는 기독교 이야기에 충실히 임하는 것과 기독교 이야기를 대표하는 것, 그리고 다른 한편으로는 사람들의 독특한 인생 이야기에 공감하며 관심을 보이는 것 사이에 위치하게 된다. 신조주의자 모델 안에서의 목회적 돌봄과는 다르게, 이 모델 안에서의 목회자는 인생 이야기에 적용되는 기독교의 진리를 선포할 기회를 단순히 기다리기만 하지 않는다. 목회자들은 하나님의 진리가 선포되고 하나님의 은혜와 자비가 드러나도록 단순히 "길을 예비하지"는 않는다. 오히려, 목회자는 양쪽 사이에 진지하고 열려 있는 대화가 일어나도록 촉진하는데, 이 대화에는 감정과 과거의 경험에 관한 이야기, 상호간에 문제 제기를 나누고, 양 극단 사이의 진정한 연결을 추구하는 것이 포함될 것이다. 이러한 촉진은 사실상 언제나 목회자들을 어느 정도 긴장 속에 있도록 한다.

목회자들이 이러한 긴장을 경험할 때, 이들은 때때로 상징적으로는 기독교 이야기와 전통에 관련된 변증법의 한 편에 위치하게 될 것이다. 변증법의 다른 편에 서 있는 사람들에게 이야기하면서 말이다. 이러한 변증법적 이야기와 관계적인 행위는 선포와 유사한 몇 가지 특성을 가질 수도 있다.

어떤 경우에, 목회자는 사람들의 인생 이야기 편에 서서 그들로 하여금 기독교 이야기와 공동체, 그리고 공동체의 하나님을 포함한 자신들의 상황에 관한 생각과 감정을 명료화하도록 도울 수도 있다. 여기서 성직자들의 활동은 어느 정도 경험적 표현주의자 모델의 신학적 작업의 특성을 갖는다. 이것은 심지어 어느 정도는 공동체와 공동체의 전통, 그리고 하나님에게조차 대항하는 특성을 포함할 수도 있다. 그러므로 대화의 긴장 안에서 목회 사역은 언제나 유동성, 즉 한쪽에서 다른 쪽으로 이동할 수 있는 능력을 포함한다.

세번째, 이미 내재되어 있는 것들을 명백하게 진술할 필요가 있다. 목회적 돌봄의 작업은 한편으로는 기독교 공동체의 이야기와 더불어, 이 이야기와 기독교 공동체의 전통 사이의 대화를 유지하고 더 나아가 발달하도록 하는 책임, 다른 한편으로는 독특한 인생 이야기들이 성장하고 창조적으로 발달하도록 하는 책임을 포함한다. 목회적 돌봄은 기독교 공동체에 대한 돌봄과 사람들—개인적으로는 가족 안에서, 그리고 보다 큰 집단의 관계 속에서—에 대한 돌봄을 포함한다. 이 책의 2부에서는 기독교 공동체로서의 회중에 대한 계속적인 돌봄, 회중과 기독교 전통 사이의 대화, 그리고 기독교 공동체 안에서 이루어지는 돌봄에 대한 목회자의 책임에 초점을 둘 것이다. 이 책의 3부에서는 개인과 가족, 그리고 유사한 삶의 관심사를 가지고 있는 집단의 인생 이야기를 돌보는 일에 초점을 맞출 것이다.

〈표 3〉의 도식은 1장의 〈표 2〉의 도식보다 더 발달한 것으로 보여질 것이다. 1장의 〈표 2〉의 도식에서, 목회적 돌봄은 근본적으로 대화적으로 보인다. 〈표 2〉를 자극하기도 하고 〈표 2〉의 돌봄의 노력의 주제이기도 한 변증법적 긴장 안에서 일어나기 때문이다. 그러므로 이 두 도식들은 보완적인 것으로 볼 수 있다. 이 도식들은 모두 신조주의자와 경험적 표현주의자 모델의 측면도 소중히 여기는 문화 언어적 모델에 기초하고 있다.

해석적 안내자로서의 목회자

앞에서 목회적 돌봄의 유산에 대해 살펴 보았을 때, 목회적 돌봄의 역사에서 각 시대는 치유, 지도, 지탱, 화해의 네 가지 목회적 기능 가운데서 어떤 하나의 기능을 강조하고 있음을 보았다. 각 시대마다 시대에 따른 독특한 강조점을 갖는 것은 당시의 교회와 사회에서 진행되고 있던 상황에 따른 결과로 보인다. 나머지 돌봄의 형태들도 두드러지지는 않았지만 아마 존재하고 있었을 것이다. 근래에 목회적 돌봄의 두드러진 형태는 지도의 모델이었으며, 대부분 심리치료적 패러다임을 통해서 이해되었다. 치유, 지탱, 화해는 슬픔 사역으로서의 목회적 활동, 만성적인 질병을 가진 사람들에 대한 돌봄, 그리고 가족상담에서 드러나는데, 대체로 지도의 형태 안에서 구조화되었으며, 대부분 심리치료적 패러다임을 통해서 이루어졌다.[25]

나는 앞으로 수십 년 동안 서양 사회에서 지도가 계속해서 목회적 돌봄의 두드러진 형태가 되리라고 보지만, 지도의 특징은 내가 이 장의 앞부분에서 언급한 광범위한 문화적 사회적 문제들을 고려해서 지속적으로 변화되어야 할 필요가 있다고 생각한다. 심리치료적 패러다임의 기술과 민감성들을 유지하면서, 앞으로 지도는 문화-언어적 관심사의 방향

---

25) 예로, David K. Switzer, *The Dynamics of Grief*(Nashville: Abingdon Press, 1970); Lawrence E. Holst, *Hospital Ministry*(New York: Crossroad, 1985); J.C. Wynn, *Family Therapy in Pastoral Ministry*(San francisco: Harper San francisco, 1991)를 보라.

으로 초점을 바꿀 필요가 있다. 또한 기독교 공동체, 공동체의 역사, 그리고 사람들의 인생 이야기 사이의 대화와 탐구를 촉진하는 데 더 관심을 둠으로써, 목회적 치유, 지탱, 화해의 형태들은 현재보다 더 명확하게 공동체적이 되어야 한다.

목회적 지도력의 역할은 과거보다 분명하게, 그리고 의도적으로 해석적인 지도의 특성을 발달시켜야 한다. 해석적인 지도가 단순히 기독교 전통과 공동체적, 도덕적, 개인적, 사회적인 삶에 대한 공동체의 해석임을 의미하는 것은 아니다. 이러한 것들이 목회 지도력과 목회의 관계적 활동의 역할을 위해 중요한 부분이긴 하지만, 갈등과 억압, 모순과 함정, 유혹, 현대 생활의 분열의 경향들을 해석하는 역할까지도 포함하려는 것이다. 간단히 말해서, 인생을 어떻게 살아가야 하는지에 대해 인생 이야기와 기독교 이야기 사이의 대화의 과정을 촉진시키는 것과 관련된 해석적 지도의 역할을 의미하고자 한다.[26]

---

26) 해석적 안내자로서의 목회자의 이미지에 대한 추가적인 논의에 대해서 알아 보려면 나의 책, *Widening the Horizons*, 5장을 보라.

제2부

기독교 공동체를 위한 돌봄

제4장의 〈표 3〉의 도식에서 제시된 수정된 목회적 돌봄의 모델은 목회적 돌봄이, 한편으로는 기독교 공동체와 공동체의 전통, 그리고 다른 한편으로는 각 시대의 인간 상황의 독특성 사이의 긴장 안에서 일어난다는 것을 보여 준다. 이 도식은 이러한 등식의 양 측면을 모두 진지하게 생각해야 한다고 제안한다. 기독교적인 의미에서 돌봄이라는 말은 항상 공동체에 대한 돌봄과 목회자가 부딪히는 상황과 관련된 개인의 돌봄 모두를 포함한다. 이것은 신앙공동체의 인도자로서, 그리고 개인적인 관계에 있어서는 기독교 전통의 상징적인 대리인으로서의 목회자를 포함한다. 이 책 제2부는 우선적으로 기독교 회중의 지도력과 관련하여 해석적인 지도로서의 이러한 목회적 돌봄 모델의 발달에 대해 다룰 것이다.

20세기의 서양 사회에서 역할과 활동의 전문화에 영향을 받아서, 회중에 대한 목회 지도력 역시 어느 정도 전문화되는 경향을 보이고 있다. 목회자들은 자신의 사역을 전문화된 기능들의 집합으로 생각하도록 가르침을 받았다. 사역에 대한 이러한 사고방식으로 인해 목회자의 활동이 몇 가지 기능으로 나뉘었다. 이 기능에는 설교, 교육, 행정, 예배의 지도, 그리고 목회적 돌봄과 상담 등이 있다. 이러한 기능적인 사고 형태의 결과 중 하나는 목회 사역에서 이러한 각각의 기능적 역할들은 상당한 정도로 전문화가 되어야 한다는 것이다. 기능적 사고는 목회자들이 먼저 자신을 전문적인 활동과 역할을 하는 사람들로 인식하도록 만들었다. 이렇게 되면서 목회자들은 소위 전문적인 기능들 중 하나를 선택하는 경향이 나타났다.

결과적으로, 많은 목회자들은 자신의 활동에서 일관성의 부족을 드러낸다. 이는 하나의 기능을 소중히 여기는 반면 다른 기능들을 무시하는 것과 같이, 목적의 분열 즉 다양한 기능들 안에서 갈등을 일으키는 운영 방법 사이의 혼란으로 이어진다. 목회자들은 회중의 삶 가운데서 목회자가 행하는 다양한 기능적 역할 모두를 알려 주고, 이 모든 역할에 일관성을 부여하는 근본적이면서 목회 사역

전체를 조직하는 이미지를 필요로 한다.

　나는 교회 내에서의 목회직에 일관성을 가장 잘 부여하는 개념적인 이미지는 기독교 공동체의 삶 내에서의 해석적인 안내자로서의 목회자의 이미지라고 본다. 이 이미지는 기독교 공동체의 모든 차원에서의 기독교 공동체의 돌봄을 포함한다. 목회직에 대한 기능적 이해에서 보여지듯이, 어떤 의미에서 해석적 안내의 기능은 기독교 공동체의 삶 속에서 목회 사역의 모든 다양한 하부 기능들에 영향을 주는 '주기능'이 된다. 이 관점에서 모든 목회의 기능들—설교, 가르침, 목회적 돌봄, 조직과 행정 등—은 일관되고 통일성 있는 목적을 갖게 되는 것이다.

　2부의 두 장은 각각 기독교 역사의 공동체를 위한 돌봄의 중요한 측면을 다룬다. 5장에서는 해석적 인도자로서의 목회자의 역할, 특히 기독교 공동체의 돌봄의 지도와 관련된 해석적 인도자의 역할로서의 목회자의 역할의 개념화를 다룬다. 6장은 기독교 공동체와 주변의 문화적 상황 사이의 관계성에 관심을 둔다. 기독교인들은 이야기를 형성하는 수많은 활동들과 관계성 속에서 살아가야만 한다는 것을 인정하면서, 나는 기독교 공동체와 공동체의 지도력에 대해 다원주의가 갖는 함축적인 의미들 중 몇 가지를 살펴 보려고 한다.

　제6장은 근본적인 의미에서 공동체 안팎에 있는 개인을 돌보는 것은 물론 기독교인의 공동체를 돌보는 일도 평신도의 임무라고 주장한다. 비록 공동체와 개인에 대한 목회자의 돌봄이 모든 기독교인에게 서로를 돌보고 세상을 돌보는 돌봄의 상징적인 모델을 제공한다고 할지라도, 평신도는 단순히 임명된 목회자의 돌봄을 받는 수혜자들이 아니다. 돌봄은 교회—평신도와 목회자 모두—의 임무에 영향을 미치는 중요한 은유인 것으로 보인다. 세상을 완전하게 돌보았던 예수 그리스도에게서 살펴볼 수 있는 것처럼, 이 은유는 하나님의 백성과 세상을 위한 하나님의 돌봄을 실현하는 공동체의 삶과 상징적으로 연결된다.

제5장

해석적 지도력으로서의
목회적 돌봄

몇 해 전 나는 가족들과 함께 2만 5천 명이 살고 있는 고장에서 내가 속한 교파의 교회 목사로 시무하게 되었다. 아주 무더웠던 6월의 어느 목요일에 우리는 목사관으로 이사를 했고, 그 주의 주일에 첫 예배를 인도했다. 교회의 성도들과 서로 인사를 주고받은 후, 새로 이사온 집에서 막 점심식사를 하려는데 전화벨이 울렸다. 전화를 한 사람은 교회에 다니고 있는 한 십대의 어머니였다.

그녀는 "오늘 오후에 아이들을 여름 청소년 집회에 데리고 가는 문제에 대해 목사님께서는 알고 계신가요?" 하고 물었다. "아니요. 처음 듣는 이야기인데요." 질문에 조금 당황하면서 대답했.

"그렇군요. 세 명의 아이들이 가려고 하는데, 우리는 목사님께서 아이들을 데리고 가리라고 생각했어요. 전에 계시던 목사님께서는 그렇게 하셨거든요."

이 주제넘은 요청으로 생각되는 질문에 어떻게 대답을 해야 할지 생각하고 있을 때, 몇 가지 생각이 뇌리를 스치고 지나갔다. 나는 내가 그 교회에 부임하기로 최종 결정되었을 때, 그 교회의 목회 위원회의 위원들과 나눈 첫번째 대화를 기억했다. 그 만남에 대해서 먼저 기억나는 것은 "우리 교회를 위해 목사님이 계획하고 있는 프로그램은 어떤 것입니까?"라는 질문이었다. 이 질문에 대한 답으로 나는 이 교회는 나의 교회가 아니라 여러분의 교회라는 것을 위원들에게 상기시켰다. 나는 "우리가 시도할 교회의 프로그램이 어떤 것이 되어야 할지는 우리가 함께 연구해야 할 필요가 있는 문제입니다"라고 말했던 것으로 기억한다. 그 뒤 이어진 토의는 쉽거나 편안하지는 않았다. 의견을 제시하는 평신도들의 억양에서 그렇게 느꼈다고도 볼 수 있다. 나는 그 만남을 마치고 나오면서 어느 정도 시간이 지나면 나의 목회지도력의 역할이 어떤 것인지를 분명히 해야 할 필요가 있을 것이라고 생각했다. 나에게 주어진 다소 주제넘은 이 요청이 목회위원회와의 만남에서 내가 거부했던 목회 지도력을 기대하는 음성으로 들려왔다.

나는 그날 아침 예배를 마친 뒤, 전화를 건 그 어머니와 이야기를 나누었던 것을 기억해 냈다. 그녀는 지나치게 아첨을 하면서 인사를 했고, 지나치다 싶을 정도로 감정을 과장해서 표현했다. 이러한 행동들은 불안을 반영하는 것처럼 보였다. 이 성도에게 무슨 일이 일어나고 있는지 알아봐야겠다고 생각했었다.

"저는 청소년 집회에 갈 계획이 없었습니다." 나는 상대방에게 이렇게 대답하고 말았다. 처음에 그녀는 아무 말이 없었다. 나에게는 불편한 침묵이었다. 상대방에게도 불편하기는 마찬가지였을 것이다. 이윽고 "그러면, 아이들이 그 집회에 어떻게 가야 하나요?"하고 묻는 불안이 섞인 적의에 찬 음성이 들려왔다.

"제 생각에는 부모들이 모여서 누가 아이들을 데리고 갈 것인지를 결정할 필요가 있겠는데요"라고 대답했다.

"글쎄요. 그러면 되겠네요. 이것은 우리가 해야 할 일 같네요."

수화기를 내려놓고 나는 내가 성도들에게 나의 목회 역할의 중요한 차원을 정의하는 중요하고도 위험할 수도 있는 길을 선택했다는 사실을 깨달았다. 나는 성도들과 그들의 자녀들을 위해 그들 스스로가 할 수 있는 일을 대신 해 주는 사람이 될 수는 없었다. 그러면 내가 성도들과 함께, 그리고 성도들을 위해서 무엇을 해야 할까? 성도로서 사람들은 나의 돌봄을 어떻게 받아들일까?

목회적 돌봄의 다차원적인 성격

앞장에서 다룬 목회적 돌봄의 역사에 대한 연구에서 우리는 이미 교회 안에서 이루어지는 돌봄의 복잡한 변증법에 대해 다루었다. 목회적 돌봄은 개인과 가족의 돌봄 뿐만 아니라 공동체 자체의 돌봄까지 포함한다. 또한 기독교 공동체의 전통이 당시 문화와 대화를 나누게 될 때, 그리고 이것이 개인은 물론 기독교인의 공동체에 영향을 미칠 때, 목회적 돌봄은 기독교인의 정체성을 형성하는 전통에 대한 사려 깊은 재해석을 수반한다. 나는 앞에서 지역 교회의 사람들과 만났던 나의 경험을 나누었는

데, 이것은 독자로 하여금 성도들을 여름캠프에 데려다 주지 못하게 하려는 것이 아니다. 단지 어떻게 사변형의 도식(개인에 대한 돌봄, 공동체에 대한 돌봄, 전통에 대한 돌봄, 문화에 대한 돌봄)에 포함되어 있는 논쟁들이 지역 교회에서의 나의 사역과 관련되는지를 설명하려는 것이다.[1] 이 사건이 보여 주는 몇 가지 문제들을 살펴 보자.

첫째로, 이 사건은 새로 부임한 목사가 회중으로부터 받게 될 첫번째 질문은 목회적 관계의 내용과 질에 대한 것임을 보여 준다. 즉, "당신은 우리에게 어떤 목회자가 될 것입니까?"이다. 이 질문이 주어지는 방식에는 교구마다 엄청나게 차이가 있을 것이다. 목회 위원회가 나에게 이 질문을 직접적으로 한 것은 그다지 일상적인 일은 아닐 것이다. 그러나 이러한 질문은 보통 다양한 방법으로 주어진다. 이런 식의 질문은 지도력과 관계가 있다. 당신은 우리들 사이에 어떤 인도자가 될 것인가? 교구에서의 목회적 돌봄은 목회지도력과 함께 시작된다. 이러한 지도력의 방향을 정하는 것은 그 후에 이어지는 목회적 관계들의 모든 부분에 큰 영향을 줄 것이다.

둘째로, 교구에서의 목회적 돌봄은 목회자와 회중 간의 복잡한 관계성으로 이루어진다. 이 관계성은 회중 전체에서부터 회중 안에 있는 집단들, 회중 안에 있는 가족들과 개인들에 이르기까지 다양한 차원을 포함한다. 목회위원회와의 첫 만남에서부터, 이 평신도들의 대표 집단은 나에게 자신들과 더불어 앞으로 어떻게 목회를 해나갈 것인지 묻고 있었

---

1) 1장의 표 2를 보라.

다. 어쩌면 위원회의 구성원 중에는 개인적인 이유에서 내가 지도력에 대해 분명히 해 주기를 원했을 수도 있었겠지만, 첫번째 질문은 내가 회중 전체와 맺는 관계성에 대한 것이었다. 즉 "목사님은 우리 교회를 위해 어떤 프로그램을 실시할 것입니까?" 였다.

전화를 건 어머니는 똑같은 질문을 묘한 방법으로 하고 있었다. "당신은 여기서 무엇을 할 겁니까? 우리는 당신에게서 무엇을 기대할 수 있을까요?" 와 같은 질문이다. 그녀가 오전 예배를 마친 뒤 우리가 처음 만났을 때 직접 요청하지 않고 전화로 요청을 한 것은 어쩌면 그녀가 자신의 질문이 위험을 안고 있다는 것을 알고 있었음을 보여 준다. 이러한 그녀의 탐색—적어도 내가 듣기에는—은 여러 차원의 관심에서 비롯된 것처럼 보인다. 그녀의 요청은 아주 분명히 내가 교회 전체 특히 청소년 사역과 관련해서 어떠한 역할을 할 것인지와 관련이 있었다.

또 다른 차원에서 보면, 말로 표현된 것은 아니지만 그녀의 음색을 통해서 그녀 자신이 돌봄을 필요로 하고 있다는 것이 희미하게나마 나에게 전달되었다. 이러한 가능성에 대해 생각해볼 때, 우리는 대부분은 아니더라도 많은 개인적인 목회적 돌봄이 직접적인 방법이 아니라 간접적인 형태로 이루어질 가능성이 있다는 사실에 주의해야 한다. 사실, 이것은 어떤 차원에서든지 대부분의 돌봄의 요청에 있어 있을 수 있는 일이다.

셋째로, 목회를 시작하면서 생긴 이 단순한 사건은 목회자로서 우리가 특정한 지역에 부임하게 되었을 때, 우리는 우리가 도착하기 오래 전부터 진행되고 있던 인생 이야기가 목회의 일부분이 된다는 것을 나에게 상기시켜 준다.[2] 새로 부임한 목회자들은 항상 회중과 개인 구성원의 이야기의 처음이 아닌 중간에 들어서게 된다. 어떤 의미에서 새로운 목사의 부임은 그곳에서 이루어지고 있는 이야기들에 침입하거나 혹은 이를 방해하는 것이 된다. 이러한 사실에서 볼 때, 기존의 목회 장소에서 성공적인 목회적 돌봄을 위해서 가장 우선적으로 요구되는 것은 각 사람들이 말하는 그곳의 역사를 인내심과 호기심, 그리고 존중하는 마음을 가지고 경청하는 일이다. 회중의 인도자가 말하는 이야기와 회중의 삶의 중심에서 거리를 두고 있는 사람들이 말하는 이야기 모두를 경청할 필요가 있다. 이 이야기들에 대한 친밀하고 정중한 호기심은 이어지는 목회적 관계를 위한 돌봄의 방향을 정하는 데 많은 도움을 준다.

넷째로, 이 사건은 회중들의 요청과 질문(특히 첫번째 요청과 질문)에 대한 목회적 응답은 분명하게 이해된 교회론과 목회신학에 의해서 뒷받침될 필요가 있으며, 또한 교회론과 목회신학을 반영할 필요가 있음을 보여 준다. 이러한 신학은 목회자에게 주어진 요청이 타당한지, 그리고 이전의 목회자가 했던 행동을 그대로 할 것인지 아닌지를 결정하는 데 중요한 지침을 제공한다. 신학적 관점에서 곰곰이 생각함으로써 나는 목회위원회의 질문에 대답하는 데 아주 중요한 도움을 받았다. 결론은 "우리가 시도해야 할 교회의 프로그램이 어떤 것이어야 할지에 대해서 우리는 함께 생각해야 할 필요가 있습니다"였다. 이 대답은 몇 가지 함축적

---

[2] 이야기라는 수단과 인생의 이야기를 변화시키는 것과 관련된 목회의 문제들을 통해서 삶이 어떤 식으로 질서를 갖추게 되는지를 구체적으로 보려면 나의 책, *Living Human Document*(Nashville: Abingdon Press, 1984), 4, 5, 6장을 보라.

인 의미를 갖는다. 이것은 비권위적이고 평등하고 민주적인 통치 스타일의 교회론을 명확하게 표현한다. 그리고 공동적인 교회의 성격을 소중히 여기며, 가능하면 과거를 반복해서 교회를 곤경에 처하게 한 성직주의의 함정을 피하려는 나의 바램의 표현이기도 하다. 그리고 회중의 결정과 행동을 결정하는 데 있어 대화적인 접근을 소중히 여긴다는 것을 보여 준다.

나의 대답은 또한 기독교 회중은 어떠해야 하는지에 대해 성서가 말하는 기준을 완전히 충족시키는 회중은 없다는 것을 가정한다. 교회는 언제나 이루어져 가고 있는 교회이지 단지 이미 이루어진 교회를 축하하고 이를 이어가는 것은 아니다.[3]

지역교회들로 하여금 자신의 역사를 소중히 여기고 이를 이용하도록 하는 것은 회중을 위한 목회적 돌봄의 중요한 측면이다. 또한 회중들을 도와서 어떻게 세상에 그리스도의 존재를 보다 완전하게 구현할 수 있을지 고민하도록 하는 임무 역시 그만큼 중요하다.

목회자들은 자신들의 성도들에 대한 언어적 응답은 물론 관계를 형성하는 방법이 교회론과 목회신학을 충실하게 반영하는 데까지 신학적 가

---

3) 교회와 관련된 이러한 신학적 가정들에 대해 충분히 살펴 보려면 Jügen Moltmann, *The Church in the Power of the Spirit*(New York: Harper & Row, 1977)을 보라. "하나님 나라에 대한 선포와 구체화를 통해, 예수는 교회를 가능케도 하고 동시에 불가능하게도 했다. 예수는 하나님의 백성들이 하나님의 나라에 근접하게 모이도록 하는 정도까지 교회를 가능케 했다. 이 백성들이 도를 지나쳐서 완전히 이루어진 나라로 돌진하려고 했기 때문에 교회를 불가능하게 했다"(24).

정들을 실행한다. 그러므로 목회신학은 실천된 신학으로 인간의 상태, 기독교 복음, 교회와 교회의 사역 목적에 대해 목회자들이 믿는 바를 표현한다. 이 때 목회자들의 신념들이 돌봄의 목회적 응답으로 전환된다.

신학의 관점에서 볼 때, 회중에 대한 목회자의 돌봄은 목회자로 하여금 "지역신학"을 설립하고 그것을 실행함으로써 사람들을 이끄는 것이다.[4] 신학은 회중 안에 있는 사람들의 현실과 관련될 때 지역 교회의 구성원들에게 구체화 되며 적절한 의미를 갖게 된다. 이렇게 신학이 구체화되는 과정을 소중히 다루는 것은 회중에 대한 목회적 돌봄의 중요한 측면이다. 이러한 과정을 주의해서 다룸으로써, 목회자는 기독교 전통과 지역교회를 둘러싸고 있는 보다 큰 문화적인 상황들에 대한 돌봄을 표현한다. 다시 말하면, 하나님의 백성인 회중에 대한 목회적 돌봄은 목회자와 성도의 입장에서 상황과 관련된 독특한 신학적인 인식을 가지도록 하는 것이 필요하다.

회중의 삶의 차원들

목회적 돌봄이 기독교 전통에 대한 충성을 표현하는 공동체로서의 회

---

4) 지역신학이라는 용어는 Robert J. Schreiter가 *Constructing Local Theology*(Maryknoll, N. Y.: Orbis Books, 1983)에서 사용한 용어에서 빌려왔다. 쉬라이터의 목적은 신학의 역사를 오랜 시간에 걸친 일련의 지역신학이라고 볼 수 있는 이유와 교회 사역에 대한 다문화적인 관점의 중요성을 설명하려는 것이었다.

중에 대한 돌봄을 포함한다고 말하기 위해서는, 우리는 보다 자세하게 회중이 무엇이며, 무엇을 하는지를 연구할 필요가 있다. 기독교 공동체에 대한 돌봄의 지도력을 제공하기 위해서 목회자는 회중이 어떤 모습이 되어야 하는지에 대한 분명한 시각을 가져야 하며, 또한 기존의 회중의 현실들과 관련해서 분명하게 생각하고 행동하는 능력까지도 필요로 한다. 회중의 삶을 다섯 가지 차원으로 나누어서 생각하는 것이 도움이 될 것이다.[5]

나는 회중을 (1) 언어 공동체 (2) 기억 공동체 (3) 탐구 공동체 (4) 상호적 돌봄 공동체 (5) 선교 공동체로 부를 것이다. 돌봄을 제공하는 목회자는 이러한 회중의 삶의 차원을 훈련하도록 공동체를 지도하는 사람이다.

언어 공동체

회중이 언어의 공동체라는 것은 기독교 회중은 광범위한 활동들과 문제들에 관해 특정한 방식으로 생각하고 말하는 구성원들의 능력을 배양한다는 것을 말한다.

의사소통은 독특한 기독교 집단이 발달하는 것을 가능케 만든다. 교회 안에서는 성서가 제공하는 언어를 통해서 의사소통이 이루어진다. 사람들은 기독교인의 언어로 서로에게 의미를 전달할 때 교회와 동일시된다.

---

[5] 이 부분에 대해서는 나는 *Treasure in Earthen Vessels*(New York: Harper & Row, 1961)에서 James M. Gustafson이 작업한 것에 기초한다.

사람들이 말하고 들을 때, 언어를 통해서 전달된 의미들은 정신의 일부가 되며, 사람들의 자아의 일부가 된다. 성서의 언어들은 교회와의 의사소통의 언어로서 기독교인들 사이의 공동이 삶을 가능케 한다.[6)]

제임스 거스타프슨James Gustafson은 기독교인에게는 서로에게 의미있게 말하고 생각하는 표준적인 방법이 있다고 주장한다. 이 표준적인 방법은 성서의 이미지와 주제들을 활용하는 데 기초를 둔다. 성서의 이미지를 사용해서 서로에게 말하는 것은 기독교 공동체의 고유한 언어로 의사소통하는 것이다. 성서적인 이미지는 기독교인들의 모국어이다. 사람들은 세상 속에서의 삶에 관한 중요한 것을 말하고 싶을 때 이 언어를 배운다. 물론 이것은 기독교의 이야기가 언제나 성서 이야기라는 것을 의미하지는 않는다. 그러나 이것은 기독교 공동체 안에서 성서의 언어에 어느 정도의 권위가 부여된다는 것을 의미한다. 이에 대해서는 공동체의 구성원들에게 책임이 있다.[7)]

기독교인들이 이 언어를 표준적으로 사용하도록 하기 위해서는, 이 언어는 자유롭고 자연스럽게 사용되어야 할 뿐 아니라, 도대체 어떤 당면한 인간의 노력과 문제들이 기독교인의 공동체로 하여금 이 언어로 말하고 싶게 만드는지와 관련해서 끊임없이 해석되어야 한다. 한 마디로 말해서, 기독교의 언어가 살아있고 의미있는 언어가 되도록 하기 위해서

---

6) Gustafson, *Treasure in Earthen Vessels*, 50을 보라.

7) David Tracy, *The Analogical Imagination: Christian Theology and the Culture of Pluralism*(New York: Crossroad, 1986), 3장.

우리는 이 언어를 돌보고 개발해야 한다. 여기서 목회자들은 해석적 안내자로서의 역할을 할 필요가 있다. 목회자는 기독교의 언어를 알고 있고 이 이미지와 주제들을 사용하는 데 능통하다. 더 나아가, 목회자는 사람들이 개인으로서, 그리고 공동체로서의 자신들의 삶에 대한 이 언어의 중요성에 민감해지도록 노력해야 한다.

언어의 공동체로서의 교회와 관련하여 해석적 안내자의 역할을 하기 위해서 목회자는 성서의 본문과 이야기들을 해석할 뿐만 아니라 주의깊게 해석의 과정을 지도할 필요가 있다. 해석적 안내자는 성서의 이야기와 오늘날의 사람들의 삶의 이야기 사이에 대화할 수 있는 관계성을 계발한다. 여기서 돌봄을 제공하는 목회자는 감독자와 촉진자의 역할을 한다. 그러므로 훌륭한 목회자는 권위가 있지만 권위주의자는 아니다. 사람들의 생각과 행동을 통제하는 권한을 행사하기보다는 오히려 사람들로 하여금 그들 자신의 삶에서, 그리고 교회의 통치와 활동 안에서 성서의 이미지를 표준적으로 사용할 수 있도록 하는 데 목회직의 권한을 사용한다.

기억 공동체

자연스럽고 의미있게 기독교 전통의 언어를 말하기 위해서는, 기독교인의 공동체는 자신들의 정체성이 성서에 의해서 형성된다는 것을 기억할 필요가 있다. 하지만 기억의 공동체가 된다는 것은 어떻게, 그리고 언제 이 언어를 사용해야 하는지를 단순히 기억하는 것을 의미하지는 않는다. 이것은 또한 기독교인이라고 불리는 사람들의 역사로부터 우리에게 이어져 내려온 이야기들을 기억하는 것을 의미한다. 이것은 이러한 이야기들에 대해서 다시 이야기하고, 그들이 하나님의 백성임을 상기시키는 사건들과 상징적인 행위들을 축하하는 것을 의미한다. 제임스 거스타프슨은 다음과 같이 기록한다:

> 주관적인 이해는 과거를 기억하고 재현함으로써 이루어진다. 기독교인들은 과거에 대한 지식들을 얻을 뿐 아니라 어떤 의미에서는 과거의 교회의 삶에 참여하게 된다. 자아는 교회의 의미있는 역사에 참여하며, 역사적 의미에 비추어서 스스로 해석하고 이해하게 된다. 이렇게 해서 과거의 의미가 내면화된다. 동일한 과거가 여러 가지 형태로 내면화된다. 이러한 과정에서 공동의 목적과 삶에 대한 의식이 자라나고, 사람들의 역사적 공동체로서의 정체성은 더 깊어진다. 내적 공동체의 지속성과 내적 일체감은 공동의 기억을 통해서 존재하게 된다.[8]

거스타프슨은 계속해서 기독교인들이 기독교인으로서의 자신들의 삶과 과거의 기독교인들의 삶 사이의 연속성을 경험하는 것이 중요하다고 말한다. 기억한다는 것은 자신이 누구이며 어떤 사람이 되기를 원하는지를 상기하는 것이다. 회중의 구성원들 안에서 연속감을 키우는 것은 목회자들의 공동체에 대한 돌봄의 중요한 측면이다.

기억의 양육자로서의 목회자의 작업이 그런 것처럼, 기억은 사람들의

---

8) Gustafson, *Treasure in Earthen Vessels*, 74.

삶의 다양한 차원에서 작용한다. 어떤 기억들은 기독교 공동체에 의해서 공동으로 받아들여지며, 이로써 기독교인의 공동의 삶을 가능케 한다. 교회의 중요한 축제—크리스마스, 부활절, 성만찬, 심지어 안식일의 예배까지도—에서 함께 모인 기독교 공동체는 그들의 동료 예배자들은 물론 이전에 살았던 "성도들과의 교제"와 더불어 그들이 공동으로 소유하는 삶을 상기하게 된다. 이러한 축제를 정성들여 인도하는 것은 모인 공동체와 전통에 대한 목회자의 돌봄의 가장 중요한 측면에 속한다.

목회자의 이러한 공적인 사역이 중요하기는 하지만, 이것이 목회자가 기억의 양육자로서 기능을 하는 유일한 장은 아니다. 말하자면, 목회자는 그들이 날마다 어디에서 어떤 사람들과 만나든 간에 상기시키는 자로서의 임무를 가지고 있다. 목회적 돌봄의 범위 안에서 이것은 종종 임재의 사역이라 한다. 상징적인 인물로서, 목회자는 기독교 공동체의 구성원임을 상기시키는 존재임은 피할 수 없는 사실이며, 공동체 안에서의 그의 사역은 개인에게 중요한 의미를 갖게 된다.

때때로 이것은 목회자들과 목회자들이 섬기는 사람들 모두에게 상당한 불편을 준다. 예를 들어, 나는 목회적 돌봄을 공부하는 학생이 백혈병으로 방금 어린 아이를 잃은 여인을 방문했던 일을 기억한다. 병원에서 목사라고 자신을 소개하면서, 그는 얼이 빠져버린 그 여인에게 기도를 해 주었다. 그녀는 바로 대답했다. "전에 목사님의 기도는 나에게 아무 위안도 되지 않았어요. 그 기도가 지금이라고 나에게 도움이 될까요?" 그리고 나서 그녀는 그 젊은 남자의 놀란 얼굴에 침을 뱉었다. 이 여인은 이 젊은 목사가 여기에 온 것은 그가 원한 것이 아니라고 생각한 것이 분명하다. 하지만 이것은 그에게 기독교 공동체와 그 전통의 대표자와 돌보고 수용하는 관계를 갖는다는 것이 무엇을 의미하는지를 그녀에게 전할 수 있는 기회를 주었다. 여인이 자신에게 한 말과 행동에 놀랐지만 그는 거기에 머무르면서 그녀가 자신 안에 있는 분노와 실망을 발산할 수 있도록 그녀의 말을 들어 주기로 하는 용기있는 결정을 내렸다.

탐구 공동체

기독교 공동체의 목회인도자가 된다는 것은 사람들—개인과 공동체 모두—에게 탐구의 분위기와 습관을 갖도록 하는 것을 의미하는데, 특히 그들 자신의 행동과 타인이 자신에게 하는 행동의 궁극적인 의미에 대해 탐구하도록 하는 것이다. 개인을 심도있게 돌본다는 것은 깊은 차원에서 그들의 삶에서 일어나는 사건들이 무엇을 의미하는지에 대해 그들과 함께 탐구하고 조사하고 질문하는 것이다. 이는 또한 그들과 함께 그들이 제기한 질문들이 과거에는 어떤 식으로 제시되었고 어떻게 응답받았는지에 탐구하는 것이다. 특히 성서에 나오는 사람들에 관해 탐구한다.

탐구의 공동체의 목회자가 된다는 것은 사람들로 하여금 자신들의 질문을 명료하게 하고 이 질문에 대한 대답을 발견할 수 있도록 돕는 것을 의미한다. 이것은 질문에 대한 대답이 명백하게 보일 때조차도, 목회자는 그들의 질문에 빠르고 쉬운 대답을 제공하는 것을 피해야 함을 의미한다. 이런 식으로 목회자는 권위적인 대답을 제시함으로써 탐구를 종결시켜 버리기보다는 탐구를 장려하도록 노력한다.

여기서 사려깊은 목회자는 대부분의 경우 〈표 3〉에서 도식화된 긴장을 경험한다. 한편, 목회자는 기독교 공동체의 수석 대표나 공동체에 거주하고 있는 신학자로 불린다. 이처럼 사람들은 목회자가 기독교 전통이 구체화한 관점에서 인간의 상황을 해석해 주기를 기대한다. 다른 한편으로는, 4장에서 언급한 대로, 목회적 돌봄을 베푸는 목회자는 가까이에 있는 상황이 무엇이든 간에 이를 동일시하고 심각하게 받아들인다. 목회자는 그것이 비극적인 질병이든지 대인관계의 갈등이든지간에 주워진 상황에 사로잡혀 있는 사람들로 하여금 상황이 만들어낸 의문들을 명료화하고 이 질문에 대해 기독교 전통이 말하는 것에 어긋나는 의문들을 억제하도록 돕는다. 여기서 목회자는 등식의 두 요소 사이의 진실한 대화를 촉진하고 이 대화에 참여하는 능력을 배양할 필요가 있다. 해석적 안내자로서, 목회자는 재해석과 새로운 통찰력을 얻을 수 있는 가능성이 있는 동안 이 대화의 중심에 서게 된다.

상호적 돌봄 공동체

기독교 공동체의 중요한 기능은 공동체의 모든 구성원이 이해되고 돌보아지는 관계의 분위기를 창조하고 유지하는 것이다. 이러한 공동체를 경험함으로 현대의 문화에 깊이 스며있는 외로움을 극복하게 된다.

『목회적 돌봄 및 상담 사전』 *The Dictionary of Pastoral Care and Counseling*은 회중에 대한 목회적 돌봄을 "종교 공동체에 의해 그 구성원들에게 제공되는 양육과 감독사역으로 권징, 지지, 위로, 축하를 포함한다"[9]고 말하고 있다. 그러므로 기독교 공동체의 구성원이 된다는 것은 다양한 형태의 돌봄을 주고 받는 것을 의미한다. 때때로 사람들은 권징의 형태의 돌봄에서 자신들이 공동체의 구성원임을 경험한다. 1장에서 살펴 본 것처럼, 고대에 기독교 공동체가 사용한 권징의 형태는 대부분 사라졌다. 예를 들어, 예배자들이 공동체로부터 제외되는 형태의 참회는 우리 시대에는 찾아볼 수가 없다. 하지만 행동방식이나 태도들과 관련해서 기독교 공동체가 그 구성원에게 사회적 압력을 가하는 방법들이 여전히 존재한다. 하지만 종종 활동적인 기독교 공동체의 구성원들은 자신들의 동료 기독교인들을 통해 지지와 상호적 격려, 그리고 위로를 경험한다.

인생을 살다 보면, 어떤 사람들은 그들 삶의 대부분의 시간 동안, 또 어떤 사람들은 얼마 안되는 시간 동안 그들을 내적, 물질적으로 어렵게 함으로써 그들로 하여금 소망이 있고 생동감 있는 삶을 살아가지 못하게 하는 상황과 부딪히게 된다. 사람들은 완전히 독립적으로 자신의 삶을 살아갈 수는 없다. 그 이유는 아마도 다른 무엇보다도 사람들을 교회와 같은 공동체의 관계 속으로 이끄는 인간의 본성 때문일 것이다. 우리 모두는 지지를 해 주는 관계들을 바라며 필요로 한다. 이 관계에서 우리는 개방적일 수 있고 수용을 확신할 수 있다.

다른 한편으로, 대부분 현대의 삶은 상호적인 지지보다는 소외의 경향

---

9) Rodney J. Hunter, ed., *Dictionary of Pastoral Care and Counseling* (Nashville: Abingdon Press, 1990), 123.

을 보이고 있다. 경쟁이 인간 관계의 대부분을 지배하고 있다. 편견과 상투적인 생각, 그리고 무관심이 기독교 공동체 자체는 말할 것도 없고 인간 관계 안에, 심지어 가족 구성원과 동료들 사이에 만연되어 있다. 인간 관계 안에 퍼져 있는 이러한 소외의 경향들을 고려하는 것은 공동체로서의 교회의 활동의 중요한 측면이다. 목회자는 공동체 안에서 상호적 돌봄의 풍토를 육성하고 만들어 낸다. 그리고 이를 위해 해석적 지도력을 제공하려고 한다. 공동체 내에서 관계를 맺는 목회자의 방법에 의해서 사람들은 모두가 돌봄을 받고 양육을 받는다고 느끼는 공동체를 창조하고 이 공동체에 참여하도록 격려된다. 덧붙여 말하자면, 목회자는 자신이 혼자서 교회 안에서 목회적 돌봄을 제공하는 것이 아님을 인식할 필요가 있다. 공동체 내에서의 돌봄의 과정을 안내하는 것은 공동체의 구성원들이 서로 돌보도록 능력을 부여하고 촉진하는 것을 의미할 것이다. 평신도의 상호적 돌봄의 활동에서 평신도를 조직하고 훈련하고 감독하는 것은 목회적 돌봄의 지도력의 중요한 측면이다.

선교 공동체

주님께 충성하려고 애쓰는 공동체로서 교회는 교회 자체에서 떠나 교회 주변의 세상 속으로 보내진다. 리처드 니버가 기독교인에게 미치는 성서적 신앙의 영향에 관해 말한 대로, 교회는 "교회가 교회자체, 예배 자체에만 관심을 집중하고, 교회에 대한 사랑을 첫째 되는 계명으로 추구한다면 교회로서의 특성을 잃게 된다."[10]

니버는 계속해서 교회의 하나님과 교회의 머리가 되며 기독교 공동체의 궁극적인 목표인 예수에 대한 충성은 모든 사람들 사이에 하나님에 대한 사랑과 이웃에 대한 사랑을 증가시키는 것이라고 지적한다. 그러므로, 서로에 대한 상호적 돌봄이 중요하기는 하지만, 이 돌봄은 전통에 대한 기독교 공동체의 충성을 실현하기에는 충분치 않다.

그러므로 기독교인 공동체의 해석적 인도자로서, 목회자는 공동체가 그 구성원을 돌보는 과정을 장려할 뿐 아니라 공동체의 구성원들 안에서 세상 사람들의 요구에 대한 인식이 생기도록 해야 한다. 해석적 안내자로서 목회적 돌봄에 참여하는 것은 단순히 회중에게 성실한 자세로 임하는 것 이상을 의미한다. 또한 이것은 가난한 사람들과 집없는 사람들, 그리고 정치적, 또는 경제적인 불의의 피해자들을 돌보는 사회적 임무에 관심을 가지고 활동적으로 참여해야 할 복음의 부름을 분명히 하는 것을 의미한다.

디터 헤셀Dieter Hessel은 이 책 1부에서 우리가 연구한 목회적 돌봄의 역사를 다시 반복해서 말한다. 즉, 목회적 돌봄과 사회적 목회 사이에 목회 활동을 구분하려는 시도는 근본적으로 잘못된 것이다:

> 하나님이 철저히 사회적이기 때문에, 목회의 모든 차원과 형태들은 개인의 성장과 정치적인 책임 모두를 사회적으로 다룬다. 회중은 계획성

---

10) H. Richard Niebuhr, *The Purpose of the Church and Its Ministry*(New York: Harper and Bros., 1956), 30.

있고 능력 있는 목회의 형태들을 발달시켜야 한다. 그리하여 목회가 인간의 실현, 사회적 변화, 지역 사회와 나라의 건강, 회중의 갱신, 교회의 성장에는 물론 지역적·세계적 행위에도 공헌을 할 수 있다.[11]

목회자는 기독교 공동체가 서로를 더 잘 돌보도록, 그리고 더 큰 세상을 돌보도록 사명을 받았다. 이러한 사역에서 목회자는 예언자이고 제사장이다. 그리고 목회자들의 사역의 형태는 종종 공동체의 사람들에게 해석적인 안내가 될 것이다. 곧 기독교 전통의 성서적 시각과 현재의 세상에 존재하는 상황들을 사람들에게 해석해 주는 것이다.

이러한 점에서, 내가 알고 있는 어떤 사람이 경험한 목회적 돌봄을 생각해 보는 것이 도움이 될 것이다. 여기에는 사실상 해석적 안내의 모든 차원들이 나타난다(여기에 관련된 사람을 보호하기 위해서, 나는 이 사건의 세부 사항들을 변경시킬 것이다).

성 마태교회는 천 오백 명의 성도가 모이는 교회로 비교적 큰 도시의 중상류층이 사는 교외에 위치해 있었다. 거기에는 주요 3차 진료기관인 종합병원이 있었다. 교회 성도들 중에는 사업가나 전문적인 직업을 가진 사람들과 더불어 의사들이 많이 있었다. 이들은 비교적 부유한 사람들이었다. 또한 교회의 성도들 중에는 고정된 수입에 의지해 살아가는 많은 은퇴한 사람들이 있었고, 아이들이 있는 가정들이 많이 있었으며, 젊은 독신자들과 중년의 독신자들도 꽤 많았다. 이 다양한 회중은 소위 자유

---

11) Dieter T. Hessel, *Social Ministry*, rev. ed. (Louisville: Westminster/John Knox Press, 1992), 8.

주의적인 종교적 경향이나 정치적인 경향, 그리고 보수적인 신앙을 가진 사람들이 비교적 균형있게 섞여 있었다.

여기서 우리의 관심을 집중시키는 일련의 사건들이 소말리아로의 3주에 걸친 의료선교 여행에서 발생했다. 이 여행은 회중 가운에 강한 동기를 가진 소수의 의사들과 간호사들에 의해서 조직되었으며, 회중의 선교위원회로부터는 대략적인 지원을 받았다. 이 여행 집단에는 의사들은 물론 다른 선교적 측면을 지원하기 위해서 의사가 아닌 사람들도 참여했다. 교회의 부교역자가 선교팀의 구성원과 선교팀의 치료를 받는 사람들에게 목회적 돌봄을 제공하기 위해서 동행했다.

선교팀의 주동자들과 비공식적인 인도자들—이들 중 많은 사람이 선교위원회의 회원이었다—은 참여자들이 자신의 일을 선택하고 배치하는 데 확실한 책임을 가지고 있었다. 이들은 그들의 활동에 대해서 위원회에 제출할 비공식적인 보고서를 만들었다. 하지만 선교팀을 이끌 정책을 세우는 데 있어 도움을 요청하지는 않았다. 선교위원회는 이번 선교에 대해서 다소 수동적인 입장을 취했지만, 점차 이를 격려하고 지원해 주었다. 담임 목사와는 아무 의견도 나누지 않았는데, 아마도 그가 이 선교 계획이 세워진 후에 부임해서 비교적 이 교구에 대해 잘 모르기 때문이었을 것이다.

이 선교의 주동자들은 계획 초기에 소말리아로 가는 여행에 부부들은 참여시키지 않기로 결정했다. 결혼한 사람들이 참여할 수 있었지만 배우자는 집에 남아 있어야 했다. 또한 선교팀은 친밀한 관계를 발달시키고 선교팀의 일반적인 정책들을 만장일치로 합의하기 위해 소말리아로 떠나기 전에 7개월 동안 집중적으로 모임을 가지기로 결정했다. 이 예비 모임에 기도와 성경공부가 포함되었다. 회중에게 여러 차례 광고를 내서 기도의 후원자를 초대했다. 하지만 교회의 평신도 운영 위원회에게는 이 선교 계획을 정식으로 승인해 달라고 요청하지 않았다.

담임 목사가 이 문제에 대해서 해석적 안내를 해 달라고 요청받은 첫 번째 사건은 이 선교팀의 한 남자와 여자, 그리고 각자의 배우자들과 관련된 문제였다. 소말리아에 가기 전, 그리고 소말리아에 있는 동안 이 두 사람은 점점 서로에게 관심을 가지게 되었다. 선교팀이 귀국한 후, 이 관계는 완전히 애정으로 발전한 것이다. 지금 이 연애 사건의 주인공인 두 사람은 자신의 배우자와 이혼한 후에 자유롭게 서로 결혼하려고 생각하고 있었다. 이 선교팀의 구성원들이 목사에게 제출한 보고서에 의하면, 이들은 교회를 떠나기를 원치 않았고 회중들이 그들이 새로이 발견한 사랑을 인정해 주기를 기대하는 것처럼 보였다.

부교역자가 이러한 분위기를 알아차리고 여행에서 돌아와서 담임목사에게 보고함으로써 담임목사는 처음 이 사건을 접하게 되었다. 얼마 후, 집에 남아 있던 두 배우자들이 목회적 돌봄을 요청해왔다. 버림받은 남편은 "이 교회에는 우리 두 사람이 모두 머물 수 있는 자리가 없습니다"라고 말하면서 자신의 아내와 다른 남자에 대한 엄청난 분노를 표현했다. 그리고 그는 이와 같은 태도로 아내의 부정에 대해 아내를 '처벌' 해 줄 것을 요청했다. 또한 버림받은 아내도 목사를 찾아와서 자신의 결혼을 회복시켜 달라고 요청했다. 그녀는 결혼이 파경에 이른 것에는 자신의 탓도 일부 있음을 인정했다. 그리고 그녀는 두 자녀에게 몰두했으며,

그녀와 남편은 그녀의 노부모를 모셔야 하는 부담을 가지고 있었다고 말했다.

목사가 버림받은 아내와 수차례 대화를 나눈 지 얼마 되지 않아서, 연애사건의 주인공인 여인이 목사에게 전화해서 자신과 상대 남자를 함께 만나 자신들의 관계에 대해 이야기를 나눌 수 있는지 물었다. 목사가 그들을 만났을 때 놀랍게도 그들은 자신들의 관계에 대해서 판단이나 의견을 구하지 않았다. 오히려 그들은 자신들의 이혼과 그 뒤에 이어진 결혼이 앞으로 회중 안에서 그들의 인도자의 역할에 어떤 영향을 미치게 될지에 대해서 물었다. 목사는 자신의 동료집단에 이 사건을 보고하면서 자신이 이 점에서 혼란을 느끼고 있음을 고백했다. 그는 이 연애사건의 두 주인공이 자신에게 돌봄을 요청했다고 느꼈다. 하지만 그들의 태도가 매우 모호해서 대화를 생산적인 방향으로 이끌 수 없다고 생각했다. 그 뒤 그는 자신이 그들과 그들의 관계에 대해서 부정적인 감정을 가지고 있으며, 비판단적인 태도로 이들을 다루어야 한다는 생각으로 뒤범벅이 되어 있음을 깨달았다.

담임목사의 도움을 요청하는 두번째 문제는 선교팀에 참여한 젊은 독신 여성과 관련이 있었다. 그녀는 몇 달 동안 교회의 청년회 활동에 참여했지만 아직 교회의 회원이 아니었다. 그녀는 최근에 멀리 떨어져 있는 도시에서 간호사 훈련을 마쳤고 의료센터에서 일하기 위해 이 지역으로 온 것이었다. 선교사 부부의 딸이었던 그녀는 베트남에서 태어났지만 청소년과 성인 시절의 대부분을 미국에서 보냈다. 소말리아 사람들의 곤경에 크게 마음이 움직여서, 이 젊은 여인은 소말리아에서 간호사로 선교

사역을 하도록 분명한 소명을 받았다고 생각하며 여행에서 돌아왔다. 그녀는 자신의 소망에 대해서 비공식적으로 목사에게 이야기했다. 하지만 교회의 평신도 위원회에 그녀를 소개해서 교회의 후원을 요청할 계획이 없었다.

선교팀이 돌아온 지 얼마 지나지 않아, 선교위원회가 다가오는 주일 오전 예배의 마지막에 젊은 간호사를 위한 "파송예배"를 드리고 싶다고 선교위원회의 의장이 목사에게 전화를 했다. 목사는 회중이 공식적으로 후원을 하지는 않았었기 때문에 공식적인 파송은 시기상조라고 생각하면서, 교단의 공식적인 방침은 말할 것도 없이, 교회공식 기관의 사전 승인 없이는 그럴 수 없다고 거절했다. 말할 필요도 없이, 목사의 대답에 선교위원회 의장은 굉장히 화를 내면서 장시간에 걸쳐 회중이 어떻게 자기 자신의 일에만 관심을 가져야 하고 "저 바깥 세상을 향한" 교회의 선교에 대한 개념이 이렇게 없을 수 있느냐고 비난했다. 파송은 "성 마태 교회가 자기 자신 이외에 더 광범위한 선교에 대한 이해를 갖도록" 하기 위해서 이루어져야 한다고 말했다.

이 이례적인 요청과 선출된 회중의 대표들이 젊은 간호사의 계획을 승인하거나 보류할 기회가 부족하다는 것 때문에 불편한 마음을 가지고, 목사는 파송하는 것에 대해 거절하는 입장을 확고하게 했다. 목사는 전체 회중 앞에서 예배를 드리는 것은 "강제적으로 결혼식을 치르는 것과 같을 것입니다. 나는 사람들이 선택의 자유를 갖는 것이 더 좋을 것이라고 생각합니다. 사람들이 싫다고 말할 수 있는 권리를 갖지 못한다면 그들은 좋다고도 말할 수 없습니다. 예배를 드리기 전에 이에 대해 반대할 기회가 없었습니다. 이 일이 교회에게 적당한지를 결정할 기회가 주어지기도 전에 약정을 하는 것은 적절하지 않습니다. 서약은 자유롭게 선택된 응답의 행위입니다. 회중에게 이러한 서약을 선택할 기회가 주어져야 합니다"라고 말했다.

목사는 다음날 아침 식사를 하면서 선교위원회 의장과 소말리아 선교팀에 참가했던 한 두 명의 사람과 함께 이 문제에 대해서 토의하기로 동의했다. 목사는 이 모임을 갖기 전에 간호사와 그녀의 아버지와 비공식적으로 이야기를 나누었다. 그녀의 아버지는 지금은 은퇴해서 회중의 한 사람으로 활동적으로 일하고 있었다. 이 대화에서 목사는 간호사를 알고 있거나 이 예배에 참석하기를 원하는 사람들을 초청해서 오전 예배 전에 개인적이고 비공식적인 "파송과 축복예배"를 드리고 오전 예배가 끝난 후에 회중에게 그녀를 소개하는 것이 어떨지 제안했다. 이 제안은 간호사와 그녀의 아버지 모두의 마음에 들었다.

소수의 선교위원회의 사람들과 만난 아침 식사 시간에, 목사가 제안한 타협안은 상당한 반발에 부딪혔다. 다시 논쟁점은 성 마태교회의 회중을 어떻게 단순히 자기 중심적인 태도에서 벗어나 세상에서 소외된 사람들을 돌보는 일에 대해 관심을 갖도록 교육할 수 있는지의 문제로 다시 돌아온 것 같았다. 선교위원회의 의장은 "수많은 작은 기차들이 중앙에 놓여진 거대한 바윗덩이를 옮기려고 애쓰고 있고, 이 각각의 기차는 자신의 힘으로 이 일을 하도록 허용되어야 한다"고 말하면서 이를 교회의 이미지에 비유했다. 목사는 독립된 기차들은 바위(교회)를 옮기려고 애쓰는 동안 서로를 거스르면서 일할 기능성도 있다고 말했다. 목사는 거대한 외양선에 대한 다른 비유를 사용해서 "거대한 외양선에서 여러분이 바퀴를 돌리면 한참 시간이 흐른 뒤에야 여러분은 그 결과를 알 수 있습니다"라고 말했다. 그 뒤에 이루어진 논의는 교회의 권위가 누구에게 있으며, 그 권위가 어디로부터 오며, 그리고 이 권위가 어떻게 적절하게 사용될 것인지에 대해 이루어졌다.

성 마태교회의 이야기는 계속되고 있다. 대부분의 교회들의 이야기처럼, 이 이야기의 마지막 장은 아직 쓰여지지 않았다. 우리는 이쯤 해서 이야기를 멈추고, 회중의 삶의 모든 요소가 회중 개인의 삶 속에 어떤 식으로 한꺼번에 합치게 되는지에 관해, 이 이야기가 우리에게 무엇을 말해 주는가를 생각해 보려고 한다. 이 이야기가 회중에 대한 돌봄으로서의 목회적 돌봄에 대해 우리에게 말하고 있는 것은 무엇인가? 회중에게 정체성을 제공하는 전통에 대한 돌봄에 대해 우리에게 말하고 있는 것은 무엇인가? 회중 안에 있는 사람들에 대한 돌봄과 개인에 대한 회중의 돌봄에 대해서는 무엇을 말해 주는가? 회중의 경계 바깥에 있는 사람들을 위한 회중의 돌봄에 대해서는 무엇을 말해 주는가?

성 마태교회의 상황이 우리에게 가르쳐준 가장 우선적이고 중요한 교훈은 모든 차원의 돌봄의 요구가 한꺼번에 목회자에게 주어지는 일이 자주 일어난다는 것이다. 교구의 목사들은 한 번에 한 명의 개인을 돌보거나, 아니면 단순히 공동체로서의 회중을 돌보는 여유를 가질 기회가 거의 없다. 성 마태교회의 이야기를 하는 동안, 담임 목사는 적어도 세 가지의 다른 책임에 대해 생각해야 했다.

첫째로, 목사는 회중이 하나님의 부르심 대로 하나님의 백성이 되어가는 순례의 길을 가는 동안 장기간에 걸쳐 이들을 돌보아야 할 책임에 대해 생각했다. 그는 그의 상황에서 자신의 행동이 회중에게 미칠 영향을 고려하지 않은 채 목회적으로 행동할 수는 없었다. 우리는 이것을 선교위원회 의장이 요청한 헌신 예배를 드릴 것인지 말 것인지에 관해 그가 내린 결정에서 가장 분명하게 볼 수 있다. 여기서 우리는 세계 선교와 관련해서 회중을 교육시킬 기회 뿐만 아니라 교회가 무엇을 후원하고 무엇을 후원하지 말아야 하는지를 결정하는 상황도 볼 수 있다. 이러한 점에서 목사가 목사로서의 자신의 권위를 행사해서 권한이 회중들에게 행사되는 것이 아니라 회중들에게 스스로 행동하도록 권한을 부여한 것은 흥미로운 일이다.

이 사건을 검토해 보면, 우리는 선교위원회와 그 의장과 관련해 딜레마에 빠져 있는 목사의 생각에 동의할 것이다. 여러 가지 측면에서 생각해볼 때, 어떤 사람들은 선교부와 선교부의 지도력에 공감할 수도 있다. 선교부의 의장은 옳은 말을 많이 한 것처럼 보인다. 그는 하나님의 백성에게 "세상으로 나가라"는 성서의 부르심을 들었다. 우리는 어쩌면 목사도 회중의 자기중심성에 대해 의장과 같은 조급함을 가지고 있을 것이라 추측할 수 있다. 하지만 이 상황에서 목사는 반대 입장을 고수해야 한다고 아주 분명하게 생각했다. 회중에 대한 돌봄이 우선시 되어야 했다. 목사의 입장을 자세히 들여다 보면, 의장의 요청을 거절함으로 목사가 간접적으로 의장을 위한 돌봄을 같이 실행했을 가능성이 있다. 목사가 거절하자 의장은 무엇을 하려고 했는가? 의장이 도중에 의견을 주장하는 자신의 방법을 재고해 볼 시간이 있었을까? 만약 그렇다면 우리는 그에게, 불쾌하기는 하겠지만, 돌봄의 행위가 제공되었다고 볼 수 있다.

회중에 대한 목사의 돌봄은 혼외정사 사건에서 분명하게 나타나지는 않는다. 말할 것도 없이 이 사건이 다소 개인적인 성격의 문제로 보여지기 때문이다. 여기서 우리는 단지 목사가 임박한 이혼과 재혼이 회중에게 어떠한 영향을 미칠 것인지에 대해 반성할 수 있도록 질문할 수 있을 뿐이다. 공동체가 결혼과 가정생활에 관한 공동체의 기준을 깨는 것을 수용할 수 있는가? 공동체가 이러한 행위를 수용할 것인가? 배우자로부터 결혼 서약을 파기당한 두 사람을 어떻게 돌볼 것인가? 여기서 교회의 권징의 문제가 대두된다. 목사와 회중이 이러한 상황에서 어떻게 권징을 사용할 것인가?[12]

둘째로, 목사는 성서적 전통과 신학적 전통을 주의깊게 해석하고 재해석하는 책임을 고려해야 한다. 임명받은 목사는 회중의 삶 속에서 일어나는 사건들과 구체적으로 대화해야 한다. 만약 성 마태교회의 목사가 회중을 위한 거주 신학자로서의 역할을 수행한다면, 그는 회중의 공동의 삶 속에 일어나는 상황과 과거에 기독교 정체성을 형성한 주제들 사이의 반성적인 대화의 과정을 촉진할 수 있는 기회들에 주의할 것이다. 우리는 대화가 단순히 이미 알려진 진실을 선포하기보다는 상호적으로 중요

---

12) 이 상황을 권징이 요청되는 상황으로 보는 것은 성도들을 징계하는 문제가 어떻게 1세기나 심지어는 18세기의 상황과는 다르게 현대 목회자에게 제시되는가에 관한 점을 제기한다. 성 마태교회의 목사는 우선적으로 설득과 권의를 사용함으로써 결혼과 가정생활의 구조와 관련한 문제에 접근한다. 하지만 적절한 목회 절차가 무엇인지에 대한 아무런 지침도 없었다. 반면 초대에는 목회자와 성도의 기대가 훨씬 분명하게 정의되었다.

한 과정이 되리라는 것을 기대할 수 있을 것이다. 그렇다면 성 마태교회에서 일어난 일련의 사건 속에서 '어디서, 그리고 언제 이러한 종류의 대화를 촉진할 만한 기회가 생기는가?'라고 물을 것이다.

이러한 점에 대해서는 이 이야기에서 몇 가지 중요한 사건이 생각난다. 예를 들어, 나는 목사가 혼외정사에 직접적으로 관련되거나 혼외정사에 영향을 받은 네 사람의 중심 인물과 가졌던 협의에 대해서 생각한다. 이 네 사람은 목회의 신학자로서의 목사의 직위를 존중했기 때문에 목사를 찾아왔다. 잘못을 저지른 두 사람은 목사가 자신들의 관계를 축복해 주기를 바라는 것처럼 보였다. 둘 다 교회를 떠날 생각이 없었다. 하지만 그들의 행동이 앞으로 회중 안에 어떠한 영향을 미칠지에 대해 궁금해 했다. 이것은 그들이 자신들의 행동과 기독교인의 생활에 대한 규범이 의미하는 바가 무엇인지에 대해 생각하는 일을 도와 달라고 간접적으로 목사를 초청한 것이 아닌가? 이 상황 속에서 그들의 돌봄에 관해 분명히 기독교 신앙의 언어로 이야기하고 싶다고 요청하는 것으로 보인다.

또한, 나는 선교위원회와 소말리아 선교와 관련된 사건의 혼란스러운 결과에 대해 생각한다. 진지하고 지속적으로 이루어지는 세계를 향한 교회의 선교의 의미와 목적에 대한 대화, 어쩌면 심지어 회중 가운데 헌신하는 사람들이 행하는 촉매 작용에 관한 담화는 기독교인의 공동체와 전통에 대한 목회자의 돌봄의 중요한 측면이 되지 않겠는가? 만약 그렇다면, 목회자는 어떻게 이러한 대화를 촉진할 수 있는가? 여기서 결정적으로 대두되는 것이 목회 지도력일 것이다.

셋째로, 목회자는 회중 안에 있는 개인과 가정들에게 목회적 역할을 이행해야 할 책임이 있음을 생각해야 한다. 성마태교회의 이야기는 회중과 전통에 대한 돌봄은 사실상 언제나 사람들의 독특한 요구와 기대에 주의를 기울이는 목회적 돌봄에 대한 다양한 개인적인 요구와 얽혀 있다는 것을 보여 준다. 이 이야기가 밝혀졌을 때 성마태교회의 목사는 단순히 집단과 회중의 문제를 다룰 수가 없었다. 교회의 목회 인도자와 운영자로서 생각하고 행동하는 가운데, 그는 또한 특정한 개인들의 독특한 문제들에 대답해야 했다.

교구의 목사에게 계속해서 다가오는 개인에 대한 돌봄과 공동체에 대한 돌봄 사이에 균형을 맞추는 일은 전문화된 사역으로서 상담과 심리치료에 참여하는 목회자들에게는 그다지 급박한 임무는 아니다. 전문화된 사역의 경우에, 목회자들은 개인적인 사무실에서 상담을 받는 사람들에게 그 이상의 책임을 가지지는 않는다. 하지만 교구 목사의 경우에는 그렇지 않다. 그들은 교구민 개인에 대한 책임과 회중에 대한 책임 사이에 균형을 맞추며 때로는 조작해야 한다.

우리는 지금 성마태교회의 목사가 직책상 어떻게 사변형 도식의 처음 3개의 연결점—공동체에 대한 돌봄, 전통에 대한 돌봄, 개인에 대한 돌봄—에 직면하게 되었는지에 대해 논의했다. 나는 지금 사변형의 네번째 점, 즉 문화에 대한 돌봄에 대해 생각해 보고 싶다. 기독교 공동체는 구성원들이 속해 있는 유일한 공동체가 아니다. 오히려 기독교 공동체는 많은 공동체와 더불어 세상 속에 위치하고 있다. 이러한 많은 공동체들은 사람들에게 깊은 영향을 주며, 목회자와 교회의 돌봄을 요청하는 문제들과 요구에 관한 많은 부분을 형성한다. 다음 장에서는 다양한 공동체 안에서 살아가는 현대인들의 복잡한 삶에 대해 살펴 보려고 한다.

제6장

다공동체의 세상 안에 있는 기독교 공동체

하워드는 내가 잘 알고 있는 사람이다. 수년 간 나는 그의 목회 상담자였다. 하워드가 변호사인 자신의 직업에 만족하지 못했기 때문에 상담을 시작했고 점차 그의 힘든 결혼생활에 대해서 이야기를 나누게 되었다. 그는 점점 음주가 자신의 직장생활과 가정생활에 방해가 된다는 것을 인식하기 시작했다. 수년 간에 걸쳐 우리는 상담을 했고, 나는 그가 음주 문제를 잘 다루어서 수년 동안 "술을 끊는 것"을 지켜 보았다. 비록 그는 여전히 "만취해서 플로리다 해변에 누워 있는" 소망을 보여 주는 꿈―잠 들었을 때나 깨어 있을 때 모두―을 꾸고 있었지만 말이다. 내가 아무 직접적인 제안을 하지 않았는데도, 상담의 결과로 하워드는 신앙공동체 안에서 활동적인 역할을 하기 시작했다.

어느날 하워드는 나를 찾아와서 자신의 시간과 에너지를 사용하는 우선순위를 결정하는 데 겪는 어려움에 대해서 이야기했다. 그는 "나는 언제 어떤 것에 대해 우선 순위를 두어야 할지 모르겠어요. 나는 내가 살고 있는 세계의 모든 부분에 동시에 관심을 집중해야 하거든요"라고 했다.

나는 즉시 하워드의 말에 전적으로 공감했다. 나 역시 종종 이러한 우선순위의 문제로 갈등을 겪었다. 나는 이 책을 읽고 있는 대부분의 독자들도 그러하리라 생각한다. 하지만 변호사인 나의 내담자는 이 딜레마에 대해 여러분과 내가 일반적으로 경험하는 것보다 더 많은 어려움을 겪고 있는 듯 했다.

도움을 청하러 온 이 사람은 곧 오래 전부터 느껴온 우선순위의 문제를 다시 강하게 인식하게 만든 사건에 대해 이야기했다. 법인조직의 변호사로서 하워드는 법인회사 사이에 거액의 돈을 거래하는 데 필요한 법률적 작업을 하고 있었다. 하워드는 종종 "내일까지 일을 끝내 주셨으면 합니다"라고 하는 요구에 심한 압박을 받았다. 우리가 만나기 바로 전 주말에도, 하워드는 이러한 상황에 처해 있었다. 그 때 하워드가 같이 일했던 고객들은 금요일 밤 늦게야 이 복잡한 거래에 동의했다. 일이 끝났을 때, 양측의 거래자들은 이 합의를 법률적 서류로 만들어서 월요일 아침 서류에 서명할 수 있도록 준비해 달라고 요청했다. 그 때부터 하워드와 다른 변호사들의 작업이 시작되었다. 이 날이 주말이었기 때문에 그들은 각기 집으로 돌아가서 계약서의 초안을 잡은 후 일요일 아침에 전화로 차이점들을 수정하기로 결정했다. 상대편의 변호사는 9시와 10시 사이에 하워드의 사무실로 전화하기로 했다. 하워드는 일요일에 일하는 것을 좋아하지 않았지만, 그 상황에서 이 약속은 그에게 적절했다. 왜냐하면 그 동안 서류를 작성할 수 있는 시간을 가질 수 있고 11시에 가족들과 함께 주일예배에 참석할 수 있기 때문이다. 하워드는 이 이야기를 하면서 그가 가족들과 함께 교회에 가는 것은 헛된 바램일 뿐이었다고 말했다. 그러나 그는 또한 그가 진정으로 바라던 것이라고 다시 말했다. 하워드는 토요일 밤 늦게까지 일했고(그는 보통 평일에 밤 늦도록 일을 했다) 계약서의 초안을 완성했다. 다음 날 아침 8시 30분에 집을 나서면서, 그는 11시에 맞추어서 교회에 도착하도록 최선을 다하겠으며 나머지 시간은 아내와 아이들과 보내겠다고 굳게 약속했지만 아내는 실망할 뿐이었다.

10시가 되었지만 하워드의 상대편 변호사로부터는 전화가 걸려 오지 않았다. 11시가 되어서도 하워드는 계속 전화를 기다려야 했다. 그는 책상에 앉아서 이 일을 하고 있는 동안 밀려 있던 일을 하면서 시간을 보냈다. 그러다가 당장 해결해야 할 급박한 문제들을 발견했다. 그런데 자신의 직장생활과 사생활 모두에서 사실상 계속되고 있는 의무들과 관계들이 그의 마음속을 스치고 지나갔다. 그는 자신의 결혼생활을 걱정하고 있었다. 한 동안 그의 결혼생활은 위태로웠고 긴장의 연속이었다. 그리고 그는 맏아들과 함께 시간을 보내야겠다고 생각했다. 아들은 학교 생활을 잘 해 나가지 못하고 있었고, 하워드와 아내는 아들이 한 소녀와 가까이 지내는 것을 좋아하지 않았다. 왜냐하면 그 소녀가 정서적으로 불안정하다고 생각했기 때문이다.

이러한 모든 생각들이 밀려 들자, 하워드는 속이 상하고 화가 나기 시작했다. 비록 걸려 오지 않는 전화 때문에 화가 나기는 했지만, 이러한 그의 감정은 전화를 걸지 않는 상대편 변호사에게만 집중된 것이 아니라 그를 곤경에 처하게 한 무미건조한 법률 세계에 더욱 집중되었다.

이것은 그가 동시에 해결할 수 없는 소망이나 의무들 사이에서 갈등한 첫번째 사건이 결코 아니었다. 그는 그가 약속을 지키지 않을 경우 아내가 화를 내리라는 것을 알고 있었다. 또한 이러한 경우 법률적 작업이 끝날 때까지 자리를 뜰 수 없다는 것도 알고 있었다. 그는 몇 달 전부터 수강하고 있는 신학 강의에 대해 생각했다. 이 수업에서 그는 자신이 하루 대부분의 시간을 보내고 있는 사업의 세계에서 기독교 신앙에 우선순위를 두는 것은 사실상 불가능하다고 주장했다. 게다가 교회가 신앙에 우선권을 두라고 말했을 때 그는 자신의 신앙이 깊지 않다는 것을 알게 되었다. 그는 전체적인 신앙 체계가 너무나도 구태의연하고 불합리해서 일상생활에서 그가 직면하는 딜레마에 아무런 도움을 줄 수 없는 것이 아닌가 하고 의심했다.

거의 정오가 되어서야 상대방 변호사가 전화를 했다. 그리고 계약서를 수정하고 나니 거의 2시가 되었다. 하워드가 오후가 되어 집에 도착하자 아내는 그에게 아무 말도 하지 않았고 아들은 여자 친구와 영화를 보러 나가고 없었다. 지치고 우울한 기분으로 그는 서재에 틀어박혀 샌드위치를 먹으면서 축구를 보며 시간을 보냈다. 주중에 하워드가 상담 시간에 맞추어서 나를 찾아왔을 때, 그는 상황을 해결하기 위해서 몇 가지 방법을 사용했었는데 그다지 효과는 없었다. 월요일에 하워드와 그의 아내는 대화를 나누려고 노력했었고, 대화 중에 서로의 삶의 방식에 대한 실망을 털어 놓았다. 하워드는 일 때문에 그들의 중요한 시간을 망친 것에 대하여 사과를 했다. 또 하워드는 주말에 자신을 계속해서 일하게 만든 고객에게 자신이 일하면서 보낸 시간, 그리고 계약서가 완성되기까지 기다린 시간까지 합산해서 비용을 청구하기로 했다. '누군가가 보상을 해 주어야 한다'고 생각하면서 그는 약간은 불쾌한 만족감을 느꼈다.

여러 가지 면에서, 하워드의 상황은 내가 이 장에서 언급하려고 하는 목회적 돌봄의 실제에 대한 전형적인 문제들을 제공한다. 즉, 다원주의, 상대주의, 그리고 경쟁적인 문화적 혼란으로 특징되는 시대에서 그들의 신앙을 분명히 하고 유지하려고 할 때 기독교인의 공동체와 공동체의 구성원 개인들에게 지침을 제공하는 문제이다.

분명히 하워드는 여러 가지 문제를 안고 있었으며, 이들은 서로 관련이 있었다. 그의 삶에서 성실함과 균형을 추구하려는 그의 노력 중 몇 가지 측면은 개인이 일생에 걸쳐 추구하는 진정한 정체성을 향한 노력에 바탕을 두고 있다는 것은 의심할 여지가 없다. 하워드는 알코올 중독자인 아버지와 정서적으로 불안하고 불안정한 어머니 사이에 외아들로 태어났다. 따라서 그는 어린 시절부터 자아의식이 아주 불안정했으며, 자신의 능력에 대한 확신이 부족했고, 적절한 역할모델을 보지 못했다. 그러므로 그의 불안정의 핵심은 관계적인 것이라고 말할 수 있다. 그는 타인과 함께 있을 때 거의 편안함을 느끼지 못했으며, 심지어 자신의 가족과 친한 사업 동료들과도 마찬가지였다.

하지만 하워드는 아는 사람이 많았고 친구들도 많이 있었다. 이들은 하워드에 대해서 아주 뛰어난 소양과 재능을 갖추고 있으며 존경과 심지어 시기를 받을 만큼 성공했다고 표현한다. 그는 훌륭한 변호사였다. 열심히 일했으며, 법률에 대해 박식했고, 복잡한 법적 문제를 해결하는 데 창조적인 능력을 가지고 있었다. 그러므로 하워드는 매우 고통스럽고 근심스러운 불안에도 불구하고 도전적인 삶의 상황에 적응하는 방법들을 습득했다고 말할 수 있다. 그는 또한 자신의 삶에서 의미와 일관성을 발견하려고 매우 진지하게 노력했다. 하워드는 나와의 상담에 성의있게 임했다. 수차례의 실패 끝에 그는 자신의 음주 문제를 극복해서 맑은 정신으로 생활할 수 있다는 자신감을 가지게 되었다.

하워드는 평신도를 위해서 교회가 운영하는 신학집중코스에 등록했다. 그리고 신학적 연구를 일상적인 삶의 활동과 문제에 연결시키는 주제에 대해서 다룰 때 이 강의에 참여한 다른 구성원과의 대화에 적극적으로 참여했다. 간단히 말하면, 심각한 의심들을 품고 있긴 하지만, 그만큼 하워드는 진지한 기독교인이었다.

신앙공동체의 구성원에게 무슨 일이 일어나고 있는지에 관심을 가지고 돌봄을 제공하고자 하는 목회자는 하워드의 경우와 비슷한 경우의 이야기들을 보고 들을 수 있다. 세부적인 상황이 다르고 정도의 차이는 있지만, 분명히 이러한 이야기들은 개인적이며, 대인적이고, 관계적인 문제들이다. 그리고 이러한 문제는 시간과 장소의 사용에 근거한 문제들과 뒤섞여서 나타난다(다시 말하면, 문화적, 사회적인 문제들). 더욱이 일반적으로 종교적인 신앙[1]으로 여겨지는 삶의 요소들과 의미의 추구라

---

[1] 내가 여기서 사용하는 신앙이란 용어의 의미는 신앙 발달에 관한 연구에서 제임스 파울러가 처음 제시한 신앙의 의미와 비슷하다. 하지만 나는 신앙이 구조화된 단계에 따라 형성된다는 것에는 파울로만큼 확신을 가지고 있지는 않다. 신앙의 요소에 대해서 간단히 알아 보려면 James W. Fowler, *Weaving the New Creation*(San Francisco: HarperSan Francisco, 1991), 100-102를 보라.

는 주제는 인간적인 딜레마와 얽혀 있어 잘 풀리지 않는다.

다원주의, 상대주의, 그리고 신앙의 유지

나는 제1장에서 목회사역에 대한 사변형의 도식을 소개했다. 이 사변형의 도식에는 (1) 기독교 전통에 대한 돌봄 (2) 개인과 가족들에 대한 돌봄 (3) 기독교 공동체에 대한 돌봄 (4) 기독교 공동체가 속해 있는 사회문화적 상황과 관련된 돌봄이라는 네 가지 차원의 돌봄이 포함된다.[2]

이 네 가지 차원을 모두 고려해서 목회적 돌봄의 실제에 대한 접근방법을 생각해내는 것은 어려운 일이다. 어떻게 목회자가 이 모든 돌봄의 요소들을 고려해서 구체적인 목회적 돌봄의 문제에 유용하게 적용할 수 있을까?

하워드의 경우와 같은 이야기에 대해 생각해 보는 것은 이 점에서 아주 유익하다. 하워드와 마찬가지로, 대부분의 목회자들도 진정한 자아를 길러 주는 일종의 창조적인 긴장 속에서 자신들의 삶에 작용하는 모든 요소들을 유지하는 데 어려움을 느낀다. 하워드의 말을 빌리자면, "우리는 언제 무엇에 우선순위를 두어야 하는지 어떻게 알 수 있지요?"라고 묻는 것과 같다.

하워드에게 있어 이러한 딜레마는 집과 가정, 그리고 그의 직업 사이

---

2) 제1장을 보라.

의 우선순위의 문제에 초점이 맞추어져 있었다. 하지만 이러한 초점은 사실상 하워드에 있어서 심각한 분열의 징조이다. 우선순위의 문제는 그의 성격 전체에 영향을 미쳐서 그로 하여금 자신의 삶의 어떤 영역에서도 만족감을 느끼지 못하게 만든다.

적절한 목회적 안내를 제공할 수 있을 만큼 하워드의 상황을 잘 이해하기 위해서는 사변형의 도식의 네 가지 차원 모두에 주의를 기울일 필요가 있다. 하워드의 문제의 근원을 어린 시절의 환경이나 심리적인 발달과 관련해서 정의하는 것은, 이러한 관점이 아무리 중요하다 하더라도, 그의 상황에 대한 부분적인 이해에 그치게 될 것이다. 더욱이 이러한 설명은 하워드의 강점보다는 약점에 초점을 맞추게 될 것이다.

나와의 상담 관계에서 하워드가 추구한 것은 사변형의 네 가지 차원을 모두 가지고 있었다. 비록 이러한 용어로 표현되지는 않았지만 말이다. 그는 확실히 자기 자신을 개인으로서 이해하는 데 있어 도움을 필요로 했다. 위에서 말한 면담 시기에 이르러서는, 비록 때로 자기 의심에 사로잡히기는 했지만, 하워드는 자기인식과 자기 수용에서 상당한 진보를 보였다. 또한 하워드는 자신이 속해 있는 다양한 공동체와의 관계성을 이해하는 데 나의 도움을 구했다. 하워드는 결혼 생활에서, 그리고 부모로서, 법률가로서 또한 교회에서의 자신의 역할을 이해하려고 노력했다.

자신의 상황에서 자유롭고 창조적으로 행동하는 데 한계를 느끼는 것은 단순히 심리적인 것이 아니다. 이는 문화적인 체계와 중요한 관련이 있다. 이 한계성은 하워드가 속해 있는 사회에 만연되어 있다. 우리 사회는 법률가가 가정에 대한 책임과 여가 활동보다는 일에 우선권을 부여하고 소중히 여길 수밖에 없게 만들었다. 하워드의 문제는 그가 속한 사회가 신앙공동체에 참여하는 일에 우선순위를 두지 않는다는 것을 보여 준다.

목회 활동에 대한 신학적 고찰

목회적 돌봄이 진정으로 목회적이 되려면, 목회적 돌봄은 개인적이고 사회적인 관심사 이상의 것에 초점을 두어야 한다. 목회적 돌봄은 성서적, 신학적인 전통에서 나온 개념들에 주의를 기울여야 한다. 어떻게, 그리고 언제 이러한 개념들이 목회적 관계성을 지도할 수 있으며, 어떻게 하워드와 같은 사람들이 자신의 결정과 행동과 관련지어서 기독교 전통을 이해하도록 돕는 지침을 제공할 수 있는가?

바로 이 점에서 목회적 돌봄의 경험이 풍부한 목회자이건 아니건 간에 모두가 딜레마에 빠진다. 사람들이 나에게 적절한 성서적, 또는 신학적 지혜에 대해 가르침을 받기를 원할 때 이에 응답할 것인가? 그래서 권위 있는 충고, 심지어 권위적인 충고를 하는 것처럼 보이는 위험을 감수할 것인가? 아니면 비지시적인 상담의 권고에 따라 단지 사람들로 하여금 자신의 감정과 욕망을 명확히 하고, 그들에게 가능한 행동 방향에 대해 명확히 판단할 수 있도록 도와야 하는가? 나는 신앙의 전통을 암시적으로 표현할 것인가, 숨김 없이 명확하게 표현할 것인가? 이 두 극단 사이 어딘가에 신앙의 전통과 도움을 청하는 사람들의 독특한 요구 모두의 다양한 면들을 고려하면서도 목회자와 성도가 함께 공감하고 신뢰할 수 있는 해결점을 찾을 수 있는 기반이 있다.

레리 켄트 그래험Larry Kent Graham은 그의 책 『인간의 돌봄, 세상의 돌봄』Care of Person, Care of World에서 목회적 권위에 관해서 설득력있게 말하고 있다:

> 돌봄의 사역은 증상을 수반하는 위기와 관련된 고통이 있는 구체적 상황이 수용되고, 원인과 의미들이 탐구되기도 하며, 새로운 관계의 패턴이 형성되기도 하는 독특한 장이다. 돌봄의 사역은 변화를 촉진하려고 한다. 일반적인 용어로, 변화는 심리 체계적 기반 전체에 걸쳐 효과적으로 사랑, 정의, 그리고 생태학적 동반자 의식을 증가시키는 것으로 이해될 수 있다. 특히 돌봄의 사역은 사물의 존재 구조에서 힘의 배치를 적절하게 조절하려고 한다. 이는 증상적인 행동에 원인이 되는 가치를 재정리하려고 시도한다. 그리고 이는 파괴적인 결과들을 알아볼 수 있는 수단이 된다. 그러므로 목회적 돌봄을 수행하는 사람들에게 있어, 증상을 수반하는 위기는 개인적이고 사회적인 현실의 근본적인 체계를 변화시키는 데 참여하도록, 그리고 환경을 재구성하게 하는 것이다.[3]

목회자들은 사람에 따라서 기독교적인 개념, 가치, 의미에 따라 자신들의 삶을 다스리려고 노력하는 정도에 큰 차이가 있다는 것을 발견하게 될 것이다. 하워드처럼, 어떤 사람들은 이러한 관심사들을 진실하고 공

---

3) Larry Kent Graham, *Care of Person, Care of World*(Nashville: Abingdon Press, 1992), 92.

개적으로 표현할 것이다. 또 어떤 사람들은 자신들이 사용하는 도덕적 혹은 종교적 규범의 해석에 비추어서 자신들의 행동이 옳은지 그른지 판단하는 문제로 괴로워하기도 한다. 그 밖의 사람들은 이러한 질문에 대해 거의 생각하지 않으며, 오히려 아무 생각 없이 결정을 내리고 행동을 하는 것처럼 보일 것이다. 목회자들이 제공하는 돌봄은 이러한 차이점을 고려하여 적용되어야 하며, 동시에 교회의 전통의 대표자로서의 목회자의 역할에 충실해야 한다.

제4장의 〈표 3〉에서 나타난 것처럼, 목회적 돌봄은 기독교 공동체의 이야기와 공동체 안에 있는 개인들의 독특한 이야기 사이에 존재한다.[4] 일대일의 목회적 돌봄의 관계에서, 얼마나 다양하게, 그리고 얼마나 많이 기독교적인 사건에 관해 솔직한 대화가 이루어지는가는 경우에 따라 매우 다르다. 때로 어떤 사람들의 경우에는, 성도들의 행동을 지배해왔고 앞으로도 지배하게 될 규범에 관해 대화하는 것이 관계의 초점이 될 것이다. 또 다른 경우에는 종교와 신학에 대한 솔직한 관심은 대체로 뒤에 숨겨져 있을 것이다. 이러한 관심사에 대해 깊은 관심을 둘 경우에는 상황에 대한 목회자 자신의 생각이 완전히 배제될 수는 없을 것이다.

이 책 전반에 걸쳐 내가 주장한 대로, 현대를 살아가려면 목회자를 포함한 모든 사람들은 이야기를 형성하는 복잡한 활동들을 하고, 관계의 공동체에 참여하고, 가치있는 삶의 방식을 유지하며 살아가는 동안 평생 여러 가지 혼돈된 방식으로 결정을 내리고, 관계를 유지하게 된다. 우리

---

4) 제4장을 보라.

의 삶은 하나의 담화, 즉 현재 우리의 모습과 우리가 되고자 하는 모습을 형성하는 하나의 이야기 안에서만이 아니라 종종 일치할 때도 있지만 때로는 갈등을 느끼게 하는 많은 이야기들 안에서 구조화된다.

하워드는 계속되는 법률가의 이야기 속에 내재되어 있는 요구와 가치들에 따라 살아가려고 발버둥쳤다. 그러면서도 자신의 결혼 이야기는 물론 자신의 문화와 조상들에게서 물려받은 결혼과 가정생활의 이야기에 내재되어 있는 기대를 실행하려고 노력했다. 그리고 자주 실패를 경험했다. 하워드가 많은 이야기들 속에서 살아야만 했던 것처럼, 이러한 상황은 우리 모두에게도 마찬가지이다.[5]

여기서 우리는 점점 더 20세기의 공동의 삶과 개인적인 삶을 특징짓는 널리 퍼져 있는 다원주의와 만나게 된다. 사회심리학자인 케네스 거긴 Kenneth J. Gergen은 다음과 같이 말한다:

> 무대가 마련된다. 우리는 주로 낭만주의와 근대주의의 언어 안에서 우리의 삶을 연기한다. 우리 자신과 타인을 이해하는 이러한 형태들은 일상의 관계에 조직화된다. 이것들이 없이는 일상의 삶은 의미가 없다. 하지만 우리는 타인의 이미지와 행위에 의해 점점 더 심한 공격을 받는다. 우리가 참여하는 사회의 범위는 기하학적으로 넓어지고 있다. 우리가 관점들, 가치들, 타인의 시각들을 흡수하고 우리에게 주어진 다양한 역

---

5) Stephen Crites, "The Narrative Quality of Experience," *Journal of the American Academy of Religion* 39 (1971): 291-311. 삶의 방식의 설화적인 구조에 대해 간단하지만 고전적인 설명을 볼 수 있다.

할의 삶을 살아갈 때, 우리는 포스트모더니즘의 의식 안에 들어서게 된다. 이 세상에서 우리는 더 이상 안정된 자아의식을 경험하지 못하며, 명백한 속성을 가진 제한된 정체성에 대한 가정조차도 점점 더 의심하게 된다.[6]

비록 케네스 거긴의 말이 본래 서양의 중상류 계층의 문화에서 가장 분명하게 나타나는 것이기는 하지만, 현대의 삶에서의 "자아의 포화"에 대해 말하면서, 거긴은 기독교 공동체 안에서, 그리고 기독교 공동체에 의해서 이루어지는 목회적 돌봄에 있어 심도있는 함축적 의미를 갖는 과정들을 증명했다. 다시 말해서, 우리는 하워드의 경우를 널리 퍼져 있는 문제의 전형적인 예로 본다.

기독교 전통과 현재의 상황 모두의 해석자로서, 목회자는 개인과 가정뿐 아니라 전체로서의 기독교 공동체에게도 광범위한 지침을 제공해 준다. 설교, 이야기들, 종교적 축제들, 그리고 위기돌봄에서, 목회자는 사람들로 하여금 기독교의 언어와 이미지의 의미 체계 내에서 현대의 삶의 모든 측면들을 평가하도록 돕는다.

덧붙여 말하자면, 목회자는 사람들이 그들이 속해 있는 다양한 공동체의 요구들을 조화시키도록 돕는다. 독특한 이야기와 독특한 가치들을 가지고 있는 각각의 공동체는 각각의 구성원들이 충성하도록 하기 위해 서로 경쟁한다. 자신들이 속해 있는 경쟁적인 공동체의 요구 사이에서 어

---

6) Kenneth J. Gergen, *The Saturated Self*(New York: Basic Books, 1991), 15-16.

떻게 결정을 내려야 하는가? 여기서 상대주의와 관념적 일원론의 문제에 부딪히게 된다. 세상을 바라보고 경험하는 데는 하나의 방법만이 있다는 단순성의 욕구와 모든 것이 상대적이어서 무엇이 표준적인 것인지를 인식하지 못하게 된 세상 속에 존재하는 허무주의와의 문제이다. 현대의 목회 활동에서, 사람들로 하여금 기독교와는 다른 관점으로 세상을 바라보는 공동체들에 대해 개방적인 태도를 취하고 그 공동체에 참여하면서도 기독교의 이야기에 삶의 기반을 둘 수 있도록 도울 수 있는 방법을 발견하는 일은 중요한 임무가 되었으며, 때로는 꼭 해결해야만 하는 임무가 되기도 한다.

다원주의와 상대주의에 대한 목회자 자신의 경험

많은 목회자들이 하워드와 같은 우선 순위의 문제를 경험한다. 목회자들은 종종 가정에 대한 헌신과 목회 활동에 대한 헌신 사이에서 갈등을 겪으며, 또한 목회사역 자체의 다양한 측면 사이에서 끊임없는 긴장 속에 살고 있다. 다양한 목회 활동 중에 목회자의 시간과 재능을 우선적으로 사용해야 하는 부분은 어떤 것인가? 어떤 기준에서 목회자들은 오늘 해야 할 가장 중요한 일이 무엇인지 결정할 것인가? 이번 주에 가장 중요한 일은? 그리고 올 해에 해야 할 가장 중요한 일은 무엇인가?

나는 하워드의 상황과 전형적인 교구 목사의 상황 사이의 유추를 확장할 수 있다고 믿는다. 이 확장된 유추는 다원주의와 상대주의 시대에 사변형의 목회적 돌봄 도식이 일상적인 목회 사역에서 사용될 수 있는 방법을 조명해 줄 것이다.

현재 서양 문화에서 두드러지게 나타나는 다원주의와 상대주의는 매우 다양한 방식으로 회중과 목회 인도자의 돌봄의 사역에 영향을 미치지만, 이번 장에서는 목회 돌봄에 가장 직접적으로 영향을 미치고 있는 두 가지 점에 대해 논의하려고 한다. 첫째, 목회자가 그들의 사역—병자를 돌보고, 성도 개인을 상담하고, 결혼 문제와 가정 문제를 중재하는 등—에 착수할 때, 목회자들은 성도들이 인간의 행동과 관계를 이해하고 평가하는 데 있어 변화하고 있는 문화의 방법들을 여러 가지 다른 방식으로 사용한다는 것을 발견하게 될 것이다.

성도들의 인식 사이에서 발견되는 몇 가지 차이점들은 세대의 우선순위의 갈등에 기초하고 있다. 각 세대들은 그 시대를 특징짓는 삶의 방식을 창조하고 이 삶의 방식에 대처하는 두드러진 방법을 가지게 마련이다. 음악적 취향에서부터 친한 사람이나 낯선 사람과의 관계를 구조화하는 형태들에 이르기까지 모든 점에서, 각 세대는 그 세대의 문화적 표준들을 만들어왔다.[7] 아주 일반적이고 사회심리학적인 용어로 말하자면, 기성 세대에 속한 사람들은 의식적 또는 무의식적으로, 직접적 또는 간접적으로, 이전 세대의 사고방식이나 가치, 관습을 바꾸려고 하는 다가오는 문화에 저항하는 경향이 있다고 말할 수 있다.

---

7) 다소 시대가 뒤떨어지기는 하지만 세대 간의 갈등에 대한 사회 심리학적/신학적 분석에 대해 보려면 나의 책 *Crisis Experience in Modern Life*(Nashville: Abingdon Press, 1976)를 보라.

보다 개인적인 심리학적 관점에서 우리는 당시의 세대나 혹은 다가오는 세대의 생활방식에 대해 기존의 개인이 저항한다거나, 소극적으로 순응한다거나, 또는 열정적으로 지지하는 등 다양한 반응을 보인다는 것을 알 수 있다. 젊은 사람들을 "자유주의적"이거나 또는 "진보적"이라고 보고, 반면 나이 든 사람들을 "보수적"인 경향을 갖는다고 보는 일반적인 개념은 진부한 고정관념일 뿐이다.[8]

성도와 마찬가지로 목회자도 주위의 문화 속에서 살고 있기 때문에, 다른 사람들처럼 유행하고 있는 문화에 영향을 받기 쉽다. 신학이나 그와의 학문들이 제공하는 비판적인 사고의 방법을 사용하지 않는다면, 목회자들은 의식적, 또는 무의식적으로 유행하고 있는 문화적 의미와 관습의 포로가 될 것이다. 이러한 경우에 목회자들은 자기도 모르는 사이에 신학적 전통의 대표자라기보다는 생겨났다가 사라지는 유행하는 문화의 대표자가 될 것이다. 목회상담을 성공으로 이끌기 위해서 목회자의 해석

---

8) 『현대 생활에서의 위기의 경험』*Crisis Experience in Modern Life*을 쓰는 동안, 나는 캔사스의 메닝거 재단에서 작성한 장기적인 연구 보고서를 발견했다. 이 보고서는 문화적 표준들, 가치들, 태어나서 청소년에 이르기까지의 아동들의 생활방식에 대한 다양한 적응 양식에 대해 자세히 살펴본 것으로 아주 유용하다: Alice E. Moriarty & Paul Toussieng, *Adolescent Coping*(New York: Grune and Stratton, 1976). 이들 연구자들은 처음에는 아동을 "검열관" 또는 "감지기"로 분류했다. 하지만 계속적인 연구에서는 네 가지의 하위집단들을 만들어냈다: "충실한 전통주의자"(obedient traditionalists), "관념적인 보수주의자"(ideological conservativers), "호기심 많은 수정가"(cautious modifiers), "소극적인 갱신자"(passionate renewers). 이러한 범주들 안에서조차도 특정한 개인에게 아주 색다르게 보이는 변화하는 문화에 대한 적응 방법들이 나타난다.

기술을 조심스럽게 사용해야 한다. 역사적 시대에서 우리가 살펴본 대로, 적절한 목회적 해석을 위해서는 신앙공동체의 전통의 권위와 역사적 과정의 움직임을 모두 존중하면서 비판적으로 목회적 해석을 해야 한다.

이런 식으로 목회적 돌봄을 실행하다 보면, 부차적으로 우리는 우리 시대의 문화적 상황에 드리워진 다원주의와 상대주의의 영향에 직면하게 된다. 즉 이론의 다원론, 신학적-윤리적 이론들, 그리고 사회과학적-심리치료적 이론들은 목회자들의 주된 관심의 대상이 되려고 서로 경쟁하며 돌봄의 사역에 실제로 적용이 된다. 나는 제4장에서 신학적인 구조와 해석에 대한 접근의 다원론을 강조하면서, 이러한 문제들에 대한 중요한 관점들을 탐구했다.

하지만 일상적인 목회적 돌봄에 있어서 신학적 다원론이 상대주의와 다원주의의 영향에 직면하면서 생겨난 유일한 형태는 아니다. 심리학과 심리치료적 접근을 통해 인간 행동과 도움의 상관성을 이해하게 되면서 목회자들은 인간 관계와 행동에 관한 광범위한 세속적 이론 중에서 목회 활동에 이용될 수 있을 만한 것들을 선택할 필요가 있게 되었다.

지난 수십 년 간, 목회적 돌봄에 대한 심리치료적 패러다임이 한창인 때에, 많은 심리치료적인 목회적 돌봄의 형태—"비지시적" 혹은 "내담자 중심"의 칼 로저스[9]식 목회적 돌봄에서부터 가족체계이론[10]에 이르

---

9) Carl Rogers, *Client-Centered Therapy*(Boston: Houghton Miffine Co., 1951).
10) Edwin H. Friedman, *Generation to Generation: Family Process in Church and Synagogue*(New York: Guilford Press, 1985).

기까지 모든 형태—가 목회활동을 위한 모델로 사용되었다.[11] 인간의 문제를 다루기 위해 소위 세속적인 방법들을 적용하는 것은 실제적인 의미에서 목회 지도력을 필요로 하는 사람들을 학문적으로 돕고자 하는 목회자에게 유용하다. 하지만 이러한 적응은 여러 면에서 문제가 생길 수 있으며, 이 문제들은 모두 현대 사회의 다원주의와 상대주의의 문제에 직면하는 것과 관련된다.

첫째로, 목회자가 단순히 실용적이라는 이유만으로 주어진 상황에 어떤 방법을 사용할지를 결정한다면, 목회자들은 자기도 모르게 현대의 서양 문화가 빠져들기 쉬운 애매모호한 상대주의에 사로잡히게 된다. 강단에서 목회자는 사실상 이러한 종류의 상대주의를 찾아내고 이 상대주의와 싸우는 한편, 이러한 상대주의에 대항해서 성서적이거나 전통적인 기독교적 이해에 의해 만들어진 표준에 충실하려는 절제된 삶을 살도록 할 수 있다. 동시에 상담실이라는 사적인 공간에서 상담 방법들을 선택하고 기존의 방법들이 실행되는 데 있어 이러한 표준들이 조심스럽게, 그리고 비판적으로 적용된다는 증거는 거의 없다.

폭넓은 다양한 관점들을 사용하는 소위 포괄적 학문분야로서, 목회 분야는 문화적 다원주의의 문제들에만 부딪히는 것이 아니라, 사람들의 필요를 살피는 다양한 관점들과 방법들을 얻기 위해 다원주의에 의존한다.

---

11) Don S. Browning, *Religious Thought and the Modern Psychologies* (Philadelphia: Fortress Press, 1987). 비교적 근래의 몇몇 심리학적 이론들에 대해 주의깊게 신학적/윤리적으로 비평했다.

다원주의 시대에 돌봄의 목회 분야를 향하여

우리는 우리 시대에 만연하고 있는 상대주의적인 다원주의에 의해 목회자들과 성도들에게 닥친 문제들에 대해 논의했다. 그리고 다원주의가 인간의 개인적, 공동체적 갈등들을 이해하고 해결하는 데 다양한 근원들을 제시했다는 점에 주목했다. 하지만 한 가지 중요한 질문이 여전히 남아 있다. 인간의 문제들을 이해하고 다루는 "세속적인" 방법들을 사용하면서, 어떻게 기독교 공동체의 돌봄의 구성원들이, 평신도이든 목회자이든간에, 기독교 전통에 깊이 박혀 있는 개념들에 의해 의식적으로 지배될 수 있는가? 다시 말하자면, 이 세상에서 기독교인들은 그들의 돌봄의 생활에서 신앙적인 동시에 세상적으로 지혜로울 수 있는가?

이에 대한 대답으로, 나는 목회적 돌봄에 관한 네번째 도식을 제시하려고 한다: 이 도식에서, 이 도식은 상상력과 융통성을 가지고 사용될 필요가 있는데, 모든 인간의 활동은 행위가 이루어지게 하거나 일어나도록 하기 위한 특정한 가치들과 방법들을 포함한다. 이러한 방법들과 가치들은 각각의 활동에서 다양하게 나타난다. 보통, 사람들이 자연스럽게 어떤 행동을 하는 데에는 그 일에 관한 선입견에 기초한 가치와 방법론이 작용한다. 그러므로 기초가 되는, 또는 토대가 되는 시각 없이는 인간들이 참여하는 많은 활동들은 이루어질 수 없다.

〈표 4〉의 가치 방법론적 도식에서, 삶에 일관성을 부여하고 삶의 다양한 경험에서 일관된 결정을 내리도록 의미를 제공하는 것은 바로 세상에 대한 담화적 이해가 제공하는 시각이며, 본질적으로 개인은 이 시각에

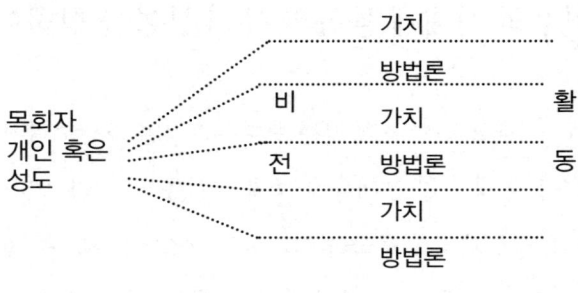

〈표 4〉

충실히 따른다.

이것은 기독교인들이 언제나 교회의 언어로 생각하고 말한다는 것을 의미하지는 않는다. 기독교인들은 당연히 그들의 삶의 다양한 활동에 대해 여러 가지 언어로 말하고 생각한다. 그러나 신앙의 언어는 기독교인들을 비교적 지속적으로 검토한다. 즉 기독교인들에게 측정 도구를 제공한다.[12]

이 문제에 대해서 생각하다 보면, 이 문제가 특별히 목회자가 사람들이 삶의 문제를 해결하도록 돕는 비기독교적 이론과 방법을 사용하는 데 적용될 때, 불완전하긴 하지만 다음과 같이 비유할 수 있다. 어떤 면에서 이는 제2의 언어를 배우는 것과 비슷하다. 제2의 언어는 세상에 대한 개인의 관점을 보다 넓게 조명해줄 수 있는 새롭고 다양한 의미를 제공한다. 이 새로운 언어는 문제에 대한 접근과 사람들의 관계에 엄청난 영향

---

12) James M. Gustafson, *Treasure in Earthen Vessels*(New York: Harper and Row, 1961). 표 4를 만드는 데 도움을 준 많은 자료들이 떠오르지만, 나는 위의 제임스 거스타프슨의 책에 특히 도움을 받았다.

을 줄 수 있다. 그럼에도 불구하고, 사람들이 자신의 위치를 파악하기 위해서 기존에 사용하던 언어로 돌아가야 할 시기가 있을 것이다.

이 비유는 분명하다. 기독교 목회자, 그리고 사실상 헌신하는 평신도에게 있어 모국어는 기독교의 신학적 언어이다. 사람들의 사고와 행동은 이러한 사고방식과 행동방식의 기준을 만족시켜야만 한다. 이 신학적 전통 속에 포함되어 있는 시각은 말하는 방식과 행동방식이 최종적으로 다듬어져서 사용되도록 여과하는 기능을 한다.

이번 장에서 우리는 단지 〈표 4〉의 도식이 포함하는 목회 사역에 대한 심층적인 의미들을 이해하기 시작했을 뿐이다. 이러한 의미들은 3부에서 분명하게 다루어질 것이다. 목회자가 만나는 각각의 인간적인 상황은 기독교인이라고 불리는 사람들의 신앙과 실천에 관한 나름의 질문을 제기하리라는 것을 기억하면서, 독자들은 자신들의 사역에서 이 도식을 검토하는 새로운 방법을 만나게 될 것이라고 확신할지도 모른다.

제3부

기독교역사와
개인과 가족의 삶의 역사

■ ■ ■ ■ ■ ■ ■ ■ ■ ■ ■ ■ ■ ■ ■

일상적인 삶의 상황에서 목회적 돌봄은 실제로 언제나 계속 진행되는 기독교 공동체의 이야기와 개인의 독특한 이야기들 사이에서 어느 정도의 긴장 안에 존재한다. 우리는 이미 6장의 하워드의 사례에서 이것을 발견했다. 우리는 기독교 공동체와 바람직한 행동에 대한 기독교 공동체의 이야기에 의해 형성된 시각에 헌신하는 것이 삶의 결정을 내리기 위한 개인의 가치와 방법론에 어떠한 영향을 주는지 살펴 보았다. 또한 우리의 활동은 가족이나 직장 동료와 같이 우리가 속한 다른 공동체의 이야기들이 강요하는 요구들과 헌신에 영향을 받는다. 개인의 독특한 삶의 상황은 기독교 공동체에 스며들어 있는 우선순위, 그리고 윤리적 가치들, 행동적 기준들과의 긴장 속에 놓이게 된다.

나는 지금 독자들이 개인의 독특한 삶의 이야기에 관심을 갖기를 바란다. 3부에서 나의 첫번째 목표는 여러 단계의 인간의 인생주기에 따른 몇 가지 흔한 목회적 돌봄의 상황을 살펴 보는 것이다. 인생주기라는 용어는 인간의 상황에 대한 심리학적인 사고방식의 한 일면으로서 20세기에는 흔히 사용되는 용어이다. 정신분석학자인 에릭 에릭슨Eric Erikson은 이 개념이 발달하는 데 많은 영향을 끼쳤으며, 따라서 이 용어에 대해 설명해줄 수 있을 것이다. 인간은 그들의 사회적 환경과 상호작용하는 가운데 일련의 발달단계를 거치면서 구체적인 삶을 살아간다는 개념을 소개한 후, 에릭슨은 많은 책을 통해서 심리학자들과 일반 대중들 사이에 인생주기의 단계라는 개념을 형성하는 데 큰 영향을 주었다.[1]

인생주기라는 개념은 목회적 돌봄에 매우 유용한 구조를 제공한다. 이는 목회적 돌봄을 제공하는 사람들이 개인을 이해하는 데 도움을 주며, 같은 문제를 가

---

1) Erik H. Erickson, *Ego Development and Social Change-Clinical Notes in The Psychoanalytic Study of the Child*, Vol.2.(New York: International Universities Press, 1946), 359-396. 그리고 Erik H. Drikson, *Childhood and Society* (New York: W. W. Norton, 1950)을 보라.

지고 있는 사람들을 모아서 서로를 돌보도록 하는 목회적 임무를 촉진한다.[2]

  3부에서 나의 두번째 목표는 서양 사회에서 일어나고 있는 급진적인 변화로 인해 목회적 돌봄을 제공하는 사람들이 접하게 되는 "뜨거운 논쟁들"을 소개하려는 것이다. 아동학대, 10대 범죄, 성희롱, 여성의 권리, 동성연애자들의 권리 등의 여러 가지 주제들에 대해서는 해석이 매우 분분하다. 이러한 주제들은 여러 삶의 단계에서 나타나는 문제들을 고찰할 때 다루어질 것이다. 나는 이 책이 이러한 주제들에 대한 "최신 결정판"이라고 주장하는 것은 아니다. 이러한 문제들은 개론서에서 다루어지는 것보다 더 폭넓게 연구되어야 할 가치가 있다. 하지만 이 주제들에는 목회의 해석적 지도가 필요하며, 하나님의 백성이 어려운 시기를 헤쳐 나갈 때 회중 안에서 토의되고 논의될 필요가 있다.

---

2) 예로, Donald Capps, *Life Cycle Theory and Pastoral Care*(Philadelphia: Fortress Press, 1983)를 보라.

제7장

삶의 시작에 관한
이야기를 위한 돌봄

　우리는 삶의 시작과 연관된 문제들을 초점으로 해서 인간의 인생주기와 관련된 목회적 돌봄에 관한 연구를 시작하려 한다. 비록 삶의 초기에 나타나는 목회적 문제들은 대부분 어른들 특히 부모들과 함께 다루어져야 하지만, 이 일을 하는 데는 어느 정도 그럴 듯해 보이는 논리가 있다. 에릭 에릭슨이나 다른 사람들이 보여준 대로, 아직 말하기 이전 시기에 있는 유아들은 이미 성인의 삶에 이르기까지 이들을 괴롭히게 될 딜레마를 가지고 있다. 어떻게 유아들이 이들 문제들과 절충하는지는 그들의 부모들에 의해 제공되는 돌봄의 환경에 의해 좌우된다.[1]

---

1) Eric Erickson, *Child and Society*, 2nd ed.(New York: W. W. Norton, 1963). 아동 초기의 심리학적 역동성에 대해 또 다른 비슷한 관점을 보려면, 도날드 위니코트(Donald W. Winnicott)의 저서들 특히 *The Maturational Processes and the Facilitating Environment*(London: Hogarth Press, 1965)을 보라.

기억으로의 초대

　시작하기에 앞서, 여러분들이 잠시 시간을 가지고 삶의 시작에 대해 생각하면 떠오르는 어떤 생각이나 이미지, 또는 기억에 주의를 기울여 보기 바란다.

　여러분에게 첫번째로 떠오르는 생각들이 기억일 가능성이 있다. 그 기억들은 어쩌면 여러분 자신의 어린 시절 초기의 기억들일 수도 있고, 또는 여러분의 자녀 중 한 명의 아동기에 대한 기억일 수도 있다. 많은 사람들에게 있어서 이러한 기억들은 즐겁고 달콤하기까지 할 것이다. 하지만 어떤 사람들에게는 이 기억들이 고통스럽고 비밀스러워서 아무와도 이에 대해 이야기하지 않거나 가장 친한 친구에게만 이야기할지도 모른다. 우리가 충분한 시간을 두고 생각해본다면, 사실 우리 대부분은 이러한 한 두 가지 종류의 기억을 가지고 있다.

　이러한 무작위적인 기억들에 대해 잠시 생각해본 후, 유아기와 어린 시절 초기에 경험한 기독교 공동체에 대해 생각해 보기 바란다. 세례? 주보에 나와 있는 광고? 공동체의 아기의 탄생을 축하하는 강단의 장미? 주일학교에서의 초기 경험들? 내 경험을 이야기한다면, 나는 내가 5살 때 다녔던 주일학교를 기억한다. 우리 반은 나의 아버지가 목회자로 계시던 지방 교회의 종탑에서 모였다. 우리 반은 항상 한 남자 성도가 들어와서 예배의 시작을 알리는 종을 칠 때 끝났다. 때때로 그 남자 성도는 우리에게 종을 치기 위해 줄을 잡아 당기는 일을 돕게 했다.

기독교 공동체에서의 유아세례

유아세례를 베푸는 교파에 속한 사람들이 유아기와 기독교 교회에 대해 생각할 때면, 우리는 즉각적으로 세례의식과 유아들과 그 가족에 대한 공동체의 돌봄에서의 세례의 역할에 관해 생각한다. 세례는 어린 아이를 하나님의 가족 안으로 받아들이는 것만이 아니라, 신앙과 사랑 안에서 아이를 양육하도록 부모를 지지하며 격려하는 것이다. 그리고 세례의식은 세례받은 아동을 신앙의 돌봄 안에 있게 하고 기독교적인 생활방식으로 양육해야 할 책임이 있음을 모인 공동체에게 일깨워 준다. 이것이 의미하는 것은 지역교회에 존재하는 돌봄의 질에 좌우될 것이다.

회중의 목회자는 어떻게 세례를 운영할 것인가? 목회자가 아이를 팔에 안고 성수와 말씀Water and Word으로 의식을 이행하고 신앙인들 앞에서 부모가 선택한 이름을 부르는 것만으로 충분한가? 예를 들어, 목회자가 일상적으로 세례를 베푸는 당시나, 세례를 베풀기 전, 아니면 세례를 베푼 후에 부모를 방문한다면 어떤 유익이 있을지 생각해 보기 바란다. 이것은 새로이 부모가 된 사람들이 부담을 느끼고 부모가 된다는 것에 대해 불가피한 양가감정을 느낄 때 그들을 지지해 주고 부모의 책임에 대해 논의할 수 있는 적절한 시기이다. 또한 이것은 아이에 대한 부모의 비공식적인 대화와 기쁨, 소망, 바람 속에서 회중의 대표자인 목회자의 축복이 주어질 수 있는 시간이기도 하다.

몇 해 전에, 신학교에서 내가 목회적 돌봄의 개론을 강의할 때, 어린 아이에게 세례를 베푸는 시기가 목회적 돌봄을 위한 기회로 어떠한지에 대해 논의하고 있었다. 역할극을 통해 다소 추상적인 논의를 구체화하는 것이 좋을 것으로 생각되었다. 나는 아버지, 어머니, 목사 이렇게 세 사람의 역할을 할 지원자를 찾았다. 몇 사람이 지원을 했고, 나는 임의로 세 명을 골랐다. 나는 초저녁에 스미스 부인이 목사에게 전화를 해서 가까운 시기에 3개월 된 자신의 아이에게 세례를 베풀어 달라고 요청하는 것으로 상황을 설정했다. 그리고 전화 통화를 했을 때, 목사의 제안에 따라 이들 부모를 방문하기로 약속했다. 세 명의 지원자들에게는 자신의 생각 그대로 자신이 맡은 역할을 하도록 했다.[2]

나는 역할극이 진행되는 동안 세 사람 사이에 이루어진 대화를 다 기록하지는 않으려고 한다. 하지만 나는 대화의 주된 주제와 감정이 강하게 표현되었던 것을 생생하게 기억한다. 대화의 초기에, 남편의 역할을 맡았던 짐Jim은 이 시기에 아이에게 세례를 베푸는 것에 대해 상당한 양가감정을 가지고 있음을 표현했다. 짐(아버지의 역할을 맡은 학생)은 침례교인으로 자랐고, 감리교 신자인 캐시Kathy와 결혼하면서 연합감리교에 소속되어 있었지만, 세례는 그를 혼란스럽게 했다. 그는 이것을 그의 전통에 대한 배신 행위라고 생각했다. 그는 다소 캐시에 의해서 무시되고 조종되고 있다고 느꼈다. 캐시가 어느 날 아침 식사 시간에 아이의 세례 문제에 대해서 간단하게 이야기하고 난 후, 목사에게 전화를 걸어 약

---

2) 역할극들에서 얻은 경험과 동료들이 이 문제에 대해 논의했던 경험들에 비추어 보면, 어떠한 성격을 연기하도록 역할극에 참여하는 사람들에게 구체적으로 요구를 했을 때조차도 종종 참가자들은 자신의 성격대로 역할을 연기한다. 이번 경우처럼 어떤 방향성이 주어지지 않았을 때는 정도가 더 강해지는 경향이 있다.

속을 했던 것이다. 또한 세례 사건은 결혼 당시 교회에 등록하기로 한 아내의 바램에 너무 빨리 "굴복한 것"일지도 모른다는 생각이 들게 했다. 주의깊게 살펴 보았을 때, 사람들은 스미스의 결혼 생활에서 이 "굴복하는 것"이 짐에게 있어서 드러나지는 않지만 상당히 화가 나 있는 패턴이 되지 않았는지 궁금해 했다.

캐시의 역할을 한 여학생은 남편에게 최대한으로 이성적으로 대하려고 노력했다. 분명히 결혼의 갈등으로 대화의 방향을 몰고 가려는 것은 아니었다. 하지만 그녀는 "어서, 우리 세례에 관해서 얘기 좀 해요"라고 다소 강압적으로 말했다.

이쯤 해서 독자들은 이 역할극의 어떤 요소가 참가자의 상상에서 나온 것이고 어떤 것이 연기자의 실생활에서 나온 것인지 궁금하게 여기기 시작할지도 모른다. 목사의 역할을 맡고 있는 학생은 역할극이 끝난 다음에 어떻게 진행해야 할지 혼란스러웠다고 고백했다. 이 학생은 대화가 곧 세례를 위한 계획과 기독교 가정으로서 스미스의 삶에 세례가 얼마나 중요한지에 관한 직접적인 토의로 넘어가야 한다는 확고한 생각을 가지고 역할극에 임했다.

하지만 그렇게 되지 않았다. 역할극이 진행되면서, 역할극을 하고 있는 두 사람이 논의할 필요가 있는 것은 아이의 세례가 아니라 그들의 결혼생활에서의 세력 다툼임이 분명해졌다. 문제는 이것이 목회적 돌봄을 제공하는 목사가 원하거나 의도했던 사항이 아니라는 것이었다. 스미스는 대화의 초점을 다시 세례와 세례가 자신에게 갖는 의미, 그리고 자신이 섬기고 있는 회중에게 미치는 중요성에 맞추려고 했지만 허사였다.

결과는 점점 막다른 골목에 이를 뿐이었다. 그러므로 대화는 자기도 모르게 통제권에 대한 부부의 다툼이 되어버렸다.

이 역할극의 모든 내용이 우리가 이 장에서 다루고 있는 주제와 관련이 있는 것은 아니지만 우리가 배워야 할 점들이 많다. 우리가 얻을 수 있는 교훈을 간략하게 살펴 보면 다음과 같다.

1. 이 역할극에서 가장 분명하게 배울 수 있는 것은 유아에게 세례를 주기로 결정하는 것이 젊은 부부들에게는 중요한 결정이라는 것이다. 아이가 태어난다는 것은 부부의 결혼생활이 새로운 단계에 접어든다는 것을 의미한다. 특히 첫 아이가 태어날 경우에는 더욱 그렇다. 아이가 태어나면서 이제 부부는 가족이 되는 것이다. 세례를 요청한다는 것은 아이가 교회의 성도로 받아들여지도록 요청하는 것 이상을 포함한다. 이는 새로운 가정을 교회가 축복해 주기를 넌지시 요청하는 것이다.

2. 이 역할극은 목회적 대화가 때로 전혀 기대치 않은 방향으로 나아간다는 것을 생생하게 보여 준다. 이미 대화의 주제가 주어졌을 경우조차도 말이다. 돌봄을 받는 사람들에게 가장 유용한 것이 되기 위해서 목회적 대화는 개방적일 필요가 있다. 그래서 깊숙이 숨겨져 있는 문제들이 표현되고 이에 대한 대답이 주어져야 한다. 역할극의 목사는 이러한 기초적인 목회 돌봄의 원리를 간과했기 때문에 어려움을 겪게 되었다. 하지만 동시에, 신앙공동체의 목회인도자로서 목회자는 아이에게 세례를 베풀 때 부모에게 요구되는 맹세의 의미와 관련해 부모를 교육할 책임이 있다.

3. 역할극의 대화는 아이의 세례와 같이 보기에 별로 복잡해 보이지 않는 사건이 종종 감추어져 있던 결혼생활의 갈등을 끄집어낼 수 있음을 보여 준다. 이것이 실제 상황이라면, 목회자는 중대한 결과가 따르는 어려운 결정을 해야 하는 상황에 놓일 것이다. 만약 목회자가 결혼생활에서 상당한 긴장이 있음을 감지해서 이 가능성에 대해서 탐구했다면, 목회자는 "벌레가 든 깡통"을 열 수 있을 것이고, 스미스 부부를 부부상담을 받도록 위탁할 수 있을 것이다.

우리의 역할극에서 목사는 지금 아이에게 세례를 베풀 것인지, 아니면 스미스가 유아세례에 대한 자신의 혼란된 생각을 정리할 때까지 기다릴 것인지를 결정하는 문제에 계속해서 초점을 두고 대화를 이끌어 나갔다. 결과적으로, 이러한 결정은 대화에서 나온 세력과 통제의 문제를 제쳐두게 되었다. 이것이 실제 상황이라면, 목회자는 지금은 결혼 문제에 직면할 시기가 아니라고 결정했을 것이라고 나는 생각한다. 오히려 목회자는 다음에 이러한 문제에 대해 대화를 나눌 시간이 있을 것이라고 믿으면서 지금은 세례에 관한 대화를 계속해야 한다고 결정했을 것이다.

나는 역할극에서 직면하게 된 목회적 상황에 올바르게 반응하거나 잘못 반응하는 방식이 있다고 말하려는 것은 아니다. 하지만 분명히 일반적으로 현명한 방법론적인 원리들이 있다. 확실히 목회자는 공감적이고, 좋은 경청자가 될 필요가 있다. 그리고 다른 사람들에게 견실하게 보여질 필요가 있다. 목회자는 당연하게 전통을 대표할 필요가 있으며, 목회자에게 요청된 예식을 집행할 필요가 있다. 하지만 역할극에 관한 논의에서 내가 지적하고 싶은 것은 합리적인 선택이다. 어떤 선택을 취하든 이는 결과를 수반하며, 어떻게 응답할지에 대해서는 조심스럽게 결정할 필요가 있다.

출생시의 문제들

아이가 태어나는 일에 대해 생각할 때, 우리의 공통적인 반응은 부모의 기쁨을 함께 나누려고 하는 것이다. 항상 그런 것은 아니지만, 사실상 이것은 보통 어머니와 아버지에게 적절하며 기쁨을 준다. 출생과 관련된 많은 문제들이 있으며, 이 문제들은 노련한 목회적 돌봄과 신앙공동체의 구성원으로부터의 상당한 지지적 돌봄을 필요로 한다.

1. 원하지 않은 아이의 출생이나 아이를 원하는지 아닌지 분명치 않은 양가감정의 문제가 있다. 예를 들어, 나는 젊은 신학생이 일상적인 일과의 하나로 산부인과 병동을 방문했던 일을 기억한다. 자신을 원목으로 소개한 다음 마흔 살의 산모에게 즐거운 마음으로 이야기했다. "아들을 낳으셨다는 소식을 들었습니다. 정말 놀라운 일이 아닙니까!" 이 말에 산모가 화가 나서 대답했다. "빌어먹을! 나는 이미 내가 돌보아야 할 6명의 아이들이 있어요. 그리고 남편은 이 6명의 아이들을 돌보는 것 외에 다른 도움을 주지는 못할 거예요!"

이 여인은 나에게 모든 아이들이 부모의 환영 속에 태어나는 것은 아님을 실감하게 했다. 그녀는 자신의 아이를 기쁨으로 맞이하는 것이 아니라 두려움, 분노, 그리고 자신의 삶의 상황에 대한 절망 속에서 새로 태어난 아이를 맞았다. 사실을 말하자면, 이러한 감정의 폭발은 많은 어머니들이 겪고 있는 양면가치의 한 측면을 표현한다. 아버지의 경우도 마찬가지이다. 돌봄을 제공하는 목회자들은 이런 식으로 양면가치의 양 측면을 다 듣고 이에 대답해야 할 것이다. 만약 아이의 어머니나 아버지가 소외감과 절망감을 느끼는 것이 분명하다면, 평신도 가운데 과거에 이와 비슷한 상황을 경험했던 사람으로 하여금 지지적인 돌봄을 제공하도록 촉진하는 것이 적절할 것이다.

2. 출생과 관련해서 두번째로 쉽게 접할 수 있는 문제가 되고 있는 것이 불임에 관한 문제이다. 가장 분명한 원인은 신체적인 문제이지만, 이 문제는 때로 문화적인 기원을 가지고 있다. 다가오는 세대의 젊은이들은 30대 이후로 결혼과 가정을 만드는 것을 미루는 경향이 있으며, 몇 년 노력한 후에도 원하던 임신이 이루어지지 않으면 의료적인 도움을 받아야 하는 상황에 이르게 된다. 때로 성공적이기도 하지만, 이러한 불임 치료는 비용이 많이 들며, 부부 중 한쪽이나 모두의 정서적인 건강에 위험을 초래할 가능성이 많다.

나는 30대 후반의 부부를 상담했던 일을 생생하게 기억한다. 이들은 여러 달에 걸쳐 불임치료 클리닉에 다니면서 "시간표에 짜여진 대로" 성관계를 가져보고, 아내는 비싼 약물치료를 받으며, 남편은 생식능력에 관한 검사를 받는 등 이 모든 일을 경험한 후에, 이 모든 것들이 아주 "비인간적"이라고 말했다. 이들에게는 아이를 입양하는 것이 부모가 될 수 있는 유일한 방법이었다. 이것에도 역시 나름대로의 어려운 점들이 있었고 3개월 된 아이를 최종적으로 입양하는 데 여러 달이 걸렸다. 나중에 이들은 시련을 견딜 수 있었던 것은 친구들의 지지 덕분이었으며, 매주 정기적으로 받은 목회상담은 그들의 얽힌 감정을 정리하고 그들 사이에 대화가 유지되도록 해 주었다고 말했다.

이들 부부가 가까운 친구들로부터 받았던 지지가 중요했다고 한 말은 이러한 부부에게 제공할 수 있는 가장 유용한 사역들 중 하나가 상호적 돌봄을 주고 받을 수 있는 충분한 기회들을 제공하는 것임을 상기시킨다. 전부는 아니더라도 대부분이 서로 알고 지내는 작은 마을이나 지방의 교회에서는 이러한 상호적인 지지가, 항상 그런 것은 아니지만, 지시 없이 자연스럽게 이루어진다. 도시의 상황에서는 평신도 사역팀에 의해서 보다 주의깊게 계획되어야 한다.

비록 상호적인 지지의 사역이 평신도의 임무라고는 하지만, 목회자는 그들의 태도, 설교, 가르침 모두에서 공동체의 전체적인 조화와 함께 이러한 출생 관련 문제들과 관련된 고통을 나누는 것을 인정할 뿐 아니라, 불임 문제를 가진 사람들이 기독교 담화, 특히 하나님 앞에서 인간의 불완전성에 관한 기독교 담화의 이야기 방식과 대화적인 관계성을 갖도록 함으로써 수용과 은혜를 표현해야 한다. 그러는 동안, 목회자들에게는 하나님의 섭리에 관해 목회자 자신이 질문에 대답하는 기회가 필요할 수도 있다.

3. 어떤 부부들은 기대에 차서 임신 기간을 보내고 출산을 한 후에, 자

신의 아이가 신체적 결함을 가지고 태어났다는 사실에 직면해야 한다. 다운증후군, 척추 장애, 삼심방의 심장, 사시, 내번족club-foot 등 신체적 장애의 종류는 헤아릴 수 없이 많다. 이와 같은 상황에서, 세상에서 하나 밖에 없는 인간이라는 존재를 창조하는 일에 참여했다는 기쁨은 실망과 종종 죄의식으로 변해 버리고 만다. 내가 이렇게 만든 것일까? 아버지보다는 어머니가 자신을 비난하게 되는 경향이 더 많다. 물론 아버지가 죄책감이나 부끄러움을 느끼지 않는 것은 아니지만 말이다.

혼란된 감정 상태에 있는 동안, 그리고 무슨 일이 일어난 것인지 이해하려고 애쓰는 동안에는 숨겨진 분노의 감정을 깊이 있게 나누기가 더욱 어렵다. 원해서도 아니고 의도한 바도 아니지만 부모 모두는 서로의 감정을 나누는 데 어려움을 갖는다. 이러한 분노의 감정을 상대 배우자를 향해서 분출하는 것은 드문 일이 아니다. 만약 적당한 기회가 주어진다면, 이러한 상황에 있는 부모들은 서로에 대해 얽혀 있는 감정들을 정리할 수 있을지도 모른다. 혹은 하나님이 그들에게 일어난 불공평한 일에 대해 궁극적인 책임이 있다고 생각하며, 심지어 하나님에게 그들의 분노를 분출할지도 모른다.

해석적 안내로서 목회적 돌봄의 이미지는 이러한 부분에서 매우 가치가 있다. 기형아의 출산으로 인해 위기에 직면하고 있는 부모들은 역사 안에 임하시는 하나님의 활동이라는 보다 큰 틀 안에서 이 사건을 이해하기 위해 목회자의 도움을 필요로 한다.[3]

---

3) Jugen Moltmann, *The Trinity and the Kingdom*(San Francisco: Harper San

목회적 돌봄은 언제나 문제 중심적인가?

심리치료적 패러다임이 지배적이던 목회적 돌봄의 시기에, 목회상담에 종사하면서도 다른 한편으로 존재하는 인간의 문제에 관심을 집중하는 것이 목회적 돌봄 종사자들 사이에 유행이 되었다. 비록 목회자는 인간의 고통의 징후에 언제나 주의를 기울일 필요가 있지만, 사람들이 기쁨이나 성취감을 나누고자 할 때 함께 있어 주는 것도 목회자에게는 아주 중요한 일이다. 기독교적인 반성의 정황 안에서 인간의 기쁨을 다루는 것은 적어도 고통 속에 있는 사람들을 돕기 위해 기독교의 의미를 참조하거나 기독교 신앙의 전통을 해석하는 것만큼 중요하다.

문제성을 띤 사회적인 경향들

돌봄의 차원들을 이해하기 위해 우리가 사용한 사변형의 도식이 제시한 대로, 역사 속에서 각 시대의 사회적 경향들은 개인과 가정이 삶을 경험하는 방식에 긍정적으로든 부정적으로든 막대한 영향을 미칠 것이다. 그러므로 20세기의 막바지에 이른 시점에서 삶의 시작과 관련된 논쟁들

Francisco, 1981). 여기서 "아직 아님"(not yet)이라는 유용한 구절을 얻을 수 있다. 또한 나의 책 *The Living Human Document*(Nashville: Abingdon Press, 1984)와 *Widening the Horizons*(Philadelphia: Westminster Press, 1986), 54-55를 보라.

과 문제들을 고려할 때는 최근의 서양 사회의 경향들에 주의해야 한다. 여러 가지 측면에서 이러한 경향들은 서로 관련되어 있지만, 경향들을 분석하기 위해서 여기서는 각각의 경향들을 별도로 알아 보고자 한다. 이러한 사회적 추세에 따라 여러 가지 상황에 처한 많은 아동들이 어떻게 삶의 초년기를 경험하는지가 엄청나게 달라진다: (1) 아버지와 어머니, 그리고 한 명 이상의 아이가 있는 맞벌이 가정의 수적 증가 (2) 홀부모 가정의 엄청난 수적 증가(10대의 어머니가 이끌어가는 홀부모의 가정을 포함해서 주로 홀어머니의 경우가 많다) (3) 신체적인 학대와 성적인 학대를 모두 포함한 아동학대 문제의 증가.

1. 맞벌이 가정

2차 세계대전 이후로 일반적으로 가지고 있는 전통적인 가정의 개념에 많은 변화가 있었다. 2차 세계대전 이전, 적어도 중산층 사이에는 가정생활에 배우자 사이의 명확한 노동 영역의 구별이 요구된다는 것이 일반적으로 받아들여졌다. 남편, 그리고 아버지의 주된 활동은 "집안의 가장"으로서 집 밖에서 직장생활을 함으로써 가족을 먹여 살리는 것이었다. 한편 아내나 어머니는 "주부"였다. 이들의 임무는 모든 가능한 방법으로 남편을 지지해 주고, 적어도 청소년이 될 때까지 아이들의 발달 특히 도덕적 발달을 지도하는 것이다.

부부는 자신들의 바라는 정상적이고 건강한 가정을 만들어가기 위해 각자의 영역에서 열심히 일하면서 집 안팎에서 압박감을 느끼는 시기에는 서로를 지지해 주려고 노력했다. 부부들이 이러한 일들을 해 나가는 데 있어 성공할 때도 있고 그렇지 않을 때도 있지만, 이들은 가정생활에 대한 공통적인 믿음을 가지고 있었다.

2차 세계대전이 시작되면서, 역할에 대한 규칙이 변하기 시작했다. 20대와 30대의 남자들은 대부분 전쟁터로 떠났고, 그들의 아내와 여자들은 무기공장이나 군수품 공장에 가서 일했다. 이 시기에 유행한 노래가 "로지 리비터"Rosie the Riveter였다.

이렇게 해서 맞벌이 가정으로의 변화가 시작되었는데, 이러한 변화는 1960년대 중반에 이르러서는 확고하게 굳어졌다. 많은 여성들이 변화와 집 밖에서 직업을 갖는 자유로움, 자신의 돈을 버는 것, 주부의 역할을 넘어서서 자신을 위한 삶을 살기를 원하게 되었을 뿐 아니라, 생활 수준의 향상과 인플레이션으로 인해 맞벌이가 필요하게 되었다.[4] 이렇게 해서 가정 생활에 변화가 시작되었다. 이 변화는 1990년대에 이르러 미국의 가정에서 실제로 성 역할이 정해지는 패턴에서, 그리고 그들의 성 역할이 어떠해야 하는지에 대한 신념에서 실감할 수 있다.

성 역할과 관련된 급진적인 문화적 변화에 대해서는 다음 장에서 자세하게 다루어질 것이다. 여기서 중요한 것은 이러한 변화가 아이들에게 어떠한 의미가 있느냐는 것이다. 예를 들어, 아동의 발달이 낯선 사람들

---

4) 흑인과 백인을 모두 포함해서 소위 낮은 계층의 사람들에게 이 맞벌이 가정의 형태는 이미 1950년대 훨씬 이전부터 존재했다는 사실에 주목하는 것은 중상류 계층의 사람들에게 흥미롭고 유익할 것이다. 가난 때문에 가족이 복지 시설의 도움을 받지 않으려면 맞벌이는 필수적이었다.

의 손에 맡겨지면서 육아는 점차 집 밖에서 이루어지고 있다. 1985년까지만 해도 단지 취학 전 아동의 14%가 노동조합의 육아기관에서 돌보아졌다. 하지만 1990년에 이르러서는 맞벌이 부부의 자녀들 중 절반이 센터나 다른 집에서 돌보아졌다. 1977년에는 13%였던 것에 비해, 1985년에는 자녀를 가진 일하는 어머니의 25%가 우선적으로 육아기관에 아이를 맡겼다. 이러한 변화는 예상치도 못했고 계획되지도 않은 것이었다. 그리고 여전히 제대로 이해되지 않고 있다.[5]

뉴욕의 카네기 재단의 회장인 데이빗 햄버그David A. Hamburg가 집계한 이러한 통계는 매우 중요하다. 그리고 통계의 수치는 이러한 경향이 계속 가속되고 있다는 것을 이야기해 준다. 햄버그는 미국에서 육아를 담당할 사람들이 부족할 뿐만 아니라 임금 수준과 육아 관련 직업에 대한 공인된 자격이 매우 낮은 수준임을 지적한다:

> 돌봄의 질에서 가장 중요한 요소는 돌보는 사람들의 천성과 행동이다. 아동을 돌볼 사람들에 대한 수요가 넘쳐나자, 이를 제공하려는 사람들은 미친듯이 아동을 돌볼 사람들을 모집했다. 좋은 의도를 가지고 있음에도 불구하고, 이 분야는 낮은 임금, 저급한 인식, 최소한의 훈련, 최소한의 감독, 그리고 질적인 면에 심한 차이가 있는 것으로 특징되었다.[6]

---

5) David A. Hamburg, "The American Family Transformed," *Transaction: Social Science and Modern Society* 30, no.2 (January/February 1993): 61.
6) Ibid., 65.

정상적인 가정에서도 일어나고 있는 이러한 변화들과 함께, 전통적으로 소위 가정의 가치를 강하게 지지해온 기독교 공동체의 돌봄의 사역은 새롭고 급진적으로 변하고 있는 상황에 직면해야 한다. "우리의 아이들 심지어 유아들에게 무슨 일이 일어나고 있는가?" 하는 질문은 여러 가지 면에서 교회의 돌봄의 사역에 함축적 의미를 갖는 다급한 질문이 되었다.

목회자 자신이 직접 사람들을 돌보기 위해서는, 이 질문에 대한 대답에는 바쁜 삶 속에서 스트레스를 받으며 살아가고 있는 부부들의 이야기를 민감하게 경청할 수 있는 능력만이 아니라, 부부가 자신들의 의도적이며 실제적인 행동에 대한 도덕적, 영적 차원에 직면하게 될 때 해석적 안내자의 역할을 이행할 수 있는 능력이 수반되어야 할 것이다. "우리에게 정말 맞벌이가 필요할까?" "우리는 어느 정도로 높은 생활 수준을 원하는가?" "안정감과 편안함을 느끼기 위해서는 어느 정도의 생활 수준을 유지해야 하는가?" "배우자 중 한 명에게(전통적으로 어머니) 전문 영역을 추구하는 것을 버리거나 연기하고 24시간 아이를 돌보라고 요구하는 것이 정당하고 공평한가?" "아이들을 위해서 진정으로 가장 좋은 것은 무엇일까?" 이런 식으로 질문이 계속된다.

목회자가 이러한 모든 질문에 적절한 대답을 준비할 필요는 없으며 준비할 수도 없다. 오히려, 돌봄을 제공하는 목회자는 심리학적, 도덕적, 영적 탐구에 참여자로서 사람들에게 도움이 되도록 노력해야 할 것이다. 그리하여 사람들과 함께 수용할 만한 길을 찾는 것이다.

목회자의 이러한 개인적인 사역이 중요하기는 하지만, 이것은 본질적으로 어린아이를 돌보는 문제를 직면하는 적절한 방법은 아니다. 여러 가지 측면에서 육아는 문화적이며 공동체적인 문제이기 때문에, 그 대답 또한 공동체적인 것이어야 한다. 교회공동체는 공개 토론회를 열 필요가 있으며, 여기서 어린 아동의 복지와 관련된 딜레마를 공개적으로 논의할 수 있고 육아 문제에 직면하고 있는 사람들이 공동체적인 지지를 발견할 수 있다. 또한 여기서 기독교 전통과 현대의 삶의 현실 사이에 대화적 관계가 고무될 수 있다.

더 나아가, 교회의 반응은 당연히 공동체적 지지에서의 노력을 포함한다. 예를 들어 교회는 고용자들에게 "근로시간 자유 선택제"와 양육 휴가 허용과 같은 유익을 주도록 장려할 수도 있다. 적절하게 정치와 유사한 개인적, 또는 합동적 행동이 취해지려면, 전통적으로 오랫동안 교회와 정치가 분리되어 온 미국이라 하더라도, 교회는 소위 기독교인의 권리에서 발생한 일종의 이념-정치적인 전쟁을 피하는 데 유의해야 한다.

2. 홀부모의 가정

미국을 포함한 대부분의 서양 사회에서는 가정생활과 개인적인 자유를 위해 맞벌이의 필요성이 생겨남과 동시에 또 다른 추세도 발견된다. 홀부모, 주로 홀어머니가 이끌어가는 가정의 증가가 그것이다.[7] 이러한

---

7) 최근에 홀어머니의 가정의 숫자가 급속하게 증가하는 점에 대해서는 미국의 대중적인 출판물에서 폭넓게 논의되었다. 예로, 뉴스위크지 1993년판 6월 26일자와 8월 2일자, 8월 30일자를 보라. 또 이러한 현상에 대한 상세한 국제적인 사회학

가정의 부모들과 아동들의 요구는 부모 모두가 집 밖의 전문적인 직업에 종사하는 가정의 자녀들의 요구보다 여러 가지로 복잡하며 긴급하다.

홀부모의 가정에 대해 이야기하려면 광범위한 다양한 상황들에 대해 이야기해야 한다. 그리고 이 각각의 상황은 주의 깊게 고려되고 분석될 가치가 있다. 이 광범위한 범주 내에는 죽음이나 이혼으로 인해서 부모 중 하나를 잃은 가정, 그리고 남편이나 아버지라는 존재가 있었던 적이 없는 홀어머니에 의해 이끌어지는 가정이 포함된다. 이러한 홀어머니의 가정에는 재력이 있고 경제적으로 독립적인 여성들의 가정도 포함된다. 이 여성들은 아직 결혼을 하지 않았지만, 35세쯤 되면 시간이 흘러가면서 자신의 생물학적 능력이 퇴보한다는 사실을 깨닫고 결혼하지 않고 아이를 얻기로 결정한다. 이것은 또한 10대 어머니의 가정을 포함한다. 이들은 우연히 임신을 하게 되고 낙태를 하느니 차라리 아이를 낳기로 결정을 한다. 여기에는 또한 부유한 가정들과 가난한 가정들이 포함된다.

진지한 의도를 가지고 돌봄을 홀부모 가정에게로 확장하기로 결정한

적 연구를 보려면, Ailas Burns & Cath Scott, *Mother-Headed Families and Why They Have Increased*(Hillsdale, N.J.: Lawrence Erlbaum Associates, 1994)를 보라. 이들은 이 책의 서론 xiii쪽에서 이 주제에 대한 미국에서의 연구결과를 간략하게 요약했다. "(홀어머니에 의해 꾸려지는 가정이) 현재 가장 유행하고 있는 곳은 미국이다. 홀부모와 살고 있는 미국 아동의 수가 1960년에 약 9%에서 1986년에 24%로 증가했다. 비록 스웨덴에서 거의 모든 종류의 배경을 가진 여성들이 홀부모가 되는 경향을 보이지만, 이것은 미국의 경우와는 다르다. 독신의 어머니는 결혼한 어머니보다 더 적고, 교육 수준이 낮으며, 흑인인 경우가 많다. 흑인 가정의 50% 이상이 어머니에 의해 꾸려지고 있다. 따라서 미국의 저술가들은 흑인 문화의 중요성, 가난이 가정생활에 미치는 파괴적인 효과, 그리고 사망 및 그 밖의 다른 원인으로 인한 미국의 젊은 흑인 남성들의 부족 현상을 강조한다."

목회자와 회중은 곧바로 가정이란 어떤 모습이어야 하는가에 관해 자신들이 가지고 있는 이미지를 재고해야 한다. 『위기의 삶: 홀어머니와 그들의 자녀들』Lives on the Edge: Single Mothers and Their Children이라는 제목의 책에서, 발레리 폴라코프Valerie Polakow는 가정의 역사를 소개하면서 다양한 문화와 시대에 따른 가정의 불안정을 보여 준다. 하지만 물론 유럽에도 있을 수 있지만 적어도 미국에서는, 폴라코프가 "초담화"라고 부른 가정에 대한 이상적 개념이 지속되고 있다.

> 자연법과 돌봄의 이데올로기; 남자와 여자의 공적인 공간과 사적인 가정의 영역; 연약한 어머니를 중심으로 해서 안정적으로 가정을 지탱하는 것; 어머니, 문명사회의 버팀대, 보금자리를 만드는 사람, 내부 세계의 짐을 지고 가는 자. 이제 우리는 가정의 개념을 가부장제로부터 분리했는가? 왜냐하면 만약 여성들과 아이들이 여전히 "남을 기쁘게 하는 존재"라면, 자연법과 일반적인 도덕성을 위반한 불완전한 어머니들은 어떤 미래를 가질 수 있을까?[8]

위의 글에서 폴라코프는 우리 사회의 홀어머니들이 겪는 어려움의 주된 원인을 지적하고 있다. 혼자서 부모의 역할을 한다는 것은 일반적으로 잘못 되고, 불완전한 것, 그래서 문제성이 있는 것으로 평가된다. 이러한 태도는 무엇이 적절한 가족 구조이고 무엇이 적절한 가족 구조가

---

8) Valerie Polakow, *Lives on the Edge: Single Mother and Thier Children in the Other America*(Chicago: University of Chicago Press, 1993), 22.

아닌지에 대한 전통적인 가부장적 개념에 근거한다고 폴라코프는 지적한다.

홀부모 가정은 반드시 잘못된 가정이라는 생각이 홀부모 가정에게 도움이 될 많은 노력들을 방해한다는 의견을 지지해 주는 여권신장론 문헌들이 점점 늘어나고 있다. 가정생활의 스트레스와 긴장을 극복하도록 홀어머니들에게 힘을 실어 주는 것은, 여권신장론 이론가들의 말에 따르면, 홀어머니들의 무능을 강조함으로써가 아니라 능력을 강조함으로써 더 잘 달성될 수 있다.[9]

맞벌이 가정과 관련해서 말한 대로, 홀부모와 그들의 자녀들의 요구는 매우 다양하며 목사는 물론 회중의 구성원들로부터의 지지와 격려를 필요로 한다. 회중의 구성원에 의해서 홀부모와 그들의 자녀들이 수용되는 것, 홀부모에게 상호적 지지 집단을 제공하는 것, 그리고 이러한 직장생활을 하는 홀어머니와 전에 어린아이들을 돌보는 데 스트레스와 긴장을 경험했던 사람들 사이의 관계를 촉진하는 것은 바람직한 의도적인 돌봄의 프로그램의 기초가 될 것이다.

여기서 다시 홀부모와 그들의 아이들의 필요를 충족시키기 위해서는 당연히 대중적 영역에서의 지지의 돌봄의 사역이 요구된다. 회중이 이러한 지지를 하기 위해서는 회중 구성원의 자유롭고 공개적인 토의와 교육이 중요하다. 어린아이들이 딸린 가정을 혼자서 돌보고 돈을 벌어야 하

---

9) 예로, Kris Kissman and Jo Ann Allen, *Single-Parent Families*(Newbury Park, Calif: Sage Publications, 1993), 5를 보라.

는 여성들을 차별하는 일반적인 사고를 변화시키는 것 역시 점차로 필수적인 일이 되어가고 있다. 하지만 발레리 폴라코프는 다음과 같이 지적한다:

> 1800년대의 종교적인 도덕주의에서 나온 대중적인 감수성에는 그다지 많은 변화가 없었다. 종교적인 도덕주의는 가치없는 가난한 사람들의 타락을 지적하고, 일하지 않는 가난한 사람들의 "관리 정책"에 대해 현대의 보수적인 견해를 보인다. 가난은 사적인 일이다—가난의 원인은 대중경제의 실패나 차별적인 대중정책이라기보다는 개인의 실패, 가정의 실패, 도덕적 타락에 근거한다. 시정될 필요가 있는 것은 개인이거나 최하층, 또는 민족적 문제이지, 분배 정책에 대해 우리가 보는 시각의 근본적인 변화를 필요로 하는 구조적인 문제는 아니다.[10]

여기서 현대의 삶에서 해석적인 목회적 안내의 중추적 중요성을 드러내 주는 인상적인 예를 보게 된다. "1800년대의 종교적인 도덕주의에서 나온 대중적인 감수성에는 그다지 많은 변화가 없었다"는 폴라코프의 그럴듯한 결론은 오늘날의 기독교 회중의 구성원의 태도를 묘사하고 있다. 이것이 어느 정도 사실이라면, 가난과 이해의 부족에 빠져 있는 홀부모에 대한 돌봄이 제대로 이루어지기 위해서 회중의 집단은 "과부와 고아에 대한 돌봄"에 대한 성서의 명령을 재해석하고 적용해야 한다.

---

10) Polakow, *Lives on the Edges*, 46.

3. 아동 학대

아동학대에 주의를 기울이지 않고 오늘날의 아동들에 대한 돌봄의 필요성을 생각하는 것은 불가능하다. 아동학대의 문제는 미국 매체에서 더 관심을 갖고 있다. 신문과 뉴스 프로그램은 매일 오랜 시간 동안 집에 혼자 남아 있는 아동들, 매 맞는 아동들, 부모들에 의해서 죽임을 당한 아동들, 그리고 손위의 형제, 자매, 아버지, 할아버지, 신뢰했던 이웃에 의해 성적으로 학대받는 아동들의 이야기를 포함한다.

아동 학대의 사건이 실제로 증가하는 것인지, 아니면 과거에는 대체로 감추어졌던 문제들이 점점 인식되고 보고되고 있는 것인지는 분명하지 않다. 만약 후자라 하더라도, 아동의 학대는 부정할 수 없다. 이 아동 학대는 전혀 예기치 않은 장소에서도 종종 발견된다. 이 아동 학대의 문제는 가난하고 교육을 받지 못한 사람들의 가정과 부유하고 세력이 있는 가정에서 만연하고 있다. 목회자들은 회중 안의 하나 이상의 가정에서 아동학대가 이루어지고 있다고 가정할 수 있다.[11]

---

11) 통계 자료에서 살펴보면 미국에서 발견되는 아동학대의 수는 가히 엄청나다. 앤 호프(Ann Hoff)의 People in Crisis, 3rd, ed. (Redwood City, Calif.: Addison-Wesley, 1989)는 위기개입 분야에서 교육자들에 의해서 폭넓게 이용된다. 여기서 앤은 다음과 같이 말한다. "많은 사례가 보고되고 있기 때문에 매년 얼마나 많은 아동이 학대를 받고 있는지 정확히 알 수는 없다. 2 백만 명에서 4 백만 명의 아동이 학대를 받고 무시받는 데 비해, 2천 내지 5천 명의 아동이 일년에 부모와 돌보는 사람들의 손에 죽음을 당하고 있다…아동학대와 관련된 비극은 가출한 아이들의 비극이다. 이들 중 35%가 근친상간 때문에 집을 떠나며, 53%가 육체적 무관심 때문에 집을 떠난다. 도망간 아동의 대부분이 부모들에 의해서 미아 신고가 되지 않는다. 보고되지 않은 아동의 80%가 중산층의 백인 가정들로부터이다. 매년 15만 명의 아동이 사라지며, 많은 수가 질병과 착취, 영양 결핍으로

아동학대는 전형적으로 세 가지 형태 중 하나 이상의 형태를 취한다. 첫째로, 학대는 부모가 공격성과 적대감을 통제하지 못하는 데서 기인한다. 여기서 아동은 종종 희생양의 역할, 즉 학대하는 부모와 배우자, 직장 상사, 또는 부모의 위에 군림하는 다른 모든 사람 사이의 관계성에서 오는 좌절된 분노를 담는 그릇의 역할을 한다. 사실, 제임스 폴링James Foling이 자신의 책에서 성적학대가 아동에게 가져오는 폐해에 대해서 지적한 대로, 모든 아동 학대는 권력의 남용으로 보는 것이 가장 적절하다.[12]

둘째로, 부모가 어떤 잘못된 행동과 태도에 대해 징벌을 가하는 형태의 아동의 학대가 있다. 이러한 경우에 부모는 육체적 징벌의 형태를 사용한다. 부모들은 아동의 행복과 아동이 순종하도록 하기 위해서라고 이를 합리화한다. 채찍으로 때리기, 볼기 때리기, 손바닥으로 때리기, 그리고 그 밖의 신체적 징벌들이 적절한 행동을 하도록 아동을 교육하기 위해서라는 이유로 아동에게 사용된다.

징계의 수단으로서의 신체적인 벌은 길고 고통스러운 역사를 가지고 있는데, 이는 종교의 역사와 상당 부분 연결된다. "수세기 동안 잠언은 부모들, 설교가들, 교사들에게 제공되었다. 이 책은 아동에게 신체적인 벌을 주는 것을 정당화하는 기초적인 경구를 포함하고 있었다"고 필립

죽어간다."

[12] James Newton Poling, *The Abuse of Power: A Theological Problem* (Nashville: Abingdon Press, 1991).

그레븐Philip Greven은 말한다. 필립 그레븐은 종교 역사학자로 미국의 종교 의식을 아동의 양육 형태와 연결지었다.[13]

비록 그레븐이 특히 개신교의 복음주의가 아동의 징벌적 학대를 조장했다고 혹독하게 비평했지만, 그는 구약 시대 이후로 모든 종교는 아동의 신체적 징벌에 권위를 부여했고, 이것이 서양 사회의 행동패턴으로 자리잡게 되었다고 주장한다. 그레븐은 아동의 징벌적 학대의 모든 형태는 결국 해악이 된다고 자신의 결론을 요약한다:

> 과거는 현재의 감정, 행동, 신념들을 형성함으로써 미래에 강한 영향을 미친다. 신체적으로 학대를 받은 아동들이 경험한 고통과 괴로움은 일생에 걸쳐 영향을 미친다. 처음에는 겉으로 보기에는 그 괴로움이 아동기와 청소년기에만 계속되는 것 같지만, 나중에는 성인의 삶에서도 영향을 미친다. 아동에 대한 어른의 공격성으로 인해 유발된 고통에 의해 생겨난 감정들은 대체로 억압되고 잊혀지고 거부되지만 결코 없어지지 않는다. 모든 것이 인간 내부 깊숙이 남아 있으며, 이 징벌의 영향은 우리의 삶, 사고, 문화, 세상에 스며들어 있다.[14]

세번째, 그리고 어쩌면 가장 파괴적인 형태의 아동학대는 분명히 아동을 성적 대상으로 삼는 아동학대이다. 어른의 힘을 부정한 방법으로 만

---

13) Philip Greven, *Spare the Child: The Religious Roots of Punishment and the Psychological Impact of Physical Abuse*(New York: Alfred A. Knopf, 1991), 48. 또한 *Protestant Temperament: Patterns of Child-Rearing, Religious Experience, and the Self in Early America*(New York: Alfred A. Knopf, 1977)를 보라.

14) Greven, *Spare the Child*, 10.

족시키려면 성적 관심으로 위장할 필요가 있기 때문이다. 대부분의 학대가 결코 보고되지 않기 때문에, 실제로 일어나는 아동의 성적 학대에 대한 정확한 통계를 얻기는 불가능하다. 다른 사람들의 많은 연구를 살펴본 후에, 목회상담자이자 신학자인 제임스 폴링은 "전문가들은 모든 아동의 20%에서 40%가 18세가 되기 전에 몇 가지 형태의 성 폭력을 경험한다고 추정된다"고 말한다.[15]

교구 목사는 가정 안에 성적으로 학대하는 관계가 존재한다는 사실에 대해 거의 직접적인 관심을 기울이지 않았다. 성적인 관계에 대해서 공개적으로 이야기하는 것이 금기시 될 뿐 아니라, 가해자들은 피해자들에게 사실을 밝힐 경우에는 무서운 결과를 가져올 것이라고 협박하는 일이 아주 흔하다. 하지만 목회자들과 교회 청소년 및 아동의 프로그램의 후원자들은 성적으로 학대받는 아동을 포함하여 어려움을 겪고 있는 아동들을 관찰할 수 있는 아주 좋은 위치에 있다. 목회자들은 거의 이러한 상황에 개입하려 하는 주요 인물이 되려고 하지는 않을 것이다. 오히려 목회자들의 경우에는 성적 학대가 의심될 때 일반적으로 이를 적절한 법적 기관이나 사회적 기관에 알리는 것이 현명하다.

하지만 단지 학대를 알리는 것이 목회자들이 할 수 있는 일의 전부가 아니다. 성적 학대의 폭로로 인해 불가피하게 야기되는 관계의 변화에 부딪히면서 위기를 겪을 때, 피해자들과 피해자의 가족들은 온화하고 이

---

15) Poling, *The Abuse of Power*, 11. 제임스 폴링의 자료의 목록을 보려면 193쪽의 주석을 보라.

해해 주는 지지와 격려를 필요로 할 것이다. 이러한 상황에 관련하게 된 목회자들은 가해자들로 하여금 가능한 전문적인 도움을 이용하도록 하기 위해서는 가해자를 향한 자신의 감정을 조절해야 할 필요도 있을 것이다.

폴링이 지적한 대로, 다른 형태의 아동 학대는 물론 아동의 성적 학대와 관련해서 가장 중요한 교회의 실제적인 사역은 당연히 권력의 남용을 완화하는 식으로 사회를 재조직하려고 노력함으로써 성적 학대에 미리 대처하는 것이다. 이것은 기독교 공동체가 책임져야 할 기독교 공동체를 둘러싸고 있는 사회와 문화에 대한 돌봄의 또 다른 예이다.[16]

인생 초년기의 삶의 이야기를 돌보는 것에 관해 연구하면서, 우리는 교회와 교회를 둘러싸고 있는 사회문화적 상황이 새로운 천 년을 향해 나아가는 시점에서 교회의 사역을 요구하는 가장 중요한 몇 가지 문제들을 생각해 보았다. 다음 장에서, 우리는 삶의 이야기가 십 대, 즉 청소년 시기로 접어들 때 발생하는 비슷한 논쟁들과 문제들, 그리고 사역의 기회들에 초점을 둘 것이다.

---

16) Ibid., 183-91.

제8장

성장, 해방, 언약적 유대의 형성

아동기와 관련해서 목회자와 기독교 공동체가 다루어야 하는 문제들을 직면해야 할 책임은 근본적으로 어른에게 있다. 하지만 청소년과 청년기의 문제들에 대한 책임은 급속하게 주로 청소년 자신의 영역이 되어 가고 있다. 하지만 아동기에서 성인기로의 과도기는 가정 환경의 질에 따라 쉬워지기도 하고 어려워지기도 한다.

그러므로 이번 장에서는 다음과 같은 부분들이 포함된다: (1) 인간의 삶에서 전환기적 시기에 이루어져야 할 기본적인 과업들(이와 함께 현대의 사회 문화적 과정에 의해서 왜곡된 이들 과업에 대해 언급한다) (2) 성장, 해방, 언약적 유대가 형성되는 과도기를 겪는 청소년의 요구를 충족시키기 위한 목회자와 기독교 공동체의 목회적 임무들 (3) 미국과 서양 사회의 청소년들을 괴롭히는 몇 가지 상황들을 직면하고 교회의 사역이 문화의 돌봄으로까지 확장될 때 기독교 공동체와 그 인도자들이 직면하는 공적 지도력, 임무들과 이에 대한 간략한 설명.

청소년기의 기본적인 과업

1. 가족의 역사에 깊이 스며 있는 문제 해결의 시작

나는 한 가족의 역사를 소개하면서 이 장을 시작하려고 한다. 특히 가족 내의 두 형제가 청소년기와 청년기에 요구되는 변화를 어떻게 이루어 나가는지에 대해서 알아볼 것이다. 내가 이 이야기에 관심을 가지게 된 것은 한 학생이 제출한 자서전적인 보고서를 통해서이다. 그러니까 이 이야기는 그 가정의 형제들 중 한 명의 해석적인 눈과 귀를 통해서 이루어진 것이다. 그가 이 보고서를 쓸 때는 30대 후반이었고, 남동생보다는 한 살이 더 많았다. 이 두 소년은 한 아버지에게서 태어났고, 그들에게는 어머니가 다른 남자와의 결혼에서 낳은 형이 하나 있었다. 하지만 이 형은 학생의 보고서에서는 그다지 큰 역할을 하지 않는다. 그들의 아버지 역시 전에 결혼한 적이 있었는데, 그 때 자녀가 있었는지는 알 수 없다. 우리는 동생을 찰스라고 부르고, 형을 세드릭이라고 부르려고 한다. 그리고 이 가족을 로링 가족이라고 부를 것이다.

흑인인 로링 가족은 중남부의 큰 도시의 중심에 살았다. 이들은 가난에 찌들어 있었다. 세드릭이 19개월이 되고 동생이 8개월이 되었을 때쯤, "아버지는 가족을 떠났고 가정을 책임지지 않았다"[1]고 세드릭은 말

---

1) 내가 세드릭과 찰스의 이야기를 알게 된 것은 고급 연구 세미나를 위해서 세드릭이 제출한 자서전적 보고서를 통해서이다. 여기서의 내용은 나의 학생의 동의하에 인용되었다. 하지만 비밀 보장을 위해서 그의 신원은 익명으로 해야 한다. 이름이나 신분에 관한 자료들은 조금씩 변경되었다.

한다. 하지만 아버지는 그 도시에 남아 있었고 찰스와 자주 만났으나 세드릭과는 자주 만나지 않았다. 로링 부부는 사실상 거의 서로 만나지 않았고, 따라서 세드릭과 찰스는 홀부모의 가정에서 성인으로 자라났다.

찰스는 아버지를 닮았고, 반면 세드릭은 어머니를 닮았다. "신체적으로 동생은 아버지를 꼭 닮았고, 나는 어머니를 닮았다. 어머니는 내가 더 나은 조건을 가졌다는 것을 결코 잊지 못하게 했다. 어머니는 아버지에게 화를 퍼부을 수가 없었다. 그래서 어머니는 다음으로 가장 좋은 상대를 골랐다. 찰스는 어머니의 '희생양'이었다. 그리고 나는 어머니의 '구원자'였다." 또 다른 측면에서 보면 "이것은 마치 찰스가 반항적인 행동으로 인해 벌을 받는 것처럼 보였고, 반면 나는 순종했기 때문에 인정을 받는 것처럼 보였다"라고 세드릭은 말한다.

이것은 개인의 과도기적 과정이 일어나야 하는 토대와 경계를 정하는 데 있어 심리 사회적 환경이 결정적으로 중요함을 보여 준다. 나중에 개인들은 어떤 방법으로든 자신들의 가정적, 사회적 배경을 초월하게 될지도 모른다. 그러나 청소년기의 초기에, 그리고 청년기에 들어서는 시기에는 더욱, 이러한 가정에서, 그리고 이러한 사회적 상황에서의 아동기가 갖는 의미와 타협하는 과제는 이제 막 청년기를 시작한 젊은이에게 문제들을 제기한다.

세드릭과 찰스에게 이것은 매우 어려운 사회적, 가정적 상황과 씨름하는 것을 의미했다. 이들은 가난에 찌들고 파괴된 가정 안에 놓여 있었을 뿐 아니라, 마약과 폭력, 그리고 소외가 만연한 사회적 상황 속에서 성년에 이르렀다. 그러므로 그들의 돌봄의 요구는 여러 가지 면에서 상당히 커졌다.

세드릭은 가정의 상황을 다음과 같이 말한다:

"찰스는 필사적으로 어머니의 인정을 받으려고 노력했다. 그리고 이것이 뜻대로 되지 않을 때면 나와 어머니에게 욕을 퍼붓기 시작했다. 나도 화가 나기는 마찬가지였다. 나는 아버지의 축복을 받을 필요가 있었고 받고 싶었다. 하지만 아버지가 그 자리에 없었다는 사실은 나로 하여금 아버지에 대해 부정적인 감정을 가지게 했다. 찰스와 나 사이의 가장 큰 차이는 나는 많은 사람들과 아버지에 대한 나의 부정적인 감정을 나누었기 때문에, 다른 사람들에게 충분히 나의 감정을 표현했다는 점이라고 생각한다. 나는 다른 어떤 사람도 내가 아버지에 대해 말로 공격하는 것을 저지하지 않았던 것으로 기억한다. 내가 기억할 수 있는 과거로 거슬러 올라간다면, 거기에는 언제나 우리 가정의 맹렬한 분노와 경멸이 있었다. 문제들은 한 번도 타협에 의해 해결되지 않았다. 우리는 '강한 자만이 살아 남는다' 는 신념에 따라 살았다. 마치 어머니는 언제나 투사 중의 한 명이었고 항상 이겨야만 했던 것처럼 보였다."

이러한 매우 갈등적인 가정 환경에서 두 소년들은 아동기에서 성인으로 전환하기 위해 어떤 해결책들을 찾을 수 있었겠는가? 두 사람이 찾은 해결책은 매우 상이했는데, 이는 그들의 어린이로서의 초기의 경험에 뿌리를 두고 있다. 하지만 초기의 경험만큼이나 중요한 것은 청소년기에 들어서면서 이 소년들의 선택으로, 이들은 나름의 해결책을 만들어가기 시작했다는 것이다. 세드릭에게 있어 해결책은 그가 학교 생활을 잘 해

낼 뿐 아니라 배우는 것을 좋아한다는 것을 알게 되면서 시작되었다. 이렇게 해서 세드릭의 선생님들은 성실한 그의 조언자들이 되었다. 그의 어머니는 세드릭이 존경했던 삼촌과 함께 세드릭을 데리고 교회에 다녔고, 교회의 인도자들은 세드릭을 격려해 주었다.

한편, 찰스에게 있어서는 매우 다른 해결책이 모습을 갖추기 시작했다. "찰스가 가장 좋아했던 사람들의 무리는 '거친 사람들' 이었다." 두 소년들은 점점 집을 떠나 있는 시간이 길어지기 시작했다. "매우 난폭하고 무서운 남자"와 어머니가 재혼하자 소년들은 서둘러 집을 떠났다. 아직 스스로 독립할 나이는 아니었기 때문에 그들은 아버지에게로 갔다. 아버지는 장거리 트럭 운전사였다.

청년기에 이르렀을 때, 두 형제는 너무나도 다른 방향으로 나아갔다. 세드릭은 장학금을 받고 대학에 가서 공부를 계속했으며, 대학을 졸업하고 군복무를 마친 뒤, 신학교에 들어갔다. 반면, 찰스는 마약 거래와 폭력에 깊이 관여하게 되었고, 그 결과 감옥에서 몇 년을 보내게 되었다.

가정의 역사에 깊이 스며 있는 문제들을 해결하는 청소년기의 과업에 관해 다룬 이 예로부터 두 가지 중요한 점을 관찰할 필요가 있다. 첫째, 세드릭과 찰스에게 자기 책임적인 삶의 기초를 형성한 이러한 종류의 심한 가족 갈등은 미국에서만 일어나는 것이 아니다. 가족갈등은 인종을 가리지 않는다. 단 브라우닝Don Brouning은 다음과 같이 말한다:

혈족관계의 여성화와 가난이 특히 아동에게 좋지 않다는 것이 분명해지고 있다. 이것은 매우 의존적인 유아에게는 확실히 아버지와 어머니의 보호가 필요하다는 말은 타당성이 있다는 토마스 아퀴나스의 주장에 나타난다. 물론, 이 의존적인 아동과 그들의 부모는 공동체와 조직망의 다양한 지지를 필요로 한다. 하지만 이러한 사실이 조직망이 어머니와 아버지의 동반자 의식을 충분히 지지할 때만 이 조직망은 가장 효율적으로 사용될 수 있다는 사실을 모호하게 하지는 못한다. 국립보건통계연구소를 위해 최근에 정부에서 후원하여 이루어진 연구는 18세 이하의 아동들 중 다섯 명 중 한 명은 학습, 정서, 행동, 발달상의 문제를 가지고 있음을 보여 준다. 이들이 10대가 되었을 때, 4명 중 한 명이 이들 문제들 중 한 가지 이상의 문제로 고통받는다. 이러한 경향에 대해 이 연구가 말해 주는 것은 무엇인가? 이들 연구자들은 주요한 요인이 두 부모가 있는 가정의 해체라고 주장한다.[2]

둘째로, 아동기에서 청소년, 그리고 청년으로의 전환은 서양사회에서는 물론 그 밖의 세계에 속한 사회들에서 계속되는 인종 차별로 인해 매우 복잡해진다. 흑인, 라틴계 미국인, 그리고 그 밖의 다른 인종적 집단의 사람들은 문화적, 제도적인 인종차별과 그 결과로 인한 소외를 극복하기 위해 발버둥치며 살고 있다. 나는 한 흑인이 나에게 다음과 같이 말했던 것을 기억한다. "단지 내가 백인 사회에 살고 있는 흑인이라는

---

2) Don S. Brouning, "Children, Mothers, and Fathers in the Postmodern Family," in *Pamela D. Couture & Rodney J. Hunter, eds., Pastoral Care and Social Conflict: Essays in Honor of Charles V. Gerkin*(Nashville: Abingdon Press, 1995). 그리고 같은 책의 에세이, Pamela D. Couture, "Single Parents and Poverty: A Challenge to Pastoral Theological Method"를 보라.

사실을 극복하는 데 나의 에너지의 반이 소모되었다."[3] 로버트 올리버 Robert Woliver와 가일 올리버Gail M. Woliver는 다른 소수 인종의 재능 있는 청소년들에 대한 연구에서 다음과 같이 말한다:

> 재능이 있다는 것은 소외감을 느끼게 한다—결국 지적 능력에 있어 상위 2% 내에 든다는 것은 같은 수준으로 의사소통을 할 수 있는 사람이 그만큼 적다는 것을 의미한다. 청소년기는 그 나름의 어려움을 가져온다—그리고 대다수의 주류와는 달라 보이는 아시아계나 하와이계에게는 기존의 외로운 상황이 더욱 악화된다. 대부분의 청소년들이 서로 함께 있는 것을 즐기고 서로를 좋아할 때, 대부분의 아시아계 청소년들과 태평양 출신들의 청소년들은 좋아하는 사람들부터 멀리 떨어진 길을 서서히 만들어 가야 한다.[4]

2. 성 의식과 성 정체성의 고취

중요한 의미에서 십대의 중심 과업은 "나는 누구인가?" 혹은 " 어른이 되었을 때 나는 어떤 사람이 될 것인가?"라는 질문에 대해 고민하면서,

---

3) 예로, Cornel West, *Race Matters*(New York: Vintage, 1994)를 보라. 그리고 Guy Corneau, *Absent Fathers, Lost Sons*(London: Shambhala, 1991)를 보라.
4) Robert Woliver & Gail Muranaka Woliver, "Gifted Adolescents in the Emerging Minorities: Asians and Pacific Islanders," in *Marlene Bieley and Judy Genshaft, eds., Understanding the Gifted Adolescent: Educational, Developmental, and Multicultural Issues*(New York: Teachers College Press, 1991).

불안과 불확실함 속에서 대답을 탐구하는 것이다. 여기서 '공식화'라는 용어를 사용하는 것이 정확할지는 모르지만 적절하지는 않을 것이다. 공식화라는 용어는 청소년들이 종종 경험하지 못하는 지적인 통제와 의도성을 내포한다. 청소년의 자기 정체성 형성의 과정은 불안과 방향의 변화, 그리고 불확실성으로 가득한 탐구이다.

『사춘기의 세계』 The World of Adolescence 라는 중요한 책은 수년 간에 걸쳐, 그리고 특정한 문화적 상황의 경계 내에서의 사춘기의 변화를 이해하기 위한 다각적인 접근을 제공한다. 베타 코플리 Beta Copley는 다음과 같이 기록한다:

> 겉으로 보이는 부모 external parents 와의 의존적인 관계성은 점차 사라지게 된다. 비록 사춘기가 시작되는 시기가 개인마다 다르긴 하지만, 우리는 심리학적 과정을 포함하는 광범위한 표준적인 연대순에 따라 생각할 수 있는데, 이 심리학적인 과정은 종종 실제 십대가 아닌 더 이르거나 늦은 나이에 걸쳐 확대되기도 한다. 초기의 사춘기는 사춘기의 신체적 변화에 대한 감정적인 반응과 함께 시작된다. 이것은 정신 에너지 psychic energy를 성적인 상황에서 표면으로 떠오르게 한다. 그리고 정신적 과업과 전체 과정의 변화들로 이어진다. 이 때 주된 관심은 신체적인 변화와 이와 동시에 일어나는 신체적으로는 어른이지만 정신적으로는 어린아이와 같은 자신의 상태와 관련해서 나는 누구인가라는 혼란에 관한 일이기 쉽다. 곧 가족으로부터 "분리됨"을 느끼기 시작하고 있음을 인식하게 될 것이다. 하지만 동성의 집단이 우세하고, 아직 이성의 청소년 집단생활에 "들어가지는" 못하고 있을 것이다. 한창 이러한 과정이

일어나는 시기에, 이성이 함께 어울리는 친구 집단에서의 생활이 두드러지게 된다. 그리고 이는 인격적, 성적 정체성의 발달의 배경을 형성한다. 실천과 사고에서, 직업 정체성 또한 형태를 갖추기 시작한다. 후기 단계에서는 집단생활의 우위성이 줄어들게 되고, 이와 함께 보다 확고하게 이성을 사귀게 되고 성인의 삶이 시작된다.[5]

미국에서 사춘기를 거친 성장과 일본에서의 성장 사이의 차이점에 대한 흥미로운 연구를 한 메리 화이트Merry White는 두 문화에서 일어나는 높은 십대의 성행위의 발생률과 청소년의 적극적인 성에 대한 문화적 의미의 차이점들에 관해 보고하고 있다. 이 두 나라에서 청소년들은 점점 더 성적으로 적극적이 되어가고 있다. 예를 들어, 미국에서 고등학생의 72%가 성 관계를 하고 있으며, 20%는 4명 이상의 파트너를 가지고 있다고 보고한다.

하지만 성행위에 관련된 의미는 두 나라에서 다소 다르게 나타난다. 미국에서 성행위는 종종 도덕적인 의미를 갖는다(내가 이것을 해야 하는가 하지 말아야 하는가). 한편, 일본에서는 문제가 개인의 성행위를 사적인 것으로 유지할 것인가 세상에 드러낼 것인가이다. 성행위는 "자연적인" 행위로 여겨지지만, 이는 다른 사람에게 드러나지 말아야 한다.[6]

---

5) Beta Copley, *The World of Adolescence: Literature, Society and Psychoanalytic Psychotherapy*(London: Free Association Books, 1993), 83. 또한 Janice M. Irvine, ed., *Sexual Culture and the Construction of Adolescent Identities*(Philadelphia: Temple University Press, 1994)를 보라.

6) Merry White, *The Material Child: Coming of Age in Japan and America*(New

서양의 문화에서 나타나고 있는 성적인 문제와 성별의 문제를 생각하려면 게이와 레즈비언의 삶의 방식이 점차 합법화됨으로 인해 나타나는 영향을 고려해야 한다. 한편 우리 사회에서 동성애자들이 자신이 동성애자임을 밝히는 것은 동성애적인 사람들에게 공개적으로 동성애적인 양식의 삶을 살아가면서 사실상 모든 사회활동에 참여하는 자유를 증가시켰다. 다른 한편, 사회문화적 관습과 습관에서의 이러한 변화는 사회의 청소년들을 성숙시키는 데 있어 전혀 새로운 문제를 야기했다. 사춘기 이전의 소년과 소녀들조차도 잠재적인 동성애적 경향에 대해 인식하게 된다. 그러면서 또래들의 압력과 성적인 실험을 금지하는 부모의 요구는 종종 상충되며, 한창 사춘기에 이르렀을 때 동성애자와 이성애자 모두에게 큰 혼란을 야기한다.[7]

여기서 정신분석학자인 에릭 에릭슨에 의해서 처음 제기된 개념이 도움이 된다. 에릭슨은 자신과 개신교의 위대한 창설자인 마틴 부버의 사춘기의 경험에 대해 생각하면서 청소년의 '유예 기간'을 제시했다. 이 유예 기간은 사춘기 내에 있는 시간으로, 이 시기에 젊은이들은 조급하고 지속적인 헌신을 하지 않은 채 자유롭게 탐구한다. 사춘기는 젊은이들이 역할을 시도해 보고, 자신의 세계를 탐구하며, 자신이 누구이고 어떠한 사람이 될 것인지를 발견하기 위해 실험적인 활동을 하는 시기이다. 여기에 성적인 실험이 포함되느냐 포함되지 않느냐의 문제는 당시의

York: The Free Press, 1993), 7장.
7) Gilbert Herdt & Andrew Boxter, *Children of Horizen: How Gay and Lesbian Teens Are Leading a New Way Out of the Closet*(Boston: Beacon Press, 1993).

문화적 상황에 따른 또래 압력에 따라 달라질 것이다. 이것은 또한 각 사람에게 있어서는 어느 정도의 선택을 수반한다.[8]

3. 친밀성의 추구

아마도 사춘기 후기의 가장 중요한 또 다른 과업은 배우자에 대한 장기간의 헌신을 추구하거나 아니면 자신의 친밀성을 표현할 수 있고 타인의 필요성에 대한 돌봄을 표현할 수 있는 다른 동료에 대한 장기간의 헌신을 추구하는 것이다. 대부분의 젊은이들에게 이 과업은 수년 간의 실험적인 단기 혹은 장기의 헌신을 필요로 한다.

하지만 미국 문화에서는 다른 사회적 관습의 경우와 마찬가지로, 장기간의 헌신이 이루어지는 나이가 앞당겨지고 있다. 동시에 사람들은 성적으로 적극적이 되어가고 있으며, 점점 어린 나이에 혼전의 시험적인 헌신이 이루어지고 있다. 10대들이 15, 16세 정도에 다른 사람과 일시적으로 깊고 친밀한 관계를 맺는 것—이 결과는 종종 10대의 임신으로 이어진다—은 흔한 일일 뿐 아니라, 20대 후반에서 30대 초반으로까지 영구적으로 계속되는 결혼에 헌신하는 일을 미루는 것도 흔한 일이다. 더욱이 청년기에 재혼 내지 세번째 결혼이 이루어지는 경우도 보기 드문 일이 아니다. 사회적 관습상 이는 때때로 "연속적인 일부일처"로 불린

---

8) Erik Erikson, *Young Man Ruther: A Study in Psychoanalysis and History*(New York: W. W. Norton, 1958).

다. 그러므로 타인과의 지속적인 친밀성에 영향을 미치는 "문화적 예정"으로 불리기도 하는 전체 사건은 실제로 매우 불안정해졌다. 게이와 레즈비언의 공동체들을 주의 깊게 살펴본다면, 헌신에 관한 비슷한 혼란을 발견할 수 있으며, 지금은 에이즈, 특히 동성애를 하는 남성들 사이의 에이즈의 참상으로 인해 매우 복잡해졌다.

4. 공동체의 추구

이 책의 6장에서 우리 시대에 사회적 세상은 하나, 둘이 아닌 많은 공동체에 의해서 구성된다는 사실에 관해 이야기했다. 이 많은 공동체 내에서 개인은 성실하게 균형잡힌 헌신을 해야 한다. 나는 바쁘고 지나치게 열심인 변호사인 하워드의 이야기로 6장을 시작했다. 6장에서는 이러한 공동체적인 헌신을 형성하고 유지하기 위한 노력에 수반되는 중요성과 갈등을 설명했다.

세드릭과 찰스의 이야기는 더 나아가 어떻게 지지적인 공동체를 찾을 것인가, 그리고 어디서 그 공동체들을 발견할 것인가와 관련해서 청소년들이 내리는 선택의 중요성을 설명해 준다. 세드릭에게 있어, 이 추구는 교회와 학교를 향한 것이었고, 이러한 방향성은 그의 어머니는 물론 사회에 의해서 강력한 지지를 받는다. 찰스에게 있어서 이것은 그를 마약과 범죄 행위에 빠지게 했고, 어머니와 형제로부터 분리시켰다. 유심히 살펴 보면 이러한 추구는 그의 아버지의 세계 안에 있는 추구 같아 보였으며, 범죄, 약탈, 학대에 의해서 살아가는 공동체에 더욱 빠져드는 것

같았다. 청소년기에 어떤 공동체에 속하려고 노력했던 이 두 소년의 이야기는 이들의 선택 밑에 깔려 있는 역동성을 잘 설명해 준다.

또한 후기 청년기에서 성인기로 넘어가는 동안 지지의 공동체를 발견하는 일은 직업의 세계에 발을 들여 놓는 대부분의 사람들에게 필요한 일이다. 직업의 세계란 젊은이들을 둘러싸고 있는 사회가 가치를 인정해 주는 방식으로 자신의 재능을 발휘하고 생계를 유지하는 평범한 세계이다. 여기서 어쩌면 사춘기의 과도기적인 과업의 차원 이상에서, 부유한 가정의 아동과 가난한 가정의 아동 사이의 근본적인 차이가 현저하게 드러난다. 중상류 이상의 가정에서 성장한 아동들에게는 낮은 계층과 노동자 계층의 아동들보다 직업 선택의 폭이 더 다양하고 잠재적으로 경제상의 수입도 더 많다. 여기서 우리는 세드릭과 같은 사람들이 예외적으로 이룩한 성취의 중요성과 가난한 사람들에게 훌륭한 교육의 기회를 제공하는 것이 얼마나 중요한지를 분명하게 볼 수 있다.

낮은 계층의 청소년들이 생계 유지를 위한 수단을 찾으려고 할 때 이를 방해하는 오래 되고 굴절된 역사가 있었다고 역사가들은 우리에게 말한다. 과거 20세기 동안에 이루어진 이러한 과정에 대해서 말하면서, 쿠엔틴 슐츠Quentin J. Schultze와 동료들은 다음과 같이 보고한다:

일상적인 삶과 출세의 요구는 냉혹했다. 17세기 미국에서, 대부분의 비특권층의 청소년들은 다른 가정에 견습생으로 보내져 계약을 맺게 되었다. 19세기 후반 미국의 산업혁명의 전성기와 20세기 초반 영국에서는 9살이나 10살쯤에 일하기 시작하는 노동자 계층의 아이들의 도시에서의 주당 평균 노동시간은 60시간이 넘었다. 작업 환경은 비위생적이었고 위험했다. 농장에서의 생활도 그다지 나을 것이 없었다. 계절에 따른 강도 높은 노동과 일년내내 아침과 저녁에 이루어지는 자질구레한 일들을 해야 했다.[9]

20세기말 낮은 계층의 청소년들은 견습생으로 보내지지는 않지만, 종종 이들에게는 경제 구조의 가장 낮은 단계에서 일하도록 선택의 폭이 한정된다. 삶의 양식에서 진급과 발전의 기회들이 제한되며 대기업의 "소형화"에 따라 이러한 현상은 더 심해지고 있다. 그리고 노동자들은 종종 자신과 가정을 부양하기 위해서 두 개의 직업을 가져야 한다. 이에 대한 부작용은 이들 노동자 계층의 사람들이 그들의 작업 환경에서 일종의 공동체 의식을 약탈당했다는 점이다. 직업들이 바뀌고 동료 고용인들이 바뀐다. 시간을 두고 공동체적인 작업 관계를 형성할 기회가 거의 없다. 하지만 이렇게 말하고 보니, 내가 입원했던 병원에서 아프리카계 미국인 요리사들과 보조사들을 관찰했던 기억이 난다. 이 사람들이 진실한 공동체 의식을 발달시키고 일상적인 일들을 하면서 서로 즐겼던 것이 갑자기 선명하게 떠올랐다. 내가 생각하기에 이러한 공동체의식으로 인해 이들은 노동자 계층의 생활을 잘 유지하는 것 같다.

---

9) Quintin J. Schultze & Roy M. Anker, *Dancing in the Dark: Youth, Popular Culture, and Electronic Media*(Grand Rapids, Mich.: William B. Eerdmans, 1991), 225. 슐츠는 프로젝트 진행자(project coordinator)이고 앤커는 프로젝트 편집자(project editor)이다.

청소년들과 관련된 회중의 활동

교회의 선교와 사역이 관련되어 있는 한, 청소년들을 위해, 그리고 청소년들에게 이루어지는 돌봄의 사역은 근본적으로 우선 기독교 공동체의 책임이다. 나중에 말하겠지만, 목회자들은 이 사역에 지도력을 제공하는 데 중요한 책임이 있다. 하지만 10대들에 의해 다루어져야 하는 문제들에 적절하게 응답하는지 여부는 순전히 공동체의 책임일 것이다.

이와 관련해서 실제적으로 회중이 직면하게 되는 첫번째 문제는 앞 장에서 논의된 문제들을 지지적인 분위기에서 접할 수 있는 안전하고 지지적인 공간을 제공하는 것이다. 어려운 과도기적 과정을 통해 자신의 길을 찾았던 세드릭의 환경과 세드릭의 동생 찰스를 둘러싼 환경을 대조해 보기 바란다. 핵심적인 차이는 세드릭이 교회에서 접하게 된 분위기였다.

자신의 보고서에서 세드릭은 이에 대해 다음과 같이 말한다: "처음에 사람들은 아프리카계 미국인의 사회에서 널리 행해지는 두 가지 방법의 목회적 돌봄을 받게 된다. 가장 지배적인 형태가 가르침, 노래, 설교를 통한 말씀의 선포이다. 두번째 개념은 이름을 붙이기가 쉽지 않다. 나는 이것을 "동네 목회적 돌봄"이라고 부르기로 했다. 동네 전체에 대한 책임이 마을의 각 구성원에게 있다는 개념이다. 이것을 오늘날에 맞게 수정한다면 교회 전체가 교회 공동체의 모든 구성원에게 책임이 있다고 말할 수 있을 것이다. 나는 교회 공동체의 구성원이 된다는 것에 대해 폭넓게 정의하고 있다."

말씀의 선포의 중요성에 대한 자신의 의견을 밝힌 후에, 세드릭은 계속 말을 이었다. "나는 10살에 세례를 받고 교회에 다닌 것이 나의 삶을 크게 바꾸어 놓았다고 확신한다. 교회는 나에게 소속할 장소를 제공해 주었다. 그리고 설교는 나에게 내가 언제나 지키려고 노력해야 할 도덕적 경계를 제공해 주었다." [10]

세드릭은 찰스에 관해서는 다음과 같이 말한다. "내가 찰스에게 왜 그들과 함께 다니느냐고 물을 때마다, 찰스는 그들이 자신을 존중해 주고 이해해 주기 때문이라고 말했다. 요즘 내가 십대의 폭행 가해자들에게 이에 대해 물을 때마다 그들도 같은 대답을 한다. 이들은 이러한 행동을 해야 그들을 걱정해 주고 이해해 주는 또래들이 그들을 존중해 주고 정당하다고 인정해 줄 것이라고 생각한다."

기독교 공동체는 공동체의 안팎에서 양육의 공동체에 대한 젊은이들의 요구에 어떻게 응답할 것인가? 이것은 교회가 현재보다 더 많은 시간과 노력을 들일 필요가 있는 질문이다. 세드릭에게 있어, 문제 해결은 어머니의 요구와 자신 안에 있는 관심에 근거한 긍정적인 전환에서 이루어졌다. 하지만 이 두 요소가 일치하여 세드릭의 삶과 같은 결과로 이어지

---

10) 세드릭은 계속해서 Cornel West의 *Race Matter*의 56쪽을 인용한다. "현재, 흑인 공동체들은 휘청거리고 있고, 흑인 가정은 쇠퇴해가고 있다. 그리고 흑인 남자들과 여자들은 갈등관계에 있다(종종 싸우기도 한다). 이런 식으로, 갑작스런 경제 활성화로부터 흑인을 포함시킴(그리고 배제시킴)으로써 만들어진 새로운 계층 분할과 대중 문화에 의해 촉진된 향락주의의 소비자들은 흑인 사회에 새로운 종류의 개인적 혼란과 실존적인 무의미의 결과를 가져왔다. 흑인들이 이러한 상황을 극복하도록 돕기 위한 공동체적인 자원들이 있다 하더라도 거의 없는 것과 마찬가지이다."

는 것은 절대로 흔한 일이 아니다. 어쨌든 안전하고 양육적인 공간을 제공하는 것은 모든 젊은이들에게 매우 중요하다. 찰스는 어디서 그러한 공간을 찾았는가? 분명히, 그가 겪은 어려움들은 많은 잘못된 선택과 관련이 있다. 하지만 이것이 충분한 대답이 되는가? 나는 그렇게 생각하지 않는다.

기독교 교육자 찰스 포스터Charles Foster는 교회의 교육과 선교적 노력에 대한 비전의 부족에 원인이 되는 '교회 교육의 결함들'을 지적하였다:

> 만약 우리의 현재의 환경과 관련해서 교회 교육에 대한 새로운 비전을 창조하려고 한다면, 우리 시대의 교육적 활동의 구조와 전략에 나타나는 결함들에 관해 명확하게 알아야 한다. 교회 교육에서 일어나는 변화들을 이해하기 위해 수년 간 노력해오면서, 교회 교육의 목적과 구조 안에 있는 다섯 가지 결함을 분명하게 발견할 수 있었다: (1) 회중의 삶에서의 공동체의 기억의 상실 (2) 회중의 삶에 대한 성서의 가르침의 비연관성 (3) 교육 목적의 전복 (4) 교회 교육의 문화적 종속 (5) 교회의 교육 전략의 붕괴.[11]

찰스 포스터의 의견은 청소년들이 접하게 되는 문제들을 돌봄으로 중요한 영향을 끼쳐야 하는 회중의 책임에 대해 학문적으로 연구하는 데

---

11) Charles R. Foster, *Educating Congregation: The Future of Christian Education* (Nashville, Abingdon Press, 1994), 22.

있어 많은 함축적 의미를 갖는다. 아마도 가장 중요한 것은 포스터가 교회의 문화적 종속에 대해서 이야기한 것이다. 교회 교육의 문화적 종속에 대한 이야기는 종종 고통스럽다. 인간 관계에 관한 19세기의 가르침의 잔재는 모든 인간에 대한 하나님의 의도를 약화시키는 인종 차별, 성 차별, 연령 차별, 계층주의 그리고 그 밖의 "주의"isms들 속에 지금까지 남아 있다.[12]

찰스 포스터가 주장한 교회 교육에서 나타나는 결함은 최근의 목회적 돌봄의 실제에도 비슷하게 적용된다. 목회적 돌봄은 성도를 위한 목회자의 활동에 우선적으로 초점을 둔다. 그래서 회중 스스로의 돌봄에 대한 중요성이 무시된다. 더욱이 목회적 돌봄은 문화의 상식적 가치들에 사로잡히는 경향이 있다. 내가 다른 저서에서 지적한 대로, 기독교 공동체가 세상 속에서 기독교의 삶의 비전을 조성하는 적절한 위치를 회복하는 것은 "사람들의 상식"을 변화시키는 노력을 포함한다.[13]

로이 스타인호프 스미스Roy Steinhoff Smith는 내가 『지평 넓히기』 Widening the Horizons와 『예언자적 목회』Prophetic Pastoral Practice에서 착수한 연구 과제를 계속 진척시킬 목적으로 비평적인 소논문을 썼다. 여기서 그는 사랑이나 돌봄에 대한 다양한 이해를 가지고 섬김에 있어, 주변인

---

12) Ibid., 31을 보라. 그리고 Carol Markstorm-Adams, Greta Hofstra, Kirk Dougher, "The Ego Virtue of Fidelity: A Case Study of Religion and Identity Formation in Adolescence," *Journal of Youth and Adolescence 23*, no. 4 (1994): 253-69를 보라.

13) Charles V. Gerkin, *Prophetic Pastoral Practice: A Christian Vision of Life Together*(Nashville: Abingdon Press, 1991), 124-125.

들을 단지 돌봄의 대상이나 수혜자로 구분하면서 이들을 섬기려 하는 예언자적 교회 구성원들의 방식에 대해 곰곰이 생각한다.

사람들을 적극적으로 돌봄을 제공하는 사람들과 수동적으로 돌봄을 받는 사람들로 구분하는 이러한 경향에 대해 인식함으로써 사회적으로 활동적인 회중들이 종종 고통받는 구성원들을 대하면서 겪게 되는 어려움을 이해하게 된다. 특징적인 것은, 이러한 구성원들은 종종 활동적인 회중들이 자신들을 제대로 돌보지 않는다고 불평한다. "예언자적인" 목회자들은 "너무 바빠서" 병원에 입원해 있는 성도들을 방문하지 못한다. 열심있는 성도들은 성도간의 영적 교제를 하고 주일 설교 테이프를 아파서 못 나오는 성도에게 전해 준다. 하지만 그 외에는 이들을 돕기 위해서 별로 하는 것이 없다…

이러한 구성원들의 문제는 이들이 교회 구성원의 범주에 완전히 들어맞지 않으며, 또한 고통받고 억압받는 사람들을 위한 행동하는 종의 역할을 이행하도록 기대된다는 것이다. 그러나 그들의 고통은 그들을 섬김을 필요로 하는 사람들로 간주하게 한다. …그들은 이 범주 사이에 끼어 있고, 따라서 무시되는 경향이 있다.[14]

비록 스타인호프 스미스가 여기서 우선적으로 성인에 대한 교회의 사

---

14) Roy Steinhoff Smith, "The Politics of Pastoral Care: An Alternative Politics of Care," in Pamela D. Couture and Rodney J. Hunter, eds., *Pastoral Care and Social Conflict: Essay in Honor of Charles V. Gerkin*(Nashville: Abingdon Press, 1995), 146. 또한 이 책에 있는, Charles W. Taylor, "Race, Ethnically, and the Struggle for an Inclusive Church and Society," 152-64를 보라.

역에 대해서 이야기하고 있지만, 그의 논평은 물론 찰스 포스터의 논평은 10대와 젊은이들에 대한 회중의 사역에 대해서도 많은 함축적 의미를 갖는다. 이들은 다음과 같은 필요성을 주장한다: (1) 쾌적한 장소, 즉 "집으로부터 떨어진 집"을 제공하는 것(이곳에서 세드릭의 경우에서처럼 십대들이 또래들을 발견하고 스스로를 통제한다) (2) 기독교 전통의 의미와 기억들이 우리 시대의 젊은이들이 직면하고 있는 현대의 문화적 상황과 연결되는 방식으로 기독교 전통의 가장 깊이 있는 의미와 기억들을 사용하는 장소를 제공하는 것 (3) 젊은이들의 세계를 확장할 수 있고 오늘날 젊은이들이 겪으며 살아야 하는 폭력에 대한 양가감정을 제거하기 위해 노력하는 인종적, 민족적으로 포괄적인 공간을 제공하는 것 (4) 젊은이들이 또래를 발견하고, 자신이 누구인지, 그리고 자신들이 어떤 가치가 있는지에 관해서 결정을 내릴 수 있도록 탐구하는 공간을 제공하는 것.

젊은이들을 위한 돌봄에 참여하는 목회자의 임무

1. 교회공동체의 지도력

여기서 우리는 교구에서의 목회적 돌봄이 목회지도력과 함께 시작되었다는 사실을 다시 한 번 접하게 된다. 비록 사춘기의 변화가 성공적으로 이루어지기 위해서 요구되는 교구의 젊은이들을 환영하고 양육하는 일이 공동체의 책임이라고 하더라도, 목회자가 공동체의 책임의식을 조성하는 데 우선권을 두지 않는다면 이 일은 거의 일어나지 않을 것이다. 회중의 분위기와 스타일이 점차로 목회자와 평신도 인도자의 스타일로부터 나오게 될 것이라고 말할 수도 있다. 특정한 환경을 조성하는 것은 의도적으로 이루어지기도 하고 무의식적으로 이루어지기도 하는 관계적 과정이다.

분명, 목회자들은 세대를 넘어서서 개방적, 지지적, 격려적인 관계성을 조성하는 데 있어 타고난 능력이 매우 다르다. 아주 일반적인 의미에서, 목회자들은 자기 자신들의 세대와 동일시하는 경향이 있다. 그리고 아주 쉽게 동년배의 사람들을 서로 교제하도록 이끈다. 어쩌면 어떤 목회자들은 자신과는 전혀 다른 문화적 상황과 씨름하는 젊은이들과 동일시하는 능력을 가지고 있는 것처럼 보이고, 어떤 목회자들은 그렇지 않은 것처럼 보이는 개인적인 능력일 수도 있다. 이러한 변화를 겪고 있거나 이미 겪은 자녀를 두고 있다면, 이는 또한 청소년들의 요구를 분명하게 파악하는 데 도움이 된다.

동시에 제임스 호프웰이 회중에 대한 최근의 연구에서 밝힌 대로, 각각의 회중은 인도자로서의 목회자의 활동에 특정한 이정표와 경계들을 정해 주는 회중 나름의 독특한 성격을 가질 것이다.[15] 어떤 회중들은 특정 시대의 사회를 파악하는 문제, 그리고 이를 통해 과도기에 있는 사회

---

15) James F. Hopewell, *Congregation: Stories and Structures*. Philadelphia: Fortress Press, 1987.

에서 성인으로 가는 길을 발견해야 하는 젊은이들의 문제들을 이해하는 데 있어 앞서 가고 있다는 자부심을 갖는다.[16] 한편, 도시 근교와 시골에 있는 어떤 교회들은 태도와 프로그램 모두에서, 젊은이들을 그들 주위의 급변하는 세상에 노출시키는 것에 대해서 두려움을 표현하는 경향이 있다. 따라서 그들은 자신들이 전통적이고 가치 있다고 생각하는 가치들을 "보호"하려고 노력한다.

인도자로서 최우선적인 목회자의 과제는 젊은이들의 요구에 응답하고 개방적이 되는 데 있어 자신의 강점과 약점이 무엇인지를 인식하는 것이다. 둘째로, 위와 똑같은 중요성을 갖는 과제는 회중의 분위기에서 대인적, 사회적 풍토를 주의깊게 고려하는 것이다. 일단 목회자가 이 두 과제를 달성하면, 관계적인 과제나 프로그램과 관련된 과제들은 자연히 이루어지기 시작할 것이다.[17]

2. 기독교 전통의 명료화

오늘날 기독교 교회에서 나타나는 슬프지만 엄연한 현실은 우리의 전

---

16) Ibid., 3장.
17) 비록 목회자가 이러한 과제들에 착수하는 데 유용한 자원들이 일일이 말할 수 없을 정도로 많지만, 나는 Stanley Hauerwas의 *A Community of Character: Toward a Constructive Christian Social Ethic* (Notre Dame: University of Notre Dame Press, 1981)가 이번 장에서 논의된 논쟁들을 다루는 능력을 향상시키는 것과 관련해서 교회 공동체들의 목회자 노력의 목표들을 설명하는 데 효과적이라고 생각한다. 하지만 나는 하우어바스처럼 기독교의 공동체의 이야기의 특정한 판을 특별히 추종하지는 않는다.

통의 지혜에 대한 깊이 있고 정확하며 영구적인 이해를 가진 사람들이 점점 없어지고 있다는 것이다. 이 깊은 이해에는 단편적인 지식과 심지어 '민족 종교'라고 불려도 좋은 정도의 것이 발견된다.[18]

이 문제는 부분적으로는 교회가 청소년으로 하여금 일상적인 삶에서 교회의 전통의 지혜를 배우고 사용하도록 돕는 데 실패했기 때문에 발생한다. 이러한 실패는 중세에서 20세기로 오는 대부분의 시기 동안 계속되었다. 진정한 의미에서, 우리가 대부분의 부모들이 자신들이 속해 있는 전통의 기초적인 이야기와 주제들을 아이들에게 심어주고 가르쳐 주지 않고 있다는 점에서 교회는 지금 이 실패의 보답을 거둬들이고 있다.

그러므로 목회자의 주요 임무는 기독교 전통이 현재의 문제들과 부딪히게 될 때 이 기독교 전통을 명료화 하는 것이다. 이 임무에서, 목회자는, 교회의 전임 사역자 같은 보수를 받지는 않지만, 기독교 교육자인 리처드 오스머Richard Osmer가 "가르침의 직무"라고 말한 일에 헌신하고 있는 평신도의 중심 인물과 함께 활동할 필요가 있다:

가르침의 직무는 단순히 현재에서 과거를 반복하는 것이 결코 아니다.

---

18) 이 상황에서 "민족 종교"라는 용어를 사용한 것은 엄청나게 많은 집단의 사람들에게 있어 종교적이라는 것에 대해 아주 단순한 의미만을 가지고 있다는 것을 말하려는 의도에서이다. 예를 들면 "구원을 얻는 것"이라거나 "하나님이 내게 그렇게 하라고 말씀하셨다"와 같이 말이다. 대부분의 성도들에서 목회자들은 이와 같은 사람들은 물론, 성서의 원본, 전통적인 교회의 가르침, 간구기도에 대해 오랫동안 그리고 깊이 있게 사고하는 사람들도 만나게 된다. 이 후자의 사람들에게 있어, 전통의 지혜와 현재 세계 속의 상황 모두는 고려될 수는 있지만 결코 완전히 이해될 수는 없는 위대한 신비를 포함하는 것으로 보인다.

이는 오늘날의 교회를 위해서 신앙과 도덕적 지침의 담화적인 진술을 조직화하는 방법으로 유전된 전통을 사용한다. 전통은 전통을 현재로 확대함으로써 보존된다. 이는 우리에게 가르침의 직무, 즉 교회의 표준적인 신념들과 변화하는 문화와 역사적 상황에 직면해서 계속적인 재해석을 하는 이차적인 임무를 부여한다.[19]

가르침의 직무에 대한 오스머의 정의는 직접적으로 아동들과 청소년들을 돌보는 목회자의 세번째 임무를 고려하도록 한다.

3. 청소년에 대한 사회적 대변인으로서 지도력

세드릭과 찰스의 이야기는 사회문화적 풍조의 대표적 예로, 이러한 풍조 안에서 현대의 북아메리카의 사회에서 젊은이들이 성장해야만 하는 것이다. 세드릭과 찰스는 불성실한 세계, 즉 가정과 공동체의 폭력 속에서 자랐으며, 그리고 무의미의 위협 속에서 심지어 파괴적인 삶 속에서 자랐다. 하지만 세드릭에게 있어, 교회는 세드릭을 둘러싸고 있는 것들을 극복할 수 있도록 하는 환경과 그의 삶에 대한 목적을 제공했다. 찰스에 대해서는 찰스 자신 안에 있는 경향성을 포함하여 다양한 이유에서 교회가 그에게 범죄와 폭력의 삶에서 구원할 수 있는 환경을 제공하지 못했다고 말할 수도 있다.

---

19) Richard R. Osmer, *A Teachable Spirit: Recovering the Teaching office in the Church*(Louisville, Ky.: Westminster/John Knox Press, 1990), 17.

목회자는 공동체의 구성원들로 하여금, 개인적으로 또 집단적으로, 이들 문제들—스스로 해결하기에는 각 개인에게 너무나 거대한 문제들—에 관여하도록 이끌 책임이 있다. 이러한 문제들의 흔적은 회중 안에서, 그리고 회중의 주변에서 모두 발견된다. 회중 안에서의 해석적 안내자로서 목회자는 공적으로, 그리고 사적으로 예언자적인 목회적 지도의 사역을 행한다. 모든 사람들을 위한 돌봄의 으뜸 원리에 기초해서, 목회자는 탐구와 행동의 과정에서 회중을 이끌어야만 한다. 이러한 과정은 기독교의 행위의 목적을 결정하고, 또 이러한 문제들을 적절하고 효과적으로 직면하기 위한 전략을 평가하는 데 전통이 으뜸임을 보여 준다.[20]

목회자의 회중에 대한 공적 지도력은 현대의 사회에서 젊은이들의 특별한 문제와 요구들에 대한 토의를 촉진하고 야기하는 데 가장 적절하다. 이것은 어쩔 수 없이 회중 내에서, 그리고 회중의 구성원과 목회자 사이에 긴장을 만들어 낼 것이다. 바로 이 긴장은 젊은이들과 또 이들을 둘러싸고 있는 사회와 회중 사이의 대화의 과정을 생기있게 만들 수 있다.[21]

다시 한 번, 나는 개인과 가족에 대한 목회자의 돌봄의 사역과 관련해서 목회적 돌봄의 한계를 과감하게 수정해야 한다고 주장하려고 한다. 청소년기 변화의 거센 파도를 헤쳐나도록 젊은이들을 돌보는 것은 단순

---

20) Gerkin, *Prophetic Pastoral Practice*, 70-71을 보라.
21) Dieter T. Hessel. *Social Ministry*, rev. ed.(Louisville, Ky.: Westminster/John Konx Press, 1992), 45를 보라.

히 이들을 상담하는 것 이상이다. 이것은 점점 증가하는 위기를 맞고 있는 우리 시대에 공동체로서의 교회로 하여금 청소년들을 둘러싸고 있는 사회적 상황에 관여하도록 자극하는 것을 의미한다.[22]

4. 안내, 선도, 중재

비록 목회적 돌봄의 인습적인 지평이 개인에 대한 돌봄의 범위를 넘어서 확장될 필요가 있음에도 불구하고, 중요하지만 때로 무시되는 목회자들의 임무는 청소년 개인들과 이들의 부모들에 대한 직접적이고 개인적인 사역과 관련이 있다. 일반적으로, 사춘기의 첫번째 과제는 집을 떠나게 해서 자신의 가정적 배경과 타협하는 과정을 시작하는 것이다. 이 과정에서 대부분의 젊은이들은 그들이 신뢰할 수 있는 다양한 과도기적 부모상을 필요로 한다. 이 모습들 속에서 젊은이들은 부모들로부터 자신들을 분화시키는 데 도움을 주는 모델을 발견할 수 있다. 세드릭이 자신의 목회자들, 교사들, 그리고 삼촌에게서 이 모습들을 발견했던 것을 상기해 보기 바란다.

현대의 목회자들, 특히 큰 교회의 대부분의 목회자들이 이 역할을 이행하는 데 중요한 걸림돌은 접근하기 어렵다는 것이다. 십대가 주일에 강단에서만 보는 목회자들을 신뢰하고 그들과 동일시하는 것을 배울 수는 없다. 그들은 비형식적인 환경에서 목회자들과 접촉할 필요가 있다.

---

22) Charles V. Gerkin, *Widening the Horizons and Prophetic Pastoral Practice*.

그들은 목회자와 이야기를 나누고, 목회자를 신뢰하고, 또 젊은 목회자들의 경험에서 첫번째로 떠오르는 문제들에 관해 "목회자들은 정말로 어떻게 생각하는지" 물어볼 필요가 있다. 그리고 목회자는 이 문제들에 관해서 "젊은이들이 어떻게 생각하는지"를 들을 필요가 있다.

많은 목회자들은 그들의 회중 안에서 젊은이들과 접촉하는 것을 그다지 중요하게 여기지 않는 경향이 있다. 목회자가 되려고 하는 젊은이들과 나이 많은 목회자들을 가르쳤던 경험을 통해서, 나는 젊은이들과의 사역에 관한 이야기의 거의 대다수가 젊은 목회자들에게서 나왔다는 것을 발견했다. 담임 목사들은 이 이야기들을 동료 집단에게 내 놓고 분석하지 않으려고 하는 경향이 있다. 그들은 자신이 맡고 있는 교회의 가정들이 이러한 문제들에 직면하고 있다는 것을 알고 있음에도 말이다. 부모들과 젊은이들이 직접 목회자를 찾지 않는 한, 성장의 과정에서 사실상 피할 수 없는 이러한 문제들은 때로 관심을 끌지 못하며 젊은 평신도 조언자들이 최선을 다해 다루어야 할 문제로 남는다.

가정에 대한 직접적인 목회자의 사역의 또 다른 중요한 측면은 세대간의 중재자로서의 역할을 하는 것이다.

때때로 사람들을 서로 묶어 주는 긍정적인 감정들과 유대는 부정적인 감정과 비난들에 의해서 덮여버린다. 예를 들어, 이것은 종종 십대가 가정으로부터 도망칠 때의 상황이다. 이러한 종류의 상황에서, 목회자들은 종종 자신이 매개자의 위치에 있음을 알게 될 것이다. 즉 사람들은 서로 의사소통을 하지 못할 때, 양 측면에서 목회자들에게 이야기할 수 있다. 물론 이것은 감당하기 쉽지 않은 위치이다. 목회자들은 한 측을 다른 측과 부적절하게 결합시키는 방향으로 나가지 않도록 주의해야 한다…하지만 매개자의 위치는 일시적이라고 할지라도, 잠재적으로 화해에 필요한 역할이다.[23]

이 인용문은 근본적으로 목회적 돌봄의 사역을 위기상황에 초점을 두는 것으로 이해한다. 이 장에서 우리는 청소년에 대한 위기돌봄 사역의 차원들이 여러 면에서 목회자와 회중, 개인과 사회를 모두 포함한다는 것을 알아 보았다. 성인이 되는 과정에 있는 두 명의 미국 흑인 청소년들의 이야기에 대한 간단한 분석으로 시작해서 우리는 전환기적 시기에 서양 사회, 기독교 회중, 그리고 목회자에게 부딪혀오는 광범위하고 당황스러운 중요한 논쟁들을 살펴 보았다. 사춘기에 대한 고찰을 끝내려 하는 이 시점에서 우리는 여기서 우리 앞에 펼쳐졌던 상황들이 그 후의 인생 주기의 시기들을 다룰 때에도 다시 등장하게 될 것이라고 예상한다. 비록 성인기와 노년기에 의해서 제공되는 특정한 시각으로 살펴 보게 되겠지만 말이다.

---

23) Charles V. Gerkin, *Crisis Experience in Modern Life: Theory and Theology for Pastoral Care* (Nashville: Abingdon Press, 1979), 269.

제9장

성인기의 이야기

처음으로 성인기를 생산성의 시기라고 부른 사람은 에릭 에릭슨이다. 에릭슨이 사용한 생산성이라는 말은 다음 세대로서의 후손들을 생산하고 양육하는 소망과 책임만을 의미하지는 않았다. 에릭슨은 계획과 기술 그리고 인간 삶의 공동의 선에 공헌하기 위해서 창조하고 누군가가 만들어낸 것들을 더 발전시키고자 하는 인간의 충동을 의미했다. 변증법적인 용어로 각각의 인생주기의 다단계를 설명하면서, 에릭슨은 언제나 정체를 생산성과의 긴장 속에 놓여 있는 어두운 면으로 지적한다.

에릭슨이 생산성에 대해 그의 모든 저서에서 언급했지만, 이 용어에 대해 완전히 설명해 놓은 책은 아마도 『통찰과 책임』*Insight and Responsibility*일 것이다. 이 책에서 에릭슨은 자신이 이름 붙인 덕의 형성 구조, 즉 근본적인 윤리적 구성개념 내에서 인간의 인생주기의 단계에 관한 선구자적인 연구를 한다.

기본적인 덕과 조직된 인간 공동체의 본질적 요소 사이의 가장 직접적인 연관성은 성인들은 (다른 이유들 중에서) 집단성과 집단의 전통으로부터 개인 운명의 흥망성쇠와는 비교적 상관없이 다음 세대의 요구들을 충족시킬 수 있는 일단의 방법들과 확신을 얻으려는 목적으로 조직된다는 것이다. 그러므로 신뢰할 만한 모성은 신뢰할 만한 "우주"를 필요로 한다. 그리고 여성들의 종교는 남성들의 종교와는 다른 특성을 갖는다는 것을 발견할 수 있다. 여성적인 신앙의 증명은 죄책감 없이 행동을 하게 하는 논리보다는 여성이 신앙 자체를 가지고 할 수 있는 것, 즉 소망을 주고 새로운 인간에 대한 신뢰를 형성하는 것에 달려 있다.[1]

에릭 에릭슨은 계속해서 자신이 여성과 남성 모두에 대해 말한 성인기의 덕이란 생식의 필연적인 결과인 돌봄의 덕이라고 주장한다: "돌봄은 사랑, 필연성, 또는 사고에 의해서 발생한 것에 대한 확대된 관심이다. 돌봄은 피할 수 없는 의무에 수반되는 양가감정을 극복한다."[2]

비록 위의 구문에서 에릭슨은 개인주의적인 용어로 광범위하게 말하는 것처럼 보이지만, 전체적인 에릭슨의 심리학은 훨씬 사회적인 의미를 갖는다. 돌봄이 성인기의 덕이라는 에릭슨의 주장은 내가 이 책에서 돌봄의 개념에 부여한 관리의 역할과 양립할 수 있다. 내가 추가하고자 하는 하나의 개념—이는 에릭슨이 다른 저서에서 인정한 개념인데—은 우리가 현재 가지고 있는 돌봄에 대한 이해는 오랜 인간 사고의 전통에서 나온다는 것이다.[3] 기독교 공동체에서 돌봄에 대한 우리의 개념은 유

---

1) Erik H. Erikson, *Insight and Responsibility*(New York: W. W. Norton, 1964), 152.
2) Ibid., 131.
3) 예로, 에릭슨의 Young Man Luther(New York: W. W. Norton, 1958)을 보라.

대-기독교의 사고와 활동의 긴 역사에 의해서 형성되었다.

독자들은 이 책의 3부가 조직원리의 이중 구조에 따라 구성되고 있다는 것을 기억할 것이다. 첫째, 인생주기의 네 가지 시기에 요구되는 공통적인 요구들과 논쟁점들을 고려하는 것이다. 둘째, 기독교 공동체의 사역들에 특별한 어려움을 주는 딜레마와 관련이 있는 현재의 인생주기를 간단하지만 통찰력 있게 살펴 보는 것이다.

성인기에 관련해서 이 두 임무를 이행하려고 하는 것은 쉬운 일이 아니다. 성인기는 20대 초반에서 시작되어 60대 후반이나 70대 초반에 이르는 인생의 주기에서 가장 긴 시기일 뿐 아니라, 사람들이 독특하고 다양한 방식으로 헌신과 책임의 의무를 경험하는 삶의 시기이다. 여기서 앞에서 말한 에릭슨의 관점이 가장 적절하다.

우리의 관심은 성인 사이에는 보편적이지만 우리 시대에는 특히 어려운 문제가 되고 있는 세 개의 서로 겹쳐 있는 영역으로 집중될 것이다: 성별 차이, 생산성의 어려움, 그리고 실패한 관계들. 오늘날 서양에서 성인이 된다는 것은 이러한 문제성 있는 상황들을 만나는 것이다. 그리고 많은 사람들은 이 세 가지 문제에 모두 부딪히게 된다.

성적 관심, 성별 차이, 그리고 목회적 돌봄

생산성이 성인기의 가장 중요한 덕이라면, 성인기는 모든 사람들에게 그들의 성적인 관심을 안전한 방법으로 표현하는 방법을 발견해야 하고 남성과 여성의 문화적 이미지에 가능한 한 가까이 '적응해야 하는' 과제를 갖게 된다. 가장 기초적인 단계에서, 이러한 추구는 근본적으로 생물학적인 한계 내에 있게 된다. 여성과 남성의 성적 기관은 서로 다르다. 그럼에도 불구하고, 어떻게 이러한 생물학적 차이들이 설명될 것인지, 그리고 행동적으로 조직화 되는지는 폭넓고 다양한 문화적, 사회적, 개인적 기준에 달려 있다. 이러한 기준들은 부모의 기대, 또래집단의 압력, 그리고 지금 급진적인 변화를 겪고 있는 보다 큰 문화적 패턴 사이의 갈등 안에서 스스로 만들어진다. 그리고 성적 관심과 성 정체성으로부터의 작업은 특정한 성(일반적으로 남성) 역할에 보상을 주고 다른 성 역할에 미묘한 벌을 주는(일반적으로 여성) 사회경제적 구조 안에서 일어난다.

선택이건 발달적인 변화이건 생물학적 문제이건 간에(대부분은 종종 이 세 가지의 결합이다) 동성애의 정체성에는 특정한 벌과 불이익이 따른다. 많은 공동체, 특히 신앙공동체에서 게이와 레즈비언은 비난을 받으며, 용납될 수 없는 것으로 간주된다.[4] 한편, 게이와 레즈비언이 공동체 "밖으로 나오는 것"은 많은 게이와 레즈비언에게는 이전 시대에 언제

---

4) *The Christian Century* 19(October 1994): 948-49. 이 잡지는 미국의 큰 교회 중의 하나인 한 주류 개신 교회에서 일어난 특히 슬픈 비극적인 상황에 대해 기록하고 있다. 목사가 게이라는 소문이 시작된 것처럼 보였다. 하지만 그 목사는 몇 년간 성공적이고 사랑받는 회중의 인도자였다. 결과적으로 이 갈등은 목사의 사임은 물론 교회에서의 엄청난 고통의 시기로 끝났다. 이 고통을 극복하는 데는 회중과 임시 목회자의 수년 간의 노력이 걸렸다.

나 이들을 따라다닌 외로움과 부끄러움의 부분적인 종말을 의미했다.[5]

이들의 성적인 경향과는 상관없이, 20세기 후기에 살고 있는 남성들과 여성들은 다소의 불편함과 심한 갈등을 겪으면서 그들이 어떻게 처신해야 할지, 그리고 어떻게 서로 관계를 맺어야 하는지를 규정하는 사회적, 문화적 구조 안에 살고 있다. 동성애적인 관계에서조차도, 분명히 사회와 그 사회의 문화는 급진적이고 심지어 혁명적인 변화 안에 있다. 이러한 변화의 시기에 여성들과 남성들을 어떻게 돌봐야 하는지는 목회적 돌봄의 중요한 질문이 되었다.

사례 연구: 해링톤 부부

톰과 루쓰 해링톤(가명)의 사례는 성적 관심과 성 역할에 있어서 근본적인 차이들을 가지고 있는 흔한 결혼 생활에서 일어날 수 있는 갈등의 대표적인 예이다. 30대인 톰과 루쓰는 결혼 생활 6년째이며 각각 4살, 2살인 두 명의 아이들이 있다. 여러 가지 면에서 이들 부부의 관계와 자녀들과의 관계는 틀에 박힌 것이지만 강한 애정이 있었다. 그들은 지금의 세대가 그런 것처럼 루쓰가 집 밖에서 일하는 것을 제외하고는 부모와 문화로부터 이어져온 성 역할의 패턴을 따랐다. 둘째 아이가 태어나면서, 루쓰는 직장을 그만 두고 전업주부가 되었고 톰을 이를 지지하였

---

5) 게이와 레즈비언에 대한 상호적 지지 집단과 함께, 성인—생물학적인 성의 기준을 따르지 않은 불유쾌한 시기를 보낸 후에—을 위한 대부분의 거대한 도시의 지지 집단들은 길고 힘든 성 변화의 과정을 겪고 있다.

다. 루쓰는 이 결정에 대해 양가감정을 느꼈지만, 이것은 대단한 결정이었다.

한 동안 모든 것이 순조로와 보였다. 톰은 자신의 일에 좋은 성과를 거두고 있었으며, 가정을 부양하기에 충분한 수입이 있었다. 하지만 지난 2년 동안 그들의 관계는 변하게 되었고, 서로의 유사성과 차이점, 그리고 두 명의 활동적인 아이들을 양육하는 문제들에 관한 이들의 대화는 덜 개방적이 되었고 서로에게 그다지 도움이 되지 않았다.

비록 특히 루쓰가 자신과 남편이 그들의 근본적인 생산성 문제에 대해 더 많은 지지를 받기를 바라면서 교회에 더 참여하고 싶다는 소망을 종종 가졌지만, 이들 부부는 교회 성도들과 동떨어져 살면서 가끔씩 교회에 참석했다. 톰의 일 때문에 교회에 참석하는 일이 방해를 받았다. 톰은 일 때문에 해외로 나가는 등 여행이 잦았다. 그래서 톰은 종종 가족과 함께 주말을 보내지 못하곤 했다. 이로 인해 아이들과 일상의 집안 일에 대한 우선적인 책임이 루쓰에게 넘겨졌다. 루쓰는 혼자서 이 책임을 이행해야 하는 것에 점점 더 화가 났다. 톰은 집에 있을 때는 "도와 주려고" 노력했지만, 보통 지쳐서 집으로 돌아왔고 쉬고 싶어 했다.

최근에 갈등은 점점 커져서 루쓰는 도움이 없이는 결혼을 유지할 수 없을 정도가 되었다. 루쓰는 목회상담센터를 찾았는데, 이는 단순히 이 센터의 이름에 "목회"라는 말이 포함되어 있기 때문이었다. 그리고 교회에 참석했다. 산책하는 중에 그녀를 만났을 때, 나는 도움을 청하기로 결심하도록 그녀를 지지해 주었다. 그 때, 나는 그녀가 처음 방문했을 때 이를 담당했던 목회상담자를 알았고, 나는 그를 유능한 돌봄의 전문가로서 루쓰에게 추천할 수 있었다.

톰이 처음에 상담에 참여하기를 꺼렸을 때 문제가 발생했다. 톰은 자신의 상관이 그가 결혼 문제로 도움을 구하고 있다는 것을 알게 되면 자신의 직장생활에 불이익이 생길까 염려했다. "나는 당신이 마음만 가라앉힌다면 우리 스스로 이 문제를 처리할 수 있으리라고 생각해"라고 톰은 루쓰에게 말했다. 이 시점에서 톰과 루쓰가 성장한 곳에서 가깝고 여행을 많이 하지 않아도 될 도시에 있는 직장으로 옮길 수 있는 기회가 왔다. 하지만 임금은 현재의 월급보다는 훨씬 적을 것이다. 루쓰와 목회상담자와의 토론과 고민 끝에, 톰은 새로운 직장을 받아들였고, 톰과 루쓰는 집을 팔았으며, 가족은 새로운 생활을 시작하기 위해서 디트로이트로 떠났다.

여기서 성 역할과 목회적 돌봄 실제에 수반되는 기회와 어려움들과 관련된 우리 사회에서의 변화에 관해서 무엇을 볼 수 있는가? 첫째로, 처음에는 희미하지만 나중에는 보다 분명하게, 성 역할에 대한 전통적인 가부장적인 이해가 지배적인 것을 볼 수 있다. 해링톤 부부는 결혼 생활 대부분에서는 새로운 평등주의를 표명하고 있지만, 문화적 상황을 지배하고 있는 가부장적 구조에 빠져 있다.[6] 이들의 성역할은 인습적이다. 가정과 아이에 대한 부담은 우선적으로 루쓰의 몫이었다. 톰은 직장 상사들을 언짢게 하지 않으려고 노심초사했다(아마 주로 남성들이 그럴 것

---

6) Lillian B. Rubin, *Intimate Strangers: Men and Women Together*(New York: Harper & Row, 1983)을 보라.

이다). 아이들은 아버지를 거의 보지 못했다. 비록 톰이 집에 있는 동안 함께 놀아줌으로써 자신의 빈 자리를 보충하려고 했지만 말이다.

목회자와 그들의 회중에게 있어, 해링톤 가족과 같은 가정을 돌보는 것은 처음에는 비교적 간단한 일처럼 보인다. 이러한 가족들에게 다가가기 위해서는, 교회는 교회 주변에 살고 있는 해링턴 가족과 같은 사람들을 찾아내고 그들을 교회의 지지적인 활동에 참여하도록 초대하는 일상적이지 않으면서 적극적인 방법들을 발전시켜야 한다. 때때로 대부분의 교회들은 토의 집단, 특별행사, 그리고 비슷한 어려운 변화를 겪고 있는 많은 부부들에게 응답하기 위해 마련된 예배를 제공한다. 여기서 회중은 목회적 역할에 참여할 수 있다. 대인적이고 문화적인 변화의 시기에 서로를 돕는 일 말이다.

물론, 이러한 회중의 돌봄의 활동이 해링톤과 같은 젊은 부부들에게 한정되지는 않는다. 나이 많은 부부들, 특히 변화하는 문화적 관습에 관심을 갖는 사람들은 이러한 문제들을 공동으로 탐구하는 것은 물론 젊은 부부들과의 세대 간의 대화를 통해서 유익을 얻을 수 있다.

목회자는 이러한 활동들을 촉진하는 지도력을 제공하는 역할을 해야 한다. 다른 것들과 마찬가지로, 회중의 어떤 구성원들은 변화하는 성 역할에 대해 목회자들이 보이는 태도를 그대로 받아들일 것이다. 이러한 사람들에게 있어 목회자는 "앞선 방식을 보여 주는" 중요한 역할을 한다. 그 밖의 사람들에게 있어서는 목회 지도력은 새로운 문화적 경향에 대한 저항과 논쟁을 불러일으킬 것이다. 이러한 사람들에게조차도 진정으로 목회적인 방법으로 제공된다면, 목회자의 지도력은 변할 필요가

있는 것을 변화시키고 보존될 필요가 있는 것을 보존하도록 도울 수 있다.[7]

해링톤 가족과 같은 가족에 대한 회중의 공동체적인 돌봄의 활동이 중요하기는 하지만, 우리는 루쓰가 자신의 고통이 스스로 감당할 수 없을 만큼 커졌을 때 처음 찾은 곳은 지역 교회가 아니었다는 점을 기억해야 할 필요가 있다. 오히려 루쓰는 목회상담센터를 찾았다. 루쓰는 그 곳에서 전문적인 도움을 받을 수 있으리라 생각했다. 존 패톤John Patton이 상기시켜 주는 것처럼, 목회상담센터는 교회의 한 사역—여러 가지 이유로 지역 교회와의 연대에서 분리된 사람들을 위해 특별히 중요하다—이다.[8]

그러면 회중을 지도하는 것을 넘어서서 교구 목사가 해야 할 사역은 무엇인가? 한 차원에서, 목회자의 임무는 개인과 가족들과의 친밀하고 믿을 만한 관계성을 발달시켜서 회중의 삶의 내적 상태에 은밀히 관여하는 것을 포함한다. 좋은 목회상담은 관계에서 신뢰, 개방성, 정직성, 그리고 기독교 이야기의 틀 안에서 종종 어렵고 문제가 있는 상황에서 삶을 어떻게 살아가야 하는지에 관한 탐구의 정신이 가능해지도록 한다. 훌륭한 목회상담은 성적인 관계와 관련해서 추구할 새로운 길을 발견하려는 노력과 생식에 관한 관심을 개방적으로 나누도록 유도한다.

---

7) James Dittes, *When the People Say No: Conflict and te Call to Ministry* (New York: Harper and Row, 1979)를 보라.

8) John Patton, *Pastoral Counseling: A Ministry of the Church*(Nashville: Abingdon Press, 1983)을 보라.

또 다른 차원에서, 교구목사의 사역은 부부 간이나 이성 친구들 사이의 위기의 순간에, 그리고 교구민의 성 정체성이나 그가 교제를 나누고 있는 사람의 성 정체성과 관련해서 극도로 고통받고 있는 순간에 즉각적으로 이용가능하고 현명한 상담을 제공하는 것을 포함한다. 여기서 목회자들은 어떤 상황에도 당황하지 않는 것을 배울 필요가 있다.[9]

목회자는 가까이에 있는 심각한 상황에 대해 여전히 가장 선하고 윤리적이며 창조적인 해결을 추구하는 입장을 유지하면서도 비판단적인 분위기에서 가장 친밀한 주제에 관해 이야기를 나누는 데 개방적일 필요가 있다.

사례 연구: 래시터 부부

칼Carl과 샤로트Charotte 래시터 부부는 해링톤 부부보다 나이가 많고, 30년 이상 결혼생활을 해오고 있다. 칼은 인장받는 치과의사로, 가정에 평균 이상의 수입을 가져다 주었지만, 이는 칼에게는 전혀 충분해 보이지 않았다. 2차교육 분야의 전문가인 샤로트는 수년 간 가사 외의 일을 해 왔다. 샤로트는 한편으로는 자신의 선택으로 또 한편으로는 3명의 아

---

9) 이와 관련해서 나는 잘 알고 있는 목사와의 최근의 대화를 기억한다. 이 목사는 결혼식이 있던 날 남편이 "남성으로서의 역할"을 하지 못하는—하지 않으려고 하는—것을 보고 그가 동성자라는 것을 알게 된 젊은 신부를 돕는 고통스러운 과정에 있었다. 결혼 첫날 밤 자신의 동성애적인 경향을 극복하려고 애쓰는 남편의 부끄러움에 가득찬 행동에서, 그가 이성애를 시도해 봄으로써 자신의 삶의 현실을 극복하려고 시도했다는 것이 분명해졌다. 이 불쾌한 결과는 그 자신과 신부 모두에게 더 큰 고통과 수치를 안겨 주었다.

이—아들 둘에 딸 하나—를 두고 있는 까닭에 수입에 도움이 되려고 이 일을 시작했다. 샤로트는 결혼하기 전에 몇 년 간 생계를 위해서 직장생활을 했고, 아이가 생겼을 때 일을 그만 두었다. 그리고 세 아이들이 대학에 가게 되고 학비가 많아지자 다시 일을 시작했다.[10]

래시터 부부의 목사가 나에게 이들 부부를 위한 부부상담을 위탁했다. 래시터 부부의 목사는 래시터 부부가 "좋은 사람들이지만 최근에 문제가 있는 것처럼 보인다"고 말했다. 처음 만남에서 이들 부부가 나에게 이야기해준 결혼생활에 따르면, 그들의 결혼생활은 언제나 "스트레스와 긴장"을 가지고 있었지만, 점차 두 사람 모두에게 만족스러워졌다. 그들은 결혼한 후 처음 10년간은 좋은 성 관계를 가졌다고 말했다. 하지만 최근 몇 년 간 샤로트가 성관계가 뜸해진 것에 대해, 그리고 이들 부부가 함께 꾸려 가야 할 삶의 다른 부분들은 물론 성과 관련된 부분에서 소극적인 칼의 행동에 대해 불만을 가지고 있음을 이야기했다.

흔한 일이지만, 칼의 권태는 샤로트의 정력과 활력과는 반대되는 것이었다. 샤로트는 직장생활을 열심히 하고 주부로서의 의무에도 충실했을 뿐 아니라, 교회와 다른 곳에서의 봉사활동에도 철저하게 즐거운 마음으로 참여했다. 한편, 칼은 필요할 때만 아내를 따라다녔고, 자신이 개인

---

10) Bonnie J. Miller-McLemore, *Also a Mother and Family As Theological Dilemma*(Nashville: Abingdon Press, 1994). 이 책은 자신의 선택이나 필요성에 의해서 집 밖에서 일하게 된 어머니들이 직면하는 딜레마에 대해 여권신장론적인 관점에서 훌륭하게 논의하고 있다. 밀러 맥크러모어는 일하는 어머니로서의 자신의 경험을 보여 주고 있을 뿐 아니라, 그녀는 이 문제를 생각해 보는 데 있어 광범위한 여성신학적 자원들을 독자들에게 제시한다.

적으로 흥미를 갖고 있는 일을 했다. 여기에 우선적으로 주말 골프를 친다거나, 저녁 내내 서재에서 TV를 본다거나 책을 읽는 일이 포함되었다.

아이들이 어렸을 때는 유지할 수 있었지만 이제는 이미 불안해진 균형을 점점 더 신속하게 깨뜨리기 시작한 두 가지 사건이 있었다. 첫번째 사건은 래시터 부부의 오랜 경제상의 노력과 바람과 직접적으로 관련이 있다. 자녀들이 대학에 갈 나이가 되자, 자녀에 대한 샤로트의 야망은 '가정을 충분히 부양할 수 있을까' 뿐만 아니라 '나의 에너지가 완전히 고갈될 것 아닌가' 하는 칼의 계속적인 두려움과 심각하게 상충됨이 분명해졌다. 논쟁은 돈 문제에서 발생했다. 논쟁에서는 더 활력적인 샤로트가 항상 이겼다. 결국, 자녀들은 모두 비싼 사립 대학에 갔고 아들 하나는 법률학교에 갔는데 여기에 드는 비용은 부모들의 몫이었다. 자녀에게 최상의 것을 베풀고자 하는 바램이 래시터 부부의 결혼생활을 묶어 주는 역할을 했다.

래시터 가족이 변화를 겪고 있는 시기에 일어난 갈등의 핵심은 세력 다툼이었다. 칼은 샤로트의 야망과 자녀들의 끝도 없어 보이는 욕망에 저항할 충분한 힘을 행사할 수 있는가? 샤로트는 자신이 보기에 "인색"하다고 생각되는 칼의 성격을 통제할 충분한 힘을 행사할 수 있는가?

래시터 부부의 성 역할과 세력 다툼을 부채질하는 데 기여한 또 하나의 사건은 샤로트가 여성운동에 깊이 참여하는 데서 발생했다. 샤로트는 다방면의 책을 읽는 사람이었고, 물론 70년대와 80년대의 유명한 여권신장론 문헌들도 많이 읽었다. 샤로트는 여권신장론 모임에 참석하기 시작했고, 곧 여권신장론 지지 집단에 참여했다. 수동적인 칼은 지역 사회에서 여권신장을 위해 노력하는 샤로트에게 노골적으로 반대하지 못했다. 상담관계에서 칼은 자신이 표현하는 것보다 더 큰 분노와 저항을 품고 있는 것이 분명했지만, 사실 칼은 말로는 샤로트를 지지했다.[11]

상담에서 래시터 부부가 결정을 내려야 할 필요가 있다는 것이 점점 분명해졌다. 자녀들이 다 자란 시점에서 이들은 어려운 결혼생활을 포기할 것인가, 아니면 자신들이 서로 매우 다른 사람들임을 받아들이고 서로의 차이점에 잘 적응하는 법을 배울 것인가? 샤로트가 칼의 성적 관심이 부족하다는 점에 대해서 특히 화가 나 있을 때, 그녀는 칼에게 이혼을 원하며 그렇지 않으면 다른 곳에서 자신의 성적인 욕구를 만족시키겠다고 말하는 지경에까지 이르렀다. 샤로트는 스스로 경제적인 문제를 해결할 수 있었으며, 다른 남자들과 성적인 교제를 찾을 수 있었다. 이 점에서 칼은 매우 우울하게 되었다. 하지만 지금 자기 자신 이외에 다른 사람이 될 수는 없다고 말하면서 자신의 입장을 지켰다. 샤로트는 몇 달 간의 망설임 끝에, 그리고 칼은 샤로트의 욕구에 응답하려는 점차적인 정직하

---

11) *No Man's Land: Men's Changing Commitment to Family and Work* (New York: Basic Books, 1993)에서 Kathleen Gerson은 다음과 같이 기록하고 있다. "집단으로서 남성들은 불균형적인 권력과 특권을 가지고 있지만, 많은 개인적인 남성들은 힘이 있다고 느끼지 못한다. 이러한 인식은 물속에서 헤엄치고 있으면서도 물을 느끼지 못하는 속담 속의 물고기와 비슷하다. 지배적인 집단의 대부분의 구성원들은 자신들의 특권을 당연하게 받아들인다―이 특권을 뺏기지 않는 한 말이다. 그럼에도 불구하고, 지배적인 집단도 완전히 자유롭지는 못하다. 하위집단들이 종종 힘과 기회를 만들어내는 방법을 발견한 것처럼 지배적인 집단들은 거의 완전히 억제하지 못한다."(13).

고 개방적인 노력 가운데, 이들은 함께 하기로 결정했다. 이 결정에는 양측 모두가 이혼의 이유보다 결혼에 만족할 이유가 더 많음을 인정하는 것이 포함되었다. 샤로트는 칼의 개성을 더 받아들이게 되었다. 샤로트는 골프를 배우기까지 했으며, 칼은 설거지와 청소를 돕기 시작했다. 칼은 성에 더 적극적으로 참여했으며, 지역사회 활동에도 더 적극적으로 참여했다. 여전히 고통스러울 때도 있었지만, 결혼생활은 계속되었다.

이 이야기는 성격상의 중요한 차이를 가지고 있거나, 출산 기간 동안 일부 제쳐 두었던 개인적이고 관계적인 욕구들을 발견하게 된 중년기의 중요한 변화를 잘 설명해 준다. 결혼생활 초기에 래시터 부부를 묶어준 끈은 자녀를 양육해야 하는 과제였다. 샤로트에게 있어 아이들을 키우는 것은 칼이 생각하는 것과는 다른 것을 의미했다. 그럼에도 불구하고, 아이들의 욕구와 이들이 가져오는 즐거움은 부부의 관계에 존재하는 갈등을 완화해 주는 역할을 했다.[12]

---

12) Time (Elizabeth Gleick. "Should This Marriage Be Saved?" *Time* 145, no. 8[Feb. 27, 1995]: 48-56.)은 최근에 "이 결혼은 구원될 것인가?"라는 질문을 주말판에 대대적으로 실었다. 이 기사에서, 캘리포니아의 임상심리학자인 Judith Wallerstein의 말이 인용되었다. 그녀는 15년 동안 이혼 가정의 131명의 아동을 연구한 끝에, 이 아동들에게 우울증과 낮은 성적, 물질욕과 친밀성 문제의 위험이 있음을 발견했다. 그녀는 다음과 같이 말한다. "우리는 이 결과를 보고하기 시작했고 사람들은 화를 냈다. 사람들은 '이것은 말도 안돼! 이혼이 부모에게 좋다면 아이들에게도 좋은 거야'라고 말했다. 사람들은 이혼과 여성해방운동은 모든 것을 처리할 것이라고 믿고 싶어했다." 라시터 부부는 자녀들이 자라나는 동안 이러한 문제들로 고민했지만, 지금은 결혼생활을 활기있게 유지하기 위해서 다른 원칙을 찾아야 했다.

생산적 헌신과 목회적 돌봄

칼과 샤로트 부부의 사례는 수년 간 삶을 정의해 주고 목적을 부여해 준 의미와 관계성에 충실하게 임하는 것과 관련된 중년에서의 생산적 문제로 효과적으로 변화할 수 있게 해준다. 중년기의 생활에서 가장 우선적인 임무, 그래서 갈등과 어려움의 주요 근원이 되는 것은 긴 성인기 동안 헌신을 유지하는 것과 관련이 있다. 헌신 없이는 성인의 생활은 혼란스러운 관계에 빠지게 되며, 자아의식이 흔들리고, 삶의 가치와 목적과 관련해 혼란을 겪게 된다. 중년의 생활은 헌신하고 이를 유지하는 것이 요구되는 긴 여정이다. 그러므로 사람들이 자신의 헌신을 유지하도록 돕는 것은 목회적 돌봄의 사역의 중추적인 임무가 되었다.

나는 세 가지의 서로 얽혀 있는 부차적인 주제 하에서 헌신을 유지하는 것과 관련해 목회적 돌봄을 생각해 보려고 한다. 부모의 역할과 그 밖의 다른 형태의 생산성과 관련된 헌신, 신앙에의 헌신, 직업에의 헌신이 그것이다. 이들 세 가지 부차적인 주제들은 쉽게 분리될 수 없을 뿐더러 분리되지도 않을 것이다. 그럼에도 불구하고, 하나씩 살펴보는 것이 도움이 될 것으로 보인다.

이들 부차적인 주제들 중 처음 두 가지는 교외 지역에서 목회하는 목회자가 내게 전해 준 다음의 이야기에서 잘 설명된다. 여기에 기록된 이야기는 목사 자신이 기록한 보고서에서 발췌한 것이다. 이 보고서는 그 목회자가 일상적인 대화에서 이 사건에 대해 내게 이야기한 후에 나의 부탁으로 제공한 것이다.

사례 연구: 알 브라우닝

알 브라우닝의 15살 된 아들은 12단계 약물 및 알코올 치료 프로그램에 9개월째 참석 중이었다. 앞서 알은 목사인 나에게 대화를 요청했는데, 이 대화에서 그는 교회가 십대들의 약물과 알코올의 문제를 다루지 않는 점에 실망했다고 말했다. 또한 알은 자녀들 중에 약물을 사용하고 있다고 보여지는 아이가 있을 경우 그 부모들에게 이에 대한 정보를 전해 주는 교회와 지역 사회의 일부가 되고 싶다는 자신의 소망을 밝혔다.

지역사회에서 생겨나는 불확실한 정보에 대한 알의 태도는 아들의 약물 사용으로 인해서 바뀌었다. 전에 알은 이러한 정보들을 험담 정도로 여겼다. 지금 이러한 정보들이 부모의 귀에 들어가야 한다고 믿고 있다. 알은 다음과 같이 말했다. "내 아들이 치료를 받고 있을 때 10명 내지 15명의 사람들이 찾아와서, 내 아들이 약물을 사용했다는 소문을 들었으며 이 소문에 대해 나에게 이야기하는 것이 적절하지 않을 것이라고 생각했다고 말했다. 만약 내 아들이 약물을 사용하고 있을 때 이들이 나에게 찾아왔다면, 나는 처음에는 이를 믿지 않았겠지만 그 다음에는 아마도 아들의 방을 조사해 보고 이 소문의 진상을 알아 보려고 했을 것이다."

나는 교회에 대한 알의 비난을 방어적이고 불편하게 느꼈던 것을 기억한다. 알은 자신은 나에게 지지적이고 관대했는데, 그가 나와 나의 교회를 필요로 할 때는 도대체 어디에 있었냐고 우겨 댔다. 나는 인과응보의 정신*quid pro quo mentality*으로 일함을 자인해야만 한다. 주는 대로 받는다.

존중은 획득되는 것이다. 관계성은 선물이 아닌 선한 활동에 기초한다. 알이 나에게 실망했다고 하자, 나는 나의 사역 결정의 근거를 다시 생각하게 되었다. 나는 다음 번에 알이 전화하면 더 적극적으로 대해야겠다고 생각했다.

금요일, 내가 장례식 준비를 위한 약속을 위해서 바빠 집을 나서려는데 알이 전화를 했다. 알은 믿을 만한 소식통으로부터 두 명의 중학생이 마리화나를 피우고 있다는 정보를 가지고 있었다. 나는 한 부모는 잘 알고 있었지만 다른 한 부모에 대해서는 안면이 있는 정도였다. 이 소년들은 알과 나의 아들들의 학급 친구였다. 브라우닝 부부는 이 정보를 전하는 데 자기 아들이 연루되지 않도록 보호받기를 원했다. 내가 이 정보만을 전해줄 수가 있을까요? 전해야 할까요? 알은 이 마리화나 사용에 관한 정보가 정확해서 부모에게 전해져야 한다고 확신하고 있었다.

나는 알에게 분명하게 이 정보를 전할 수 있을 것이라고 확신시켰다. 하지만 나는 불안했다. 나는 나의 불안한 감정을 다룰 수 있을까? 이 불안한 감정은 어디서 오는 것일까? 분명히 이 이유 중의 일부는 이 사건이 목회자로서의 나의 역할에서 이전에는 없었던 새로운 상황이기 때문일 것이다. 그럼에도 불구하고, 부모들은 나를 신뢰할 것이고 나의 말을 진지하게 받아들일 것임을 알았다. 그리고 이 일은 나의 아들의 학급의 일이었다. 나는 내 아들이 약물 사용에 참여했다는 단서는 전혀 없다고 확인했다. 내 아들은 순종적이고 정직하며, 우리를 기쁘게 하려고 노력하는 아이였다. 나는 나 자신이 남을 기쁘게 하고 순종적이며 정직할 필요가 있음을 인식했다.

나는 이 정보를 전할 수 있을까? 어떻게 안할 수 있을까? 나는 알에게 빚을 지고 있다. 나는 알이 그의 아들의 약물사용에 관해 내가 아무 행동도 취하지 않았다는 식의 암시에 죄책감을 가지고 있었지만, 이것은 나와 아무 관계도 없다고 무시했다. 이 때 나는 나 자신이 대학 시절에 약물을 사용한 적이 있음을 기억해 냈다.

이 상황에 대한 설명에서 목사는 자신의 가족을 위해서 무엇을 해야 하며 자신의 의무가 무엇인가 하는 것과 회중에 대한 목사로서의 자신의 임무 사이의 양가감정의 갈등에 대해 어느 정도 자세하게 이야기를 이어 나갔다. 목사는 믿을 만한 몇 사람과 이야기를 나누었는데, 그 중 가장 중요한 사람은 그의 아내였다. 그는 이 문제에 아내를 관련시킬 것인지 않을 것인지에 대해 갈등을 겪어야 했지만 말이다. "아내는 나를 저지할 지도 모른다. 이것이 아무리 그들의 가족과 그들의 아이들과 관련이 있다 해도, 아내는 약물과 같은 해악을 끼치는 문제들로부터 안전하게 보호하도록 행동할 것이었다"(여기서, 우리는 전환기에 있는 판에 박힌 성 역할의 위력을 볼 수 있다. 자신의 사역에서 이를 의식적으로 극복하려고 일하는 목사에게서조차도 말이다).

놀랍게도, 목사는 자기 아내가 지지적이지만, 그의 딜레마에 대해서는 대립적이라는 것을 발견했다. 아내는 그에게 '나의 자녀들이 다른 사람들의 자녀와 같지 않음을 감사하나이다!' 라는 식의 독선적인 경향을 상기시켰다. 아내는 또한 왜 이들 가족에 대한 돌봄의 책임을 혼자서 져야 하느냐고 의문을 제기했다. 왜 알을 이 상황에 참여시켜서 아직 자녀들이 약물을 사용하고 있음을 알지 못하는 부모들이 회중의 구성원으로부터 돌봄을 받게 하지 않는가?

목사는 이 사례에 대해 계속해서 설명했다: 그래서 나는 주일 아침에 알을 깨워서 나와 함께 가지 않겠냐고 물었다. 나는 이것을 직접적으로 말하고 싶지 않았다. 직접적으로 말하는 것은 나의 성격에 맞지 않았다…하지만 나의 반발적인 자아에 의지해서 단도직입적으로 물었다. 나는 알에게 거기에 가자고 말했다. 알은 주저하지 않고 그러겠다고 말했다. 목사는 왜 알이 필요했는지를 설명하려고 했다. 하지만 알이 재빨리 말을 잘랐다. "목사님이 저와 함께 가기를 원하신다면, 그것으로 됐어요"

개별적으로 부모들을 만났을 때, 두 가정의 부모들 모두 아이들에 대한 이 정보에 의문을 가졌다. 알과 나는 다른 가족과 아이들에 대해서는 언급하지 않았다. 알은 이 정보가 부모에게 전해진 이상 이 이야기가 어디서 흘러 나왔는지, 그리고 얼마나 정확한 정보인지는 그다지 중요한 것이 아님을 분명히 했다. 알은 자신의 아들에 대한 자신의 경험을 나누었고 처음에 자신도 아들의 약물사용에 대한 소문을 부정했었다고 이야기했다. 그의 고통과 몸부림 속에서, 알은 지금 아들과의 싸움을 선택했다고 말했다. …알은 상담자가 부모들에게 소년들에게 그들을 사랑한다고 말하고 안아주도록 지시했던 상담 시간에 대해서 이야기했다. 알은 자신이 언제 아들에게 사랑한다고 말했고 안아 주었는지 기억할 수도 없었다고 고백했다. 알은 자기 아들이 약물에 관련되어 있을지도 모른다고 의심을 품었을 때, 부모로서 자신이 아들에게 보인 태도는 소리를 지르고 어떻게 약물을 사용할 정도로 어리석을 수 있느냐고 다그치는 것이었다고 말했다. 지금 알은 이러한 자신의 태도가 아들로 하여금 낮은 자존감을 갖게 했고 약물사용을 하도록 몰고 갔음을 깨달았다. 알은 자신에게, 그리고 아내와 아들에게 약물사용과 알코올에 대해서 부모들과 청소년들과 함께 이야기를 하자고 제안했다. 알은 자신의 아내가 이 문화에서 아들을 키우는 데 있어 자기보다 더 훌륭한 직관을 가지고 있다고 말했다.

목사는 이 상황에서 그가 얻은 가장 중요한 교훈은 모든 사역은 완전히 혼자서 해야 할 필요가 없다는 것이었다고 계속해서 이야기한다. "정보를 전하는 정의로운 자가 되는 대신에, 나는 이 모임의 주선자가 되었고 서로 모르는 사람들을 소개하는 역할을 했다. 나는 때때로 질문을 했고, 이야기를 명료하게 했고, 알이 자신의 증거를 강력하게 말할 때 떨어져서 지켜 보았다. 나는 내 안에서 놀라움을 느끼면서, 집으로 돌아가서 아들에게 사랑한다고 말해야겠다고 생각했다."

이 사례는 참여자와 목회상담 사역 모두에게 다음과 같은 네 가지 중요한 교훈을 준다. 첫째, 이 사례에 관여하게 되고 이에 대해 생각하게 되면서 목회자는 목회 사역자로서, 그리고 아버지로서 자신의 사명을 어떻게 수행할 것인지에 관련하여 자신에게 몇 가지 새로운 질문을 제기하게 된다. 아마도 보다 중요한 것은 그의 '선언된 신앙'(비판단적 수용, 은혜, 하나님 앞에서 개인의 자유)과 '행위에서의 신앙'(faith in action, 공로를 통한 구원, 자기의, 자신의 권위를 표현하는 교묘한 조작) 사이의 차이점에 직면하는 것이다. 이 상황에서 목사가 사역의 문제에 부딪힘으로써 아주 분명히 그가 사명감과 목회적 돌봄의 구체적인 상황과의 생생한 관계성 속에서 살아 있는 신앙을 유지하는 데 큰 도움을 받았다.

또한 목사는 행위에서의 신앙이 아들과의 관계성에 어떻게 영향을 미치는지에 관해서 배웠다. 그는 아들이 교회와 가정의 강하고 정의로운 인도자로서의 면보다는, 부드럽고 염려하고 돌보는 성격의 측면을 보기를 바라고 있음을 깨닫기 시작했다. 아들에게 신체적으로 애정을 표현하는 것은 그에게 커다란 의미로 다가왔다. 또한 그는 자신의 사역에 부드럽고 현명하며 식견있는 관점을 제공했음을 발견했다.

둘째로, 이 사례에서 교훈적인 것은 두 가정의 부모들에 대한 사역에서 주도적인 역할을 한 알이, 아들의 약물사용 사건을 경험하면서, 일에 대한 의무와 가족에 대한 책임 사이의 균형을 맞추는 방법을 재평가하는 것을 분명하게 배웠다는 점이다. 알은 새롭고 확장된 사명감을 얻었다. 여기에는 가족을 어떻게 부양할 것인가 하는 것만이 아니라 아버지와 남편으로서의 역할을 포함한다. 새로운 사명감을 느낀 알은 자신과 비슷한 문제를 가지고 있는 사람들에 대한 사역에 참여하기를 원했다.

미국에서 남성들이 어떻게 그들의 에너지와 헌신에 대한 변화하는 요구에 대처하느냐의 문제가 활발하게 대두되고 있다. 남성이 설자리가 없다. 『가정과 직장에 대한 남성들의 변화하는 헌신』*No Man's Land: Men's Changing Commitment to Family and Work*이라는 제목의 중요한 연구에서 캐슬린 거슨Kathleen Gerson은 우리 사회에서 남성들이 깊이 침투해 있는 문화적인 변화들에 대처하는 다양한 방법들을 분류하고 있다. 캐슬린은 주요한 존재의 형태로 더욱 엄격하게 생계비를 버는 사람의 역할을 추구하는 남성들, 필요하다면 결혼과 가정의 관계를 피하면서도 자율성을 추구하는 남성들, 직업적 책임에 관해서 때때로 비경제적이 되지만 가족의 참여를 지향하는 남성들에 대해 이야기한다.

정의의 기준을 유지하고 개인적인 헌신을 분담하는 것은 남성에 대한 벌도 아니고 완전한 상실도 아니다. 우리는 남성들이 여성들과의 보다 동등한 관계, 그리고 자녀들에 대한 돌봄의 관계로부터 얻을 것이 많이 있음을 살펴 보았다. 경제적이고 사회적인 변화들은 남성들로 하여금 오랜 시간 유지되어온 특권을 포기하도록 요구했다. 하지만 이러한 변화들은 또한 남성들에게 새로운 권리를 주장하고 오랜 짐을 벗을 수 있는 기회를 제공한다. 더이상 혼자서 가정의 경제적 안정에 대한 책임을 지지 않게 되면서, 남성들은 가정 부양의 의무를 나누고 돌봄의 기쁨을 누리는 기대를 가질 수 있게 되었다. 더욱이, 남성들이 자녀들에 대한 돌봄에 더 참여하게 된다면, 남성들은 결혼생활의 안팎에서 개인적인 권리를 위해서 싸울 수 있는 도덕적인 권위를 얻게 된다. 이러한 아버지들이 이혼 사건에서 부모의 권리를 보다 더 강하게 주장할 뿐 아니라 아이들을 버리는 경향도 덜하다. 결혼생활이 공정해지고 평등해진다면, 이혼 또한 그럴 수 있다. 다른 한편, 남성들이 부모의 권리를 원한다면, 남성들은 여성들이 하는 것과 같은 일—책임을 지고, 돌보고, 매일 무수한 방법으로 자녀들의 필요를 충족시키는 부모의 역할을 공유하는 것—을 함으로써 이 부모의 권리를 얻어야 한다.[13]

---

13) Gerson, *No Man's Land*, 286.

심리학자이자 윤리학자인 존 스내리John Snarey는 40년 이상 진행되어 온 또 다른 중요한 연구를 통해서 개인적이고 사회적인 차원 모두에서 이루어지는 선택의 도덕적 중요성을 강조했다: 아버지와 자녀의 관계는 어머니와 자녀의 관계와 마찬가지로 도덕적으로 중요하다. 나는 아버지들은 직접적으로 자녀들의 도덕적 요구를 경험하며 개인적으로 자녀들에게 의무를 지고 있음을 말하려는 것이다. 에릭 에릭슨의 심리도덕적 모델은 우리 사회가 남성들에게 전에는 없던 부모의 생산성을 위한 기회를 제공하고 있다고 주장한다. 하지만, 우리 사회에서 부모들은 종종 그들의 주요 의무들—돈을 벌고 아이들을 기르는 것—이 갈등관계에 있음을 발견하게 된다. 어머니는 물론 아버지들도 해야 할 일을 모두 할 수는 없기 때문에 수많은 실제적인 도덕적 딜레마와 직면하게 된다. 도덕적 의무에서의 갈등을 피할 수는 없다. 하지만 이 갈등들은 현재 우리 사회에서 부모들에게 불필요하게 강화된다.[14]

이 사례가 주는 세번째 교훈은, 이 사례에 참여한 모든 사람들이 교회가 된다는 것의 의미에 대해서 무엇인가를 배웠다는 것이다. 비록 이것을 신학적인 용어로 표현할 수는 없었겠지만 말이다. 외부에서 이 상황을 들여다 보면, 우리는 금방 이 상황이 교회가 어떠해야 하는지에 대한 중요한 예가 된다는 것을 알 수 있을 것이다. 에벌린 이튼 화이드헤드 Evelyn Eaton Whitehead와 제임스 화이드헤드James D. Whitehead는 『기독교 생

---

14) John Snarey, *How Fathers Care for the Next Generation: A Four-Decade Study*(Cambridge, Mass.: Harvard University Press, 1993), 357.

활 양식』Christian Life Patterns에서 다음과 같이 주장한다: 종교적인 생산성은 아마도 사람들이 살고 있는 공동체에 대한 봉사에서 가장 중심적으로 표현된다. 디아코니아는 이러한 성인의 봉사나 사역을 표현하는 신약성서의 용어이다. 어른을 믿는 행위로서 디아코니아는 타인을 위한 행위이며 개인의 재능을 표현하는 행위이며, 기독교의 비전과 꿈과 일치하는 행위이다…이러한 교역 신학은 공동체를 다양한 재능을 가진 성인으로 구성된 것으로 보는 바울의 이해에 기초한다. 이러한 성인들의 상호적인 돌봄은 개인적인 성자와 신앙 공동체의 발전을 초래했다(고전 12장).[15]

알을 자녀들이 약물 사용의 위험에 처한 두 가정의 부모에 대한 교회의 사역에 참여시킴으로써, 목사는 모든 참여자에게 상호적 돌봄과 봉사의 공동체로서의 중요한 교회의 의미를 전해 주었다. 이러한 교회의 경험에서 일어난 일은 완전히 사적인 목사와 성도 사이의 관계에서 이 상황을 다루지 않기로 결정이 이루어졌다는 것이다. 언제 교회가 상호적 사역에 참여할 것인가를 결정하는 것은 가장 어려운 문제이자 목회적 돌봄을 제공하는 사람이 반드시 해야 하는 중요한 결정이다.

넷째, 이 사례의 관찰자로서 우리는 삶에서 진정으로 가치있는 신앙의 표현은 제안이나 논쟁에서 표현되는 신앙보다는 태도와 행동에서 표현되는 신앙이라는 것을 배울 수 있다. 기독교 전통은 분명히 궁극적인 의미와 도덕적인 경계의 틀을 지탱하고 전해야 한다. 전통이 인간에 대한

---

15) Evelyne Eaton Whitehead & James D. Whitehead, *Christian Life Patterns: The Psychological Challenges and Religious Invitations of Adult Life*(Garden City, N. Y.: Doubleday, 1979), 136.

하나님의 관계성과 인간 사이의 바람직한 관계성과 관련해서 우리에게 전해 내려온다는 개념에 유의해야 한다. 우리는 앞에서 이 활동을 "전통에 대한 돌봄"이라고 불렀다. 하지만 일상의 본질적인 삶에서, 근본적으로 다양한 실제 이야기를 살아가는 동안 가면을 쓰고 있는 삶으로부터 기독교인 개인과 공동체를 진정으로 분리하는 것은 이러한 의미와 경계들을 행동과 관계로 해석하는 것이다.

실패한 관계와 목회적 돌봄

중년기의 삶은 종종 성취와 성공의 시기로 표현되기도 하지만 실패의 시기로 표현되기도 한다. 관계들이 많은 약속의 파기로 시작되거나 활기 없는 소외로 끝난다. 최선의 의도를 가지고 이루어진 헌신은 시들해지고 결국 포기되거나 감소하게 된다. 공동의 기대 속에 합쳐진 미래에 대한 공동의 바램은 분리된다. 그리고, 인정하든 부인하든 간에 소외가 관계의 분위기를 지배하기 시작한다. 이것이 인간의 상태이다. 관계는 실패하기 쉽다.

래시터 부부와 해링턴 부부의 사례를 생각해 볼 때, 우리는 이 두 사례 모두에서 사람들이 얼마나 비참한 실패에 가까이 이르렀는지를 상기하게 된다. 또한 우리는 이 두 부부에게 유익이 된 것은 과거의 실패에 대한 인정과 이 실패들을 이해하게 되었다는 점이라는 것을 상기하게 된다. 이들이 관계성이 위험한 방향으로 나가고 있다는 것을 인식하면서,

이들은 자신들의 방향을 바로잡을 수 있었다.

생산기에 있는 성인에 대한 목회자의 돌봄 사역의 중요한 측면은, 실패의 결과로서, 개인과 기관, 그리고 훨씬 큰 사회가 복음의 기쁜 소식 속에서 관계의 실패를 인식하고 맞서도록 돕는 것이다. 이것이 어떻게 이루어질 것인지는 상황에 따라 매우 다르다. 그러나 신학적으로는 구원과 화해로 불리는 이 임무는 여전히 목회자의 사명의 핵심적인 측면이다. 하나님의 백성을 위한 해석적 안내자로서의 역할을 하기 위해서는 사람들로 하여금 그들의 실패에 직면하도록 돕는 것이 요구된다.

성인의 삶에서의 실패는 개인적인 차원과 사회적인 차원 모두에서 일어난다. 미국에서는 거의 결혼의 반이 실패로 끝난다는 사실이 흔히 받아들여지고 있다. 어떤 집단에서는 "연속적인 결혼"serial merriage이라는 말이 유행이 되었다. 이 용어는 미국의 부부들이 "죽음이 갈라놓을 때까지"라는 전통적인 결혼 서약을 점점 더 따르지 않게 될 것이라는 예상을 표현하고 있다. 이 용어는 인생에 걸친 관계, 즉 헌신으로서의 결혼이라는 개념이 변화되었음을 보여 준다.

이와 같은 차원에서, 결혼의 실패는 다음 세대를 적절하게 돌보지 못하는 성인의 실패에 영향을 미친다. 단 브라우닝은 다음과 같이 말한다: 우리 사회에서는 가정이 단순히 변화하고 있는 것인지 아니면 실제로 가정이 쇠퇴하고 있는 것인지에 대한 수많은 논쟁이 이루어지고 있다. 결과로 나타나는 사실과 내가 바로 주장했던 가치의 지평은 나로 하여금 가정이 변화하고 있으며 또한 쇠퇴하고 있다고 확신하게 한다. 하지만 "위기"라는 말은 이러한 역동성을 이해하는 데 가장 좋은 비유가 된다.

이러한 위기를 설명하는 데 특히 중요한 것은 오늘날의 아동들과 청소년들의 상황이다.[16]

브라우닝의 말에 따르면, 1975년 이래로 결혼율이 10%가 감소하고 있으며 매 년 거의 150만 건의 결혼 실패가 미국에서 발생하고 있다고 한다. 더욱이, 혼외 출산율이 1960년에 5%에서 1992년에는 30%(이 중 68%가 흑인 사회에서 일어났다)로 증가했다. 브라우닝은 가난이 점차 여성화되어 간다고 있다고 말한다.[17]

가정에서의 실패에 대해서 이야기를 할 때는 많은 가정들이 올바른 관계를 위한 적절한 구조를 제공해 주는 것으로 부모들이 당연하게 받아들이던 가치를 자녀들에게 심어주는 데 점점 더 어려움을 겪고 있다는 것을 언급하지 않을 수 없다. 여기서 우리는 조심스럽게 이야기해야만 한다. 왜냐하면 부모들이 자신의 삶을 조직하기 위해 습득한 가치들이 모두 진실하고 따라서 수정되기 쉽지 않다고 말하려 하는 것이 아니기 때문이다. 1990년대에 일부 정치인들의 주장에도 불구하고, 19세기 미국을 구성한 가치들이 모두 바람직하고 인간적인 것은 아니다. 이 가치들 중 많은 것이 억압적이며 개인의 자유와 창조성을 망치고 있다고 증명되었다. 그럼에도 불구하고, 인생에는 행동과 이상에 헌신함에 있어 한계

---

16) Don S. Browning, "Children, Mothers, and Fathers in the Postmodern Family," in Pamela D. Couture and Rodney J. Hunter, eds., *Pastoral Care and Social Conflict: Essays in Honor of Charles V. Gerkin* (Nashville: Abingdon Press, 1995), 75.

17) Ibid.

가 정해질 필요가 있다. 우리 시대에 많은 가정들이 이 임무를 수행하는 데 어려움을 겪고 있다. 많은 가정에게 있어, 헌신은 "시대에 뒤떨어져" 있다.

또 다른 개인적, 관계적 차원에서, 우리 사회의 공동체들은 친척 사이의 실패 상황, 나이든 부모와 젊은 자녀들 사이의 실패한 관계들, 이웃 사이의 갈등들, 그리고 타 인종 간의 적대감으로 가득 차 있다. 우리가 보는 모든 곳에서, 우리는 이러한 관계에서 실패한 증거를 볼 수 있다. 이러한 사례들이 너무 많아서 '희롱'이라는 말이 흔한 표현이 될 정도이다. 이 단어는 30년 전만 해도 거의 들을 수 없었던 말이다.

결혼생활의 실패한 관계의 경우에, 종종 관계에서 상처를 입은 사람들이 목회자를 찾아온다. 상처를 입은 사람들은 대체로 자신을 지지해 주기를 기대하고, 때로는 누군가를 비난하는 데 동의해 주기를 바란다. 이러한 요청이 대체로 고통과 분노로 가장되기는 하지만 말이다. 여기서 목회적 돌봄을 제공하는 사람은 돌보고 격려함에 있어서도 공평을 유지해서 편을 들지 않도록 유의해야 한다.

관계의 실패는 대인적인 차원에 제한되지는 않는다. 우리 사회는 사회적인 실패로 분열된다. 고용인들은 더 이상 예전처럼 고용주에게 충성하지 않는다. 회사들은 겉으로 보기에 소위 근본적인 가치를 제외한 어떠한 가치들과도 상관없이, 많은 고용인의 삶에 악영향을 미치는 결정을 한다. 이러한 차원의 관계의 실패에 관한 글에서, 리처드 세네트Richard Sennett 다음과 같이 기록하고 있다: 수치는 서양 사회에서는 일상적인 벌의 한 형태로 폭행의 역할을 했다. 그 이유는 단순하고 왜곡되어 있다.

자율적인 사람이 아래 있는 사람들에게 일으킬 수 있는 수치는 은연중에 이루어지는 통제이다. 고용 주들이 "당신은 쓰레기야", 또는 "내가 얼마나 더 나은지 봐"라고 대놓고 말하기 보다는, 고용주가 원하는 모든 것은 자신의 일을 하는 것 뿐이다—기술을 사용하거나 침착함과 냉정을 전략적으로 이용하는 것 이다. 고용주의 위력은 그의 지위에 있다. 이 위력은 그들이 가지고 있는 지위에 따른 정적인 성질, 특성이다. 이것은 갑작스럽게 오는 굴욕의 순간이라기보다는 다달이 고용인들을 무시하는 것, 고용인들을 진지하게 취급하지 않는 것이다. 이것은 고용주의 지배력을 확립한다. 고용주가 고용인에게 갖는 감정, 고용인이 고용주에게 갖는 감정은 절대로 말로 표현되지 않는다. 고용인의 자기-가치감을 갉아먹는 것은 고용인과 고용주 사이의 대화의 일부가 아니다. 고용인의 기를 꺾는 것은 이들의 자부심을 조용히 좀먹는 것이다. 이것은 공개적인 학대라기보다는 어떻게 고용주의 의지에 고용인들을 굴복시키느냐이다. 수치가 조용하고 잠재적일 때, 수치는 사람들을 밑바닥으로 내려가게 하는 확실한 도구가 된다.[18]

  기독교 공동체들과 공동체의 목회자들이 이러한 우리 시민들과 그들의 회사들 사이의 상호적 존중과 돌봄의 표현이 한꺼번에 붕괴되고 있는 현실에 맞설 수 있을까 매우 의심스럽다. 하지만 20세기 후반의 삶의 현실은 남은 자, 공동의 선, 가난한 자와 이방인을 위한 자기 이익의 희생

---

18) Richard Sennett, *Authority*(New York: Alfred A. Knof, 1980), 95. Donald Capps, *The Depleted Self: Sin in a Narrcissistic Age* (Minneapolis: Fortress Press, 1993), 138에서 인용.

과 같은 고대의 은유의 의미와 위력을 신선하고 힘있게 우리에게 상기시킨다. 이러한 은유를 생각해 보는 것은 교회로 하여금 성인 세상의 복잡한 현실로 돌봄의 사역을 확장할 수 있도록 힘을 부여하는 해석적인 힘을 제공할 것이다

제10장

삶의 이야기의 최종적인 장

　두 가지 짤막한 장면을 통해서 이번 장에서 다루어질 단계가 어떠한지를 볼 수 있을 것이다. 첫번째 장면은 단지 몇 분 사이에 일어났다. 이 일은 나와 아내가 버스를 타고 메트로폴리탄 미술 박물관을 가고 있을 때 뉴욕 시의 파크 애브뉴에서 일어났다. 한 노인이 한 손에는 지팡이를 들고 다른 손으로는 아들인 듯이 보이는 젊은 사람의 어깨를 두른 채 성 베드로 성당 앞에서 절뚝거리며 버스에서 내리고 있었다. 그 노인은 버스의 창을 통해서 나를 곧바로 바라보고 "늙는 것은 끔찍한 일이야"하고 비통하게 말했다. 그 후로 이 이미지가 나의 마음속에 깊이 박혔고, 나이가 들어감에 따라 점점 더 많이 생각났다.

　두번째 장면의 주인공은 수년 전에 캔사스 토페카에 있는 소년산업학교에서 나와 함께 일했던 한 여성이다. 그녀의 이름은 리타Leita였다. 우리가 함께 일했을 때 그녀는 심리학자였고, 나는 그 기관의 원목이었다. 나와 아내가 그녀를 마지막으로 방문한 것은 3달 전 그녀가 두번째 남편인 에드와 함께 살고 있는 집을 방문했을 때이다. 우리가 그녀를 방문했을 때 그녀의 나이는 86세였다. 우리는 가장 즐거운 시간을 보냈다. 수년 간 우리가 함께 있을 때마다 항상 그랬다. 리타는 자기 물건들을 그것을 좋아할 만한 사람들에게 나누어 주고 있는 중이라고 말했다. 나에게는 췌장암으로 일찍 죽은 우리의 친구이자 동료였던 사람이 가지고 있었던 책을 주었다.

그녀가 나의 어깨에 두 손을 얹고, 그녀 특유의 따뜻한 미소를 지으면서, 그리고 파크 애브뉴에서 나를 바라보던 노인처럼 나를 강렬하게 바라보면서, 하지만 아주 즐겁게 "찰스, 매일이 추수감사절이라네"라고 말했던 것을 결코 잊을 수 없을 것이다. 이 책을 쓰기 얼마 전에 나는 리타가 심장마비로 죽었다는 슬픈 소식을 들었다.

"늙어간다는 것은 끔찍한 일이야!" "매일이 추수감사절이라네!" 여기에는 정반대의 의미가 있다. 하지만 이 둘은 똑같이 나이가 들어간다는 것이 어떤 것인지를 진실하게 표현하고 있다. 나는 감히 나처럼 70대에 들어서거나 80대나 90대에 들어서는 사람들이 나름의 독특한 방식으로 이 두 표현과 비슷한 경험을 한다고 생각한다. 말하자면, 나이가 들어간다는 것은 삶이 무한정 귀하게 여겨지면서도 때로는 대단히 화가 나도록 고통스러운 일이기도 하다. 그래서 사람들은 친구들이나 낯선 사람들에게 생의 막바지를 향해 간다는 것은 불공평하고 굴욕적이라고 외치고 싶어한다.

필자 자신이 경험한 노화 과정

앞에서 내가 70대 초반에 이르렀다는 것을 밝혔는데, 나는 지금 나 자신의 지난 5년 간의 경험을 간단하게 이야기하려고 한다. 그리하여 생의 후반기의 스트레스와 긴장, 즐거움과 슬픔, 불안과 기대를 이해하기 위한 패러다임을 제공하려고 한다. 이번 장에서 완전히 자서전적인 내용을 다루려는 것이 아니기 때문에, 나에게 일어났고 일어나고 있는 모든 것을 이야기하지는 않을 것이다. 그저 독자들에게 나이가 들어간다는 것이 어떤 것인지를 전형적으로 보여 주는 몇 가지 특기할 만한 일을 이야기하려고 한다.

내가 60대 시절에 친구들과 동료들에게 "70대를 기대하고 있다"고 종종 말했었다. 나는 더 많이 골프를 할 수 있고, 더 많은 시간을 뜰에 나가 일하고, 북 조지아에 있는 오두막에서 많은 시간을 보내고, 이미 시작한 저술에 착수한 이 책을 더 느긋하게 저술할 수 있을 것이라고 상상했다. 나는 병으로 인해 이러한 계획이 방해받을 수 있을 것이라는 점도 알았다. 하지만 이것에 대해서는 그다지 생각하지 않았다. 나는 비교적 건강했다. 나는 규칙적으로 운동을 하고, 적당히 먹었다. 사실, 나는 최근에 그렇게 심하지 않은 당뇨병을 조절하기 위해서 체중을 20 파운드를 줄였다.

하지만 내가 상상했던 일들은 그다지 잘 이행되지 않았다. 현재 이 저서의 집필이 전에 예상했던 계획보다 늦게라도 마무리 지어졌지만 말이다. 지난 3년 동안 나는 신경근증, 면역체계의 기능 저하 등 여러 가지

병으로 몇 차례 병원에 입원했다. 이러한 병으로 인해 나는 왼쪽 다리를 움직일 수 없게 되었고, 결국 몇 차례 심하게 쓰러졌으며, 때로 보행기를 이용해야 했다. 이로 인해 병원에 입원해 있는 동안, 나는 심장 판막과 콩팥에 영향을 주는 포도구균에 감염되었다. 그래서 계속 병원에 입원해 있었다. 1994년에는 전립선암으로 방사선 치료를 받았다. 그리고 심장 발작으로 병원에 입원했다. 나의 주치의는 이 심장 발작은 이전에 받았던 스트레스와 때로 이러한 심장 발작을 촉진할 수 있는 항우울제의 사용으로 인해 서서히 발병했다고 말했다.

노인들에 관해 쓴 대부분의 저자들에 따르면, 노년기는 대략 3단계로 나누어질 수 있다: 초기 노년기, 노년 중기, 쇠약기.[1] 첫번째 단계는 때때로 60대 중반이나 후반에서 시작되어 거의 73세까지 계속된다. 2단계는 73세에서 80세내지 81세까지 이어진다. 3단계, 쇠약기는 80세 내지 81세 이상을 포함한다. 분명히 이 단계들은 보편적인 것은 아니다. 개인에 따라, 그리고 다양한 사회적 상황들에 따라 이 단계들은 다소 변경될 수 있다.

나의 육체적 한계를 깨닫게 해 준 충격적인 입원 사건들은 나에게 새롭고 때로는 고통스러운 문제들을 보여 주었다. 여기에는 나의 기력이 약해지고 있다는 사실을 받아들이는 것과 나의 미래 어느 시점인가에 죽음이 있다는 사실을 인정하는 것이 포함되었다. 나는 나의 죽음을 구체

---

1) Arthur H. Becker, *Ministry with Older Persons: A Guide for Clergy and Congregations*(Minneapolis: Augsburg Press, 1986), 36.

적으로 깨닫고 받아들이는 방법들을 생각하고 느끼기 시작해야 했다. 이 시기에, 아내와 나는 집 근처 묘지의 가장 오래된 한 쪽 부분에서 작은 공터를 발견했고 이를 구입했다. 그 땅 부근에는 흑인 노예의 것이 틀림없는 묘비가 있었는데, 그 묘비에는 "흑인이었지만 하얀 영혼을 가지고 있었다"라고 적혀 있었다. 나의 가장 가까운 동료 가운데 하나였던 친구도 근처에 묻혀 있었다. 그래서 우리는 우리의 미래에 필연적으로 일어날 수밖에 없는 일을 받아들임을 표시하는 묘하고 상징적인 방법으로, 우리 자신처럼 우리가 믿었던, 그리고 지금은 죽음의 "저편에" 있는 우리의 과거에서 중요했던 사람들과 연합하는 결정을 내렸다.

나 자신의 죽을 수밖에 없는 운명을 실제적으로 받아들여가면서, 나는 나에게 남은 세월(몇 달이 될지 몇 년이 될지는 모르지만) 동안 무엇을 이루고 싶은지와 관련해서 계획을 세우는 것을 신중하게 생각해야만 했다. 그리고 더욱 더 하루하루를 즐기기 시작했다. 하루를 끝마칠 때면, 나는 자신에게 "정말 좋은 하루였어", 또는 "하루를 잘 보냈어, 내일은 더 좋은 날이 되었으면 좋겠어"라고 말하곤 했다. 나는 더 많은 것을 성취해야 한다는 압박감을 덜 느끼게 되었다. 동시에 나는 내 앞에 놓인 임무들을 끝낼 수 있기를 간절히 원했다.

나이를 먹어 가는 것에 대해 수용적이고 낙관적인 태도를 취해감에 따라, 나는 내가 자녀들을 돌본 것처럼 자녀들이 나를 조금 돌보도록 허용하기 시작했다. 신경근증의 후유증으로 인해 나는 안심하고 사다리를 타고 높은 곳에 올라갈 수 없었고, 모든 것을 전처럼 할만큼 육체적으로 강하지 못했다. 하지만 나는 내가 하기에 안전하다고 느끼는 일은 계속 했다. 이 일들은 나에게 아주 중요하게 여겨졌다. 비록 할 수 있는 일과 할 수 없는 일을 절충하기가 여전히 어려웠지만 말이다.[2]

보편적인 노화의 유형론

나 자신의 노화에 대해서 생각해 보고, 사회학자, 사회심리학자, 목회적 돌봄전문가, 그리고 그 밖의 사람들이 쓴 이 주제에 관한 문헌들을 읽으면서, 나는 대략적으로 구성된 노화 형태의 유형론을 만들어냈다. 이 유형론의 일부는 문헌들에서 발췌하기도 했지만, 대부분은 이 주제에 대한 나의 생각에서 나온 것이다. 70세 이후의 노령화의 과정을 다루는 방법에 관한 것은 다소 대략적인 유형론으로 살펴 보았다.

1. 연속성의 유형에서의 노화

많은 사람들이 자신의 은퇴 후의 삶이 성인의 생산적 활동기의 연속이 되기를 바라며 그럴 필요가 있다. 내가 지금 이 책을 집필하고 있다는 사실이 내가 말하고자 하는 것의 좋은 예가 된다. 이 사람들은 "무언가 할 일이 있다"는 것이 중요하며, 그리고 가장 중요한 활동은 대체로 인생에

---

[2] James N. Lapsley, *Renewal in Late Life through Pastoral Counseling* (Mahwah, N.J.: Paulist Press, 1992), 3장, "The Elderly As Human Beings." 노화의 육체적, 신경학적 영향을 간단하지만 유용하게 살펴볼 수 있다.

서 이전에 했던 것과 비슷한 것이라고 느끼는 것 같다. 만약 어떤 사람이 가정 주부였고 정원사였다면(나의 아내가 그런 것처럼), 이것을 계속하는 것은 당연해 보인다. 이러한 활동을 하도록 자극하는 감정은 상당히 변했을지라도 말이다.

두 가지 전혀 다른 예가 떠오른다. 첫번째는 80대 중반에 들어선 선생님이다. 선생님은 성인기 내내 임상목회 교육 수퍼바이저와 원목으로 일했다. 그리고 뒤에 대학과 신학교에서 교사로 일했다. 성인기 후반에는 대학에서 노인들을 가르치는 데 온 정열을 바쳤으며, 때때로 재학생들을 가르치기도 했다. 선생님 부부는 항상 여행을 즐겼으며, 최근 선생님이 돌아가실 때까지 힘이 닿는 한 계속 여행을 했다.

두번째 예는 사회학자인 조안 웨이벨 올란도Joan Weibel-Orando의 소논문인 『조부모 유형: 토착 미국인의 관점』 *Grandparenting Style: Native American Perspectives*에서 나온다:

> 한 수족Sioux 여자가 양부모 면허를 신청해서 인정을 받았다. 인디언을 위한 정부 지정 보유지에 살기 위해 돌아온 후 처음 2년 동안 그녀는 4개월에서 8개월 정도 자기 집에서 연관이 없는 7명의 아이들을 보호했다. 동시에 4명 아이를 보호하기도 했다.
> "나는 손자들이 너무나 그리웠어요. 나의 자녀들은 나로 하여금 한 명의 손자도 돌볼 수 있게 하지 않았어요. 그래서 나는 무언가를 하기로 했죠. 여기서는 필요한 것이 아주 많이 있어요. …여러분도 알다시피… 과도한 음주, 아내 학대, 자녀에 대한 무관심, 그 외의 모든 것들…그래서 나는 가정이 돌보지 않는 불쌍한 수족의 아이들에게 좋은 집을 제공

할 수 있을 것이라고 느꼈지요. 그래서 나는 양부모 면허를 신청했어요. 나는 사람들이 65세인 내가 너무 늙었다고 말하면 어쩌나 하고 걱정했어요. 하지만 내가 면허를 받은 지 일주일이 안돼서 그들로부터 전화를 받았어요. 그들은 하나도 아닌 두 명의 아이를 나에게 돌보아달라고 보내 주었지요"(사우스 다코타의 파인리지에 살고 있는 65세의 수족 여인).[3]

2. 직업과 장소를 급격히 변화시키는 유형에서의 노화

어떤 사람들은 연속성보다는 계획된 변화를 통해서 은퇴라는 사건을 받아들이려고 한다. 어떤 부부는 수년 동안 살았던 집을 팔고 산이나 바다로 이사를 가기로 결정할 수도 있다. 조립공정에서 일하던 노동자는 낚시를 하면서 시간을 보내거나 민속예술가가 되거나 아니면 골동품 가게를 운영하기로 결정할 수도 있다. 나는 지난 2년 동안에 은퇴한 두 명의 목사를 알고 있다. 한 명은 부동산업을 하고 있고, 다른 한 명은 자선기관에서 행정일을 맡고 있다. 은퇴한 많은 사람들이 레저용 자전거를 사서 성인기에 자신이 살았던 지역에서 멀리 떨어진 곳에 정착하기 전에 1년이나 그 이상 여행을 한다. 이러한 모든 변화의 형태는 변화를 가져오는 행위를 통해서 노화의 과정을 통제하는 태도를 갖는다.

---

3) Jay Sokolovsky, ed., *The Cultural Context of Aging: Worldwide Perspectives*(New York: Gergin and Garvey, 1990), 118.

3. 철수의 유형에서의 노화

많은 사람들에게, 은퇴의 시기는 성인기에 행했던 활동들로부터 물러나는 시기로 경험된다. 이들 중 많은 사람들의 경우에, 이에 대한 결과는 그들의 삶의 경계가 점차로 아니면 좀 더 급속하게 폐쇄되는 것이다. 그래서 그들은 소파에서 딩굴며 시간을 보내거나 자신의 행동 반경을 친구나 이웃, 자식들과 그 밖의 친지들을 방문하는 것쯤으로 제한하게 된다. 삶의 속도는 해가 지나감에 따라 점점 더 느려진다.

여기서 최근에 내가 경험했던 두 가지 사건이 떠오른다. 첫번째 사건은 내가 은퇴한 후 처음으로 내가 시무했던 교회에 참석했던 주일에 일어났다. 나의 앞 좌석에 한 가족이 앉아 있었다. 70대 후반으로 보이는 할아버지와 그의 아들과 며느리, 12살 된 손주, 그리고 결혼한 딸 부부가 있었다. 우리가 서로 인사를 나누고 있었을 때, 할아버지가 나에게 은퇴를 축하해 주었다. 그리고 고뇌에 찬 표정으로 "나는 당신이 뭔가를 하기를 바래요. 마음을 채울 것이 아무 것도 없다는 것은 아주 견디기 힘든 일이어요!"라고 말했다.

내가 기억하는 철수와 관계된 두번째 사건은 다소 성격이 다르다. 이 일은 마흔이라는 나이에 치른 내 아들의 결혼식에서 일어났다. 신부의 조부모는 두 분 모두 80대 중반이었다. 폴란드 사람인 할아버지는 주요 철도회사에서 화물열차의 승무원으로 평생 일했다. 그는 지금 지팡이를 짚고 불편하게 거동하고 있다. 그는 승무원 칸에서 너무 일찍 내리다가 다리가 발판에 끼어 20-30피트 정도 끌려갔다. 이로 인해 거동이 불편하게 되었고, 이 사고로 직업 인생이 거의 끝나게 되었다고 나에게 말했다.

그는 유머스럽게 자신의 이야기를 했다. 하지만 은퇴한 지 20년이 되었고 대부분의 시간을 TV를 보거나 친구를 방문하는 데 보낸다고 이야기를 이어나갔다. 나는 신부의 할머니도 만났다. 그녀는 밝고 쾌활한 여성으로, 대부분의 시간을 집안을 청소하고 남편을 위해 음식을 준비하면서 보낸다고 말했다. 그 가족은 여러 면에서 분명히 보다 큰 인간의 활동 세계에서 물러나 있었지만, 여전히 아주 생기있고 활기차게 살아가고 있었다.

4. 용기 있는 노화

때때로 나는 용기 있는 노화라고 부를 수 밖에 없는 삶을 살고 있는 사람들을 관찰하고, 이러한 사람들에 관해서 읽게 된다. 이 사람들은 노화에 따른 위급한 일들에 대처하는 능력을 발휘할 뿐 아니라, 인생 주기의 이 시기를 이용하여 인생의 불리한 조건들을 극복하고 비범하고 창조적인 방법으로 자신들을 다른 사람들과 구별한다. 겉 보기에는 노화에 따른 불안과 상실감으로 고통을 받고 있지 않는 것처럼 보이지만, 이러한 사람들은 자신의 에너지를 밖으로 분출하여 다른 사람들을 돕는 데 사용한다.

내가 용기 있는 노화에 대해 처음 접한 것은, 의학박사인 마릴린 와쉬번Marilyn Washburn의 논문을 통해서이다. 와쉬번은 아틀란타 국립병원의

1차 진료담당 의사이며 장로교회의 목사이다. 이 소논문의 제목은 『그레디 병원에 있는 예수님 보기』 Seeing Jesus at Grady Hospital 이다. 이 기사의 주인공은 C 부인이다. 마릴린 와쉬번은 다음과 같이 쓰고 있다:

C 부인은 내 직업 인생의 초반에 10년 이상 나의 윤리 선생이자 목회적 돌봄의 스승 역할을 했다. 나는 그녀가 병원에 왔을 때 "일상적인" 매독 검진을 지시했다. 결과가 양성으로 나왔을 때, 나는 당황했고 괴로웠다. 그녀와 남편은 서로에게 헌신적이었다. 그래서 이들의 행복을 깨뜨릴 위험이 있는 이 사실을 말해야 한다는 것이 두려웠다. 나는 개인적인 시간을 마련하여 망설이면서 이야기를 꺼냈다. 몇 마디 했을 때 그녀는 이야기를 멈추게 하고 나에게 앉으라고 요청했다. 그녀는 자신도 모르게 검진을 지시한 것에 대해 가볍게 나를 나무랐다. 그리고 아주 간단하게 자신의 이야기를 들려 주었다. 그녀는 십대 시절에 강간을 당했으며 그 후로 계속 매독에 걸린 상태라고 말했다. 그녀는 계속해서 이 경험이 어떻게 그녀의 삶을 형성했는지, 결혼에 어떤 영향을 주었는지, 어떻게 그녀가 치료되었는지, 그리고 그녀가 의료 전문가들에 의해서 어떠한 방법으로 돌보아지기를 바랬는지에 관해서 이야기했다. 평생 동안, 하나님은 그녀의 동반자였다. 그녀는 기쁨과 확신을 가지고 자신의 신앙에 대해서 이야기했다. 그녀는 나에게 물어보고 싶은 것이 있느냐고 물었고 그녀는 나의 질문에 솔직하게 대답했다. 나는 반 시간 동안 너무나도 많은 것을 보았다. 그녀의 온화함과 정직함 그리고 인내는 우리가 따르고 있는 선생으로서 예수의 존재에게로 이끌었고, 우리는 사역의 동료로 남았다.

마릴린 와쉬번은 C 부인이 언제나 그녀가 "일종의 정신지체아"였다는 것, 다른 주에 있는 기관에서 자랐다는 것, 그리고 "읽기와 셈하기"를 못했다는 것을 부끄럽게 여겼다고 말하고 있다. 그럼에도 불구하고, 그녀의 이름은 새로운 환자들 사이에서 자주 언급되었는데, 특히 나이 든 사람들 사이에서 자주 언급되었다. "사람들은 C 부인이 그들에게 차표를 준비해 주고, 그들과 함께 가서 버스 노선을 가르쳐 주고, 그들이 처방을 따르는 것을 거들고, 쇼핑을 해 주고, 음식을 가져다 주었다고 나에게 이야기하곤 했다."

이 이야기의 행복한 결말은 C 부인이 와쉬번의 동료와 같이 크리스마스 이브에 C 부인의 교회에 참석하도록 요청했을 때 일어났다. 와쉬번은 C 부인이 정말 정신적인 장애를 가졌는지 의심하였다. 그리고 그녀가 완전히 정상적인 지능을 가지고 있음을 발견했다. 예배를 보는 동안, C 부인은 강당 뒤에 서 있었고, 자신 있고 은혜와 자부심에 넘쳐서 복음서에 있는 예수의 탄생 기사를 읽었다.[4]

용기있는 노화를 보여 주는 두번째 예는, C 부인의 경우처럼, 가난한 미국인 중 한 사람이다. 『최고의 승리자이며 튀김을 잘하는 에드 아저씨: 1980년대 거리의 한 노인』 Uncle Ed, Super Runner, and the Fry Cook: Old Men on the Street in the 1980's이라는 소논문의 저자인 제이 소콜로브스키Jay Sokolovsky와 캐롤 코헨Carol Cohen에 따르면, 그의 이름은 롤랜드Roland이

---

4) Marilyne Washburn, M.D., "Seeing Jesus at Grady Hospital," *Hospitality* 14, no. 8 (August 1995): 1-2.

며, 수년 간 뉴욕의 바우어리 거리에 살고 있었다. 롤랜드의 거리에서의 생활을 묘사한 다음에, 저자들은 다음과 같이 쓰고 있다:

롤랜드는 결코 평범한 부랑자가 아니다. 그에게는 돈이 있고, 더 중요한 것은 값싼 호텔에 방을 얻는 단골이기도 하다. 수년 전 술에 취했을 때 400명의 다른 사람들과 함께 기숙사 스타일의 간이 숙박 시설의 천으로 덮인 널빤지 위에서 잠을 잤다. 주기적으로 롤랜드는 자신이 모은 돈의 대부분을 한 달 내내 술판을 벌이거나 호텔에서 도난당하곤 했다. 10년이 지난 지금, 그는 어떻게 그 간이시설을 떠나서 주택가의 버려진 집에서 살기 시작했는지, 그리고 술꾼이 거리에서 사는 것은 얼마나 위험한 일이었는지 어느 정도 알 수 있을 것이다. 그는 단호하게 자신이 가지고 있던 술병을 깨고 금단현상으로 인한 떨림이 없어질 때까지 지옥 같은 일주일 간을 자신의 방에 앉아 있었다. 거리가 그의 집이었던 그 때 이후로…롤랜드는 고주망태의 술 습관을 청산하고 이제는 사회복지가, 사제, 수녀들을 도와 주는 단계로 변화됐다는 면에서 그는 큰 승리자다. 그는 지금 놀랄 만큼 건강하고 정력적인 64세의 노인이 되었다…평일 정오면 그는 바우어리의 "음식 나누기" Meals on Wheels 프로그램의 배달 대원이 된다. 그가 지역의 주방에서 마련된 점심을 들고 간이숙박시설의 계단을 오르내리는 것을 볼 수 있다. 각각의 건물을 반쯤 뛰어다니면서 "어떻게 지내요"라고 소리치며 음식을 나누어 주었고, 40개의 임시방에서 받는 25센트의 팁을 받았다. 그는 계속 음식과 옷이 필요한 집 없는 노인들을 찾아 다녔다. 그리고 바우어리의 사회사업 자원으로 이들을 한 데 모았다. 그는 사람들을 위해서 술을 사지 않을 것이다. 하지

만 그는 사람들을 도울 것이다.[5]

용기있게 나이를 먹어 가는 사람들이 모두 가난한 사람들은 아니다. 어떤 사람들은 중산층의 사람들이고 경제적으로 특권을 누리는 사람들도 있다. 이들이 공통적으로 가지고 있는 것은 자신에게 관심을 집중시키지 않고 타인에게 봉사함으로써 노년기에 의미를 발견한다는 것이다. 현대 미국인 중 이러한 사람들의 가장 유명한 예는 아마도 지미 카터Jimmy Carter 전 대통령일 것이다. 카터는 이 세상의 많은 사람들에게 유익을 주기 위해 사회적, 의료적, 정치적 프로그램을 마련해 놓고 있는 카터센터Carter Presidential Center를 발전시키는 데 혼신의 힘을 기울였을 뿐 아니라, 정치 조정자로서의 활동을 계속했다. 그는 해마다 많은 시간을 손에 망치를 들고 인간의 거주지Habitat for Humanity를 만드는 데 사용했다.

5. 비극적인 노화

불행히도, 모든 사람들이 품위 있고 자부심을 가지고 노화를 경험할 수 있는 것은 아니다. 어떤 사람들에게는 노화의 전체적인 과정이 품위를 떨어뜨릴 수 있으며 심지어 비극적이기도 하다. 나는 그래디 메모리얼 병원Grady Memorial Hospital에서 만난 여자를 생각한다. 그 이름은 기억하지 못한다. 그래서 그 여인을 제임스Ms. James라고 부르려고 한다. 나는

---

5) Jay Sokolovsky & Carl Cohen, "Uncle Ed, Super Runner, and the Fry Cools: Old Men on the Street in the 1980's," in *The Cultural Context of Aging*.

그녀가 충혈성 심장 정지와 그 밖의 병으로 인해 구급차에 실려 병원으로 온 후에 그녀를 만났다. 나는 그녀가 70대 후반이나 80대 초반이었던 것으로 기억한다.

제임스와 그녀의 간호사와 이야기를 나누면서, 나는 제임스가 말 그대로 수년 간 작은 원룸 아파트에서 갇혀 지냈음을 알게 되었다. 그녀가 외부 세계와 접촉할 수 있었던 것은 그녀에게 적으나마 친구가 되어 주었던 택시기사의 방문이었다. 그녀에게는 돌보아 줄 가족이 없었다. 병원에 올 때쯤 해서, 그녀는 수개월 동안 몸져 누워서 꼼짝도 하지 못했다. 그녀의 침대 가까이 손이 닿는 곳에 전기 접시가 있었고, 가까이에 있는 물통은 택시 기사가 매일 와서 채워 주었다. 그 택시기사는 그녀의 변기를 비워 주고, 사회보장제도를 통해 그녀가 받고 있는 사회보장연금수표로 제공받을 수 있는 음식을 가져다 주었다.

택시기사는 마침내 더 이상 제임스가 필요로 하는 것을 제공해줄 수 없다고 결정하고 그래디 병원의 구급차를 부른 것이다. 간호사들은 응급치료사들이 그녀의 몸을 아마도 수개월 동안 사용했던 것 같은 더러운 침대보에서 들어 내야 했다고 보고했다. 그녀의 등과 다리에 생긴 욕창이 없어지기 시작하는 데 여러 주가 걸렸다. 그녀의 심장 상태는 겨우 좋아졌지만, 결국 그녀는 병원에서 퇴원하지도 못한 채 숨을 거두었다. 그나마 그녀의 죽음을 위엄있게 한 것은 그녀를 돌보는 간호사들에게 둘러싸여 깨끗한 침대에 누워 깨끗하게 죽었다는 점이다.

노화의 비극이 모두 완전히 홀로 남겨졌기 때문에 생기는 것은 아니다. 때때로 비극은 정반대의 이유—자신의 삶을 살아가야 하고, 돌보아야 할 자녀들이 있는 성인 자녀들에 의해서 돌보아지는 비극—때문에 오기도 한다. 수잔 스타인메츠Suzanne K. Steinmetz의 책 『의무의 범위: 노인학대와 가족 돌봄』Duty Bound: Elder Abuse and Family Care은 가정에 노부모가 있기 때문에 비참한 고통 가운데 있거나 해체된 가족들의 이야기로 가득하다. 스타인메츠는 많은 이러한 가족들이 본래는 폭력적이거나 무관심하지 않았더라도 학대적이 된다고 보고한다. 때로 노부모들이 성인이 된 자녀들의 집안 일을 맡아서 하려고 한다. 혹은 노부모의 요구가 너무 강해서 가족들이 정상적인 삶을 살 수 없게 되기도 한다. 극단적인 예가 치매를 앓는 노부모의 경우이다. 좌절에 기인하는 노인 학대가 그럴 수 있는 것처럼, 비이성적이고 때로는 위험한 행동이 관계된 모든 사람들에게 비극적인 상황을 초래할 수 있다.[6]

노화를 위한 목회적 돌봄과 회중의 돌봄

노화의 단계와 유형을 간략하게 살펴본 지금, 나는 문제의 나머지 반인 목회자와 기독교 공동체의 구성원에 의해 이루어지는 노화에 대한 돌봄의 임무에 관해 알아 보고자 한다.

---

6) Suzanne K. Steinmetz, *Duty Bound: Elder Abuse and Family Care*(Newbury Park, Calif.: Sage Publications, 1988).

1단계: 초기 노인기의 돌봄

초기 노인들은 처음에는 머뭇거리지만 점점 자신이 진정한 의미에서 "노인"이 되어간다는 현실에 직면하는 사람들이다. 그들은 더 이상 노화의 현실을 거부하지 않는다. 그들의 건강의 문제는 점점 증가한다. 그들의 육체적인 힘은 쇠퇴한다. 그리고 주변의 문화가 그들을 전혀 다른 태도로 대한다는 것을 깨닫기 시작한다. 그들은 때로 여전히 젊다고 느낄지도 모른다. 하지만 끊임없이 자신이 늙었다는 것을 상기한다.

이러한 증가하는 인식은 노인을 위한 토의 사항을 정할 뿐 아니라, 노인을 위한 돌봄을 제공해야 할 사람들을 위한 토의 사항을 정의한다. 다음에 제시되는 것들 중 한 두 가지는 목회자들과 회중이 관심을 가져야 할 사항이다.

1. 도움을 필요로 하는 노인들에게 노화의 유형에 관한 결정은 종종 잘못 이루어진다. 사람들은 단순히 자신들이 이 방향 저 방향으로 가고 있음을 발견하게 된다. 종종 이러한 선택은 강요되기도 한다. 선택의 여지는 별로 없다. 노화의 과정 중 중요한 시점에서, 목회자와 주변공동체에 의한 섬세한 목회적 돌봄은 아주 중요하다. 노인들은 목회자나 친구들과 함께 "우리는 편안함을 느끼는 현재의 집에 그대로 머물 것인가 아니면 새로운 장소에서 모험을 시작할 것인가?" "우리 중 한 사람 아니면 둘 다 속도는 느리지만 계속 일을 하도록 계획을 세울 것인가?" "공동체(교회와 보다 큰 지역 사회)에서 얼마나 많은 활동을 계속할 것인가?"

"여가 활동에 얼마나 많은 시간을 보내고 싶은가?"와 관련한 질문에 관해서 의논할 필요가 있다.

나는 단지 몇 가지 질문만을 언급했지만, 많은 이러한 질문들이 노인에게는 절박하게 다가온다. 종종 이러한 질문들은 다른 사람과 나누기에는 너무나도 사적인 것으로 간주된다. 하지만 이를 터놓고 논의하는 것이 유익하다. 이러한 논의는 노인들에게 지지와 격려를 받는 기회를 제공한다. 이것은 때로 노화에 대한 생각을 명확히 하려는 다른 사람과의 대화를 통해서 이루어진다. 물론, 유익은 두 가지로 나타난다. 노화의 문제로 인한 어려움을 나누는 것을 듣는 것은 듣는 사람들로 하여금 그 자신의 노화의 과정과 친숙해지도록 격려한다는 것이다.

바로 이 점에서 회중 내에서 노인에 대한 돌봄이 단순히 목회자의 활동이거나 교회 안에서 노인을 위한 집단의 활동이 아닌 교회 전체의 임무가 된다. 교회는 세대 간의 토의를 위한 기회와 이상과 소망, 그리고 두려움을 털어놓을 수 있는 기회를 제공해야 한다. 자주 이러한 토의가 진행되되면서, 다양한 세대의 참여자들이 공동의 운명이라는 느낌을 발견하게 된다. 같은 세대의 친구들끼리 정보를 나누는 것도 유익하지만, 이러한 나눔은 보다 형식적인 나눔과 토의의 기회를 통해서 보완되어야 한다.

『노인 목회』Ministry with Older Person라는 책에서 목회신학자인 아서 벡커Arthur Becker는 다음을 상기시킨다. '노인은 젊은이보다 실수를 저지르면 어쩌나, 바보처럼 보이면 어쩌나 하는 두려움에 의해서 방해를 받는 경향이 더 많다.' 아서 벡커는 나이에 따른 학습과 기억의 변화에 대한 한 심리학자의 연구를 인용한다. 이 연구의 결과는 노인은 학습 상황에서 더 불안을 느끼며, 결과적으로 학습 훈련에서 젊은이보다 더 수행 능력이 떨어진다고 지적한다. 하지만 노인들에게 가벼운 안정제를 주었을 경우에는 수행 능력의 차이가 줄어들었다. 이러한 결과에 기초해서, 벡커는 "우리가 불안이나 걱정을 느끼지 않을 때 더 잘 학습할 수 있다"고 결론지었다.[7]

만약 세심하게 제공된다면, 목회자와 노인, 또는 노인 친구들 사이의 대화는 초기 노인young old이 변화하는 상황에 새롭게 직면할 때 경험하는 불안을 많은 부분 극복할 수 있으리라고 믿는다. 상호적인 돌봄의 분위기에서 주고 받는 사랑의 관계보다 더 용기를 주는 것은 없다.

2. 신앙의 전통을 사용하는 것에 관한 결정을 내리는 데 도움을 필요로 하는 노인들. 후에 『노인목회』에서, 아서 벡커는 존 베네트John Bennet를 언급한다. 존 베네트는 은퇴할 때까지 유니온 신학교의 학장이자 사회윤리 교수로 일했다. 베네트는 은퇴의 과정을 "해방과 재고용의 시기…재고용은 창조적인 책임, 즉 세상에서의 하나님의 창조적인 활동에 대한 계속적인 참여라는 씨줄과 날실로 다시 들어가는 것일 수 있다."고 설명했다.[8]

---

7) Arthur H. Becker, *Ministry with Older Persons: A Guide for Clergy and Congregations*(Minneapolis: Augsburg Press, 1986), 73.

8) Ibid., 85.

에릭 에릭슨(90대에 쓴 저서), 조안 에릭슨, 헬렌 키브닉Helen Q. Kivnik 의 『노년기의 중요한 활동』Vital Involvement in Old Age에서, 우리는 인간의 공동체는 의미 있는 삶과 신앙을 뒷받침하는 데 있어 노인들의 지혜를 필요로 한다는 것을 알 수 있다:

> 과거로부터, 신화와 전설로부터, 그리고 인류학자와 역사가들로부터, 우리는 노인 사회는 전통의 전달자이며, 조상의 가치의 수호자이고 연속성의 제공자인 것을 알 수 있다…그들의 인생의 역사는 진행중인 공동체의 생생한 실이 엮어지는 과정에서 날실을 제공한다. 모든 연령층의 집단의 상호의존성을 강조하는 이러한 사회구조의 상은 조화로운 전체를 확립했다…아마 오늘날 우리에게 필요한 것은 사회에서의 노인이 공동체 생활에서 얼마나 필요한 협력자가 될 수 있는지에 관한 이와 같은 "분명한 통찰"이다.[9]

그러므로 노화의 초기는 실제적으로 신앙과 전통의 모든 측면에 관해 다양한 차원의 사고와 대화가 이루어지는 시기이다. 여기에는 전통이 인간의 죽을 수밖에 없는 운명과 죽음에 관련해서 우리에게 무엇을 제공할 수 있는가의 문제가 포함된다. 어떤 예기치 않은 비극과 상실이 단기간, 또는 장기간 동안 우리의 경험을 방해하지 않는다면, 삶의 초기에는 우리의 미래가 끝없이 우리 앞에 펼쳐져 있다고 당연하게 받아들이기가 쉬

---

9) Erik H. Erikson, Joan M. Erikson, Helen Q. Kivnik, *Vital Involvement in Old Age: The Experience of Old Age in Our Time*(New York: W. W. Norton, 1986), 294.

울 것이다. 하지만 삶의 후기에, 우리는 자신의 노화와 죽음을 신앙이라는 창조의 틀 안에서 바라보기 시작해야 한다. 이 신앙의 틀은 우리의 미래를 하나님의 손에 맡기게 하며, 우리에게 남은 시간을 어떻게 사용할 것인가를 결정하는 데 뒷받침이 될 것이다.[10]

2단계: 중기 노년기의 돌봄

이 단계에서 노화의 경계는 사람마다 전혀 다르게 나타난다. 어떤 사람들은 80세가 되어서도 초기 노년기에 하던 활동과 관심을 그대로 유지할 수 있다. 어떤 사람들은, 심각한 건강상의 문제나 감정적이고 영적인 갈등과 기질적 경향으로 인해서, 노화의 과정을 가속화하기가 쉽고, 80세 훨씬 이전에 쇠약기에 접어든다. 이것은 단순히 개인적인 기질의 문제가 아니라는 것을 기억해야 한다. 가정과 공동체, 그리고 사회적인 상황이 노인의 쇠약을 가속화시키는 데 중요한 역할을 한다.

프레다 가드너Freda A. Gardner는 『노인에 대한 다른 관점』Another Look at the Elderly이라는 소논문에서 사회적, 문화적 힘이 중기 노년기에 있는 사람들이 거부할 수 없는 노화의 징조를 심화하는 데 영향을 준다고 기록하고 있다: 우리 문화에서 일상적인 삶으로부터 죽음의 망령을 없애기 위해서 우리가 가는 길을 미리 가 볼 필요는 없다. 시체를 보기 좋게 하

---

10) 노화와 다가오는 죽음의 시기에 대한 다양하면서도 관련이 있는 논의를 보려면, 나의 초기의 책, *Crisis Experience of Modern Life: Theory and Theology for Pastoral Care*(Nashville: Abingdon Press, 1979), 3장을 보라.

기 위한 화장술의 마술에서부터 현대의 병원에서 죽음을 둘러싸고 있는 과학기술의 놀라운 발전에 이르기까지, 우리는 죽음을 멀리 두려고 한다…우리가 죽음에 대한 깊고, 넓고, 원시적인 두려움 속에서 살아간다면, 여러 가지 모습으로 우리에게 가르쳐졌기 때문에 우리는 또한 다른 깊은 차원에서 우리가 알고 있는 메시지 속에서 살게 된다. 독립적이 되라. 독립성은 첫번째 목적이 되며 그 다음으로는 성숙을 측정하는 잣대가 된다. 초년기에 우리는 스스로 성취한 것에 대해 보상을 받는다. 새로운 나라를 만들었던 독창성과 용기는 여전히 그 나라의 제도 에 주요한 가치로 남아 있다.[11]

초기 노년기에 있는 사람들이 죽음의 필연성과 의존성의 침식과 타협하기 시작해야 하는 반면, 중기 노년기에 있는 사람들은 매일 이러한 문제에 직면하게 된다. 그러므로 중기 노인들은 이러한 문제들을 자기 이해와 통합시키는 길을 찾아야 한다. 많은 사람들에게 있어, 새롭고 어려운 자기 가치는 고통스러움과 좌절을 느끼면서 발달한다. 노인이 이러한 과제를 성공적으로 달성하지 못한다면, 절망 속에 살아가야 할 것이다.

중기 노인들은 자신들이 사회에서 심지어는 자신의 가정에서조차도 무가치한 사람이라고 느끼게 되면서 심각한 절망에 빠진다. "내가 할 수 있는 가치 있는 일 또는 계속되고 있는 삶의 과정에 공헌하는 일은 무엇

---

11) Freda A. Gardner, "Another Look at the Elderly," in Brian H. Childs and David W. Wanders, eds., *The Treasures of Earthen Vessels: Explorations in Theological Anthropology*(Louisville: Westminster/John Knox Press, 1994), 178.

일까?" "나는 이제 제자리에 머물러 있어야만 하는가?" "TV를 보는 것 외에, 나는 점점 아무 할 일이 없어지는 것인가?" 이러한 질문들은 사람의 자아통합에 대한 의식과 인생의 의미를 해칠 수 있다. 사회심리학자인 에벌린 이튼 화이드헤드와 제임스 화이드헤드는 그들의 저서에서 힘이 쇠잔해가는 시기에는 새로이 자아통합을 이루고 유지해야 할 필요가 있음을 지적하고 있다. 그들은 다음과 같이 말한다:

> 반성의 시기나 기도에서 우리는 환상과 가면이 우리의 삶을 구성하고 있음을 느낄 수 있게 된다. 위기나 환희의 시간들은 우리로 하여금 환상이나 가면을 치워두고 우리의 실제의 모습과 있는 그대로의 삶을 받아들이도록 한다. 이것은 정직함으로의 초대이다. 즉 표면적인 모든 것을 버리고 우리의 진정한 자아를 발견하는 것, 이 세상의 것들에 대해서는 죽고 하나님의 것에 대해서 사는 것이다. 이러한 정직성을 경험하는 —순식간에 지나가 버리지만—이러한 순간에, 우리는 자아통합의 힘을 느끼게 된다. 성숙한 나이는 바로 이러한 힘이 왕성한 시기이다. 노인은 내부의 선택과 외부의 강요에 의해서 자아통합이 완숙해지는 성숙의 시점에 이르게 된다. 나이가 들어감에 따라, 나는 젊은 시절에 필요했던 환상을 버리도록 도전을 받는다. 한때 나를 도왔던 환상들은 더 이상 나를 돕지 못한다. 나는 물론 나의 가치를 형성하게 했던 사라져 버리기 쉬운 이점들을 버려야 한다.[12]

---

12) Evelyn Eaton Whitehead & James D. Whitehead, *Christian Life Patterns: The Psychological Challenges and Religious invitations of Adult Life*(New York: Crossroad, 1992), 177.

초기 노인들과 마찬가지로, 중기 노인들에게 부딪히는 문제들은 목회자와 기독교 공동체에 대한 목회적 도전들과 가능성을 제공한다. 비록 광범위한 사역과 다양한 상황에 따라 중기 노인들에 대한 특별한 응답들이 어떻게 일어날 수 있는지가 결정되겠지만, 몇 가지 가능성을 고려해 보고자 한다.

1. 중기 노인들로 하여금 교회와 보다 큰 세계의 인간관계에 계속 참여하도록 하는 특정한 제도적 장치를 제공하는 것이다. 이것은 시각장애와 청각장애를 가진 노인들을 위해서 주일 예배 때에 보청기와 커다란 주보를 제공하는 것에서부터 교회는 물론 식료품점이나 약국, 병원에 모셔다 드리는 운송 서비스를 조직하는 것에 이르기까지 모든 것을 포함할 수 있다. 이는 또한 중기 노인들을 위해 특별히 마련된 활동들—휴양지로의 버스여행, 혹은 노화, 건강, 신앙을 재확인하는 문제들을 다루는 회의에 참여하는 활동들—도 포함된다.

신앙을 재확인하는 문제와 관련해서 삶의 후반기에 이미 친숙해지고 확신하고 있는 것들을 급진적으로 변화시키기보다는, 과거에 노인들에게 의미가 있었던 상징들과 이야기들의 신앙의 의미를 재확인하는 기회를 제공하는 것이 어쩌면 더 좋을 것이다. 이것은 젊은이들처럼 중기 노인들도 새로운 정보를 이해하고 삶에 관한 그들의 생각을 변화시키는 능력이 있음을 보여 주는 많은 연구 결과를 거스르는 것이기 때문에, 나는 이를 말하는 데 있어 약간 망설일 수밖에 없다.

주변의 세계와 새로운 신앙의 표출에 대해 강한 호기심을 가지고 있는 중기 노인에게는 회중과 목회자가 여성 신학이나 현재 우리가 살고 있는 세상에 대해 과학이 말하고 있는 함축적인 의미들과 같은 교회의 두드러진 문제들을 숙고할 수 있는 보다 많은 기회를 제공할 필요가 있다.

2. 중기 노인을 위한 목회의 중요한 부분은 주변의 세상의 활동에 계속 참여하는 길을 발견하도록 돕는 것을 포함한다. 물론 많은 노인들이 이러한 활동에 참여할 수 있는 방법을 스스로 발견할 것이다. 나는 내가 알고 있는 꽤 나이가 많은 두 여자 분이 이것을 성공적으로 이행했다고 생각한다. L 부인은 80대 초반의 여성으로, 자녀들이 성장한 후에 수년 간 남편과 살았던 집에 살고 있었다. 남편은 몇 해 전에 죽었다. 자신의 여생이 얼마 남지 않았다는 것을 깨달은 L 부인은 집을 팔고 교단에서 운영하는 노인 복지 시설에 들어갔다. L 부인은 여전히 자가용을 가지고 있었고 정기적으로 몸이 불편한 친구들을 실어다 주었다. 나는 종종 그녀가 주일에 주보에 무엇인가를 적는 것을 보았다. 나는 궁금해 하면서, 그녀가 적고 있는 것을 슬쩍 보았다. 거기에는 병원에 있는 사람들의 이름, 새로 손주들을 본 사람들의 이름, 심지어 그 주에 제단에 꽃을 바친 사람들의 이름까지 적혀 있었다. 그녀는 돌아오는 한 주일 동안 이 사람들에게 전화를 하거나 방문을 했다. 한 마디로 말해서, L 부인은 나이에도 불구하고 여전히 공동체의 매우 활동적인 구성원이었다.

내가 생각하고 있는 두번째 사람은 L 부인보다 몸이 더 불편하다. 운전도 할 수 없고 도움이 없이는 걷기조차 힘들지만, 그녀는 여전히 전화로 교회 생활과 다른 자발적인 활동에 참여한다. 예를 들어, 매년 그녀는 지역의 미술센터에서 크리스마스 오픈 하우스를 개최할 자원봉사자를 찾기 위해 그녀의 전화번호부를 검토한다. 그녀는 정치에도 여전히 참여하며, 정기적으로 국회와 주의회에 있는 그녀의 대리인에게 전화를 하거나 편지를 보낸다.

자신을 어떤 활동에 참가하게 하는 창조적 주도성이 없는 사람에게는 회중이 중기 노년기에 적극적인 활동을 지속할 수 있는 길을 만들어 주어야 한다. 위원회에서 봉사하게 한다든가, 아파서 못 나오는 사람들에게 전화심방을 하게 한다든가, 봉사활동을 돕게 하는 것 등은 이 시기에 활동적이게 하는 몇 가지 예일 것이다.

3. 초기 노인들과 마찬가지로, 목회자는 중기 노인들에게도 "상담"이라고 불리는 직접적인 목회를 제공해야 한다. 인간의 삶의 변화하는 상황에 관한 질문들, 최근에 일어났거나 임박한 사건들에 대한 해석, 양로원으로 이사할 것인지 성인이 된 자녀의 집으로 들어갈 것인가에 관한 결정—이러한 질문들 또는 그 밖의 질문들과 문제들은 신뢰할 만한 친구인 목회자와의 대화에서 유용하게 다루어질 수 있다.[13]

3단계: 쇠약기 노인의 돌봄

이번 장의 마지막 부분에서 우리는 우리 대부분이 "축복받은 죽음"이

---

13) James N. Lapsley, *Renewal in Late Life Through Pastoral Couselling*(New York: Paulist Press, 1992), 9장. 노인들에 대한 가능한 목회적 돌봄의 기술에 대해 설득력 있게 기록하고 있다.

라고 보는 시기를 넘어서서 계속되는 삶을 살고 있는 사람들을 위한 사역의 문제를 고려할 것이다. 너무 이른 시기에 죽음을 맞는 사람들이 있는 반면, 이들은 오히려 너무 나이가 들어서 죽음을 맞아야 하는 사람들이다.

이 단계에 대해 기록하기에 앞서 두 명의 나의 누님에 관한 이야기를 하고 싶다. 누님 한 분은 몇 해 전 90세의 나이에 죽었고, 다른 누님은 지금 내가 살고 있는 고장의 반대편에 있는 작은 아파트에서 혼자 살고 있다. 누님은 87세이다. 내가 누님과 마지막으로 통화를 했을 때 주님은 처음으로 '정신이 가끔씩 나가는 것'에 대한 두려움을 표현했다. 다행히도, 누님의 집 근처에 살고 있는 두 아들이 정기적으로 누님을 들여다 보았다. 내가 어렸을 때 어머니가 오랫동안 병치레를 하셨기 때문에 작은 누나는 나에게 엄마 역할을 했다. 지금은 저 세상 사람이지만, 큰 누님은 혼자서 나보다 어린 아들을 키우면서도 내가 교육을 받도록 나를 격려했다. 나는 로즈 장학생이 되었고 프린스톤 대학을 졸업했다.

나는 지금은 이 세상 사람이 아닌 큰 누님과 나눈 마지막 대화를 기억한다. 그 때 누님은 요양원에서 지냈는데, 욕실과 누님의 방에서 조금 떨어져 있는 식당에도 걸어 가지 못했다. 누님은 "이렇게 살아야 한다는 것은 불공평해"라고 소리쳤다. "왜 세상은 우리가 적당한 때에 죽을 수 있도록 창조되지 않았을까? 이러한 삶이 우리에게 무슨 의미가 있단 말인가?" 나는 아무 대답도 하지 못했다. 나는 그저 듣고 동의할 수밖에 없었다.

『현대 일본의 노인: 엘리트인가, 피해자인가, 아니면 다역 배우인가?』 The Elderly in Modern Japan: Elite, Victims, Plural Players라는 소논문에서, 크리스티 키페라Christie W. Kiefera는 다음과 같이 말한다:

> 인간의 수명이 길어야 100년 안팎이라고 할 때, 사람은 그 한계에 가까워질수록, 죽음의 가능성을 인식하게 되었을 때 나타나는 것처럼, 불안정해진다. 나이 든 사람들은 정도는 다르지만 모두 삶의 불안을 갖는다. 노인들의 "안전"에 대해서 이야기할 때, 생존 이외의 다른 것을 의미한다. 나는 가치의 안전, 즉 죽음의 방식과 환경을 포함하여 여생에 다가올 것이 의미가 있을 것이라는 확신―공평하고 우아하고 이해력 있고 수용적인 것―을 의미한다. 내 경험에 의하면 이러한 안정감이 없을 때 노인들은 죽음 자체의 위협보다 더 큰 불안을 느낀다. 미국과 일본의 노인들에게 가장 두려운 것이 무엇이냐고 물었을 때, 대답은 대체로 같았다. 오래 지속되고 속수무책이고 회복될 수 없는 병이다. 그 병은 다양한 이름을 가지고 있다. 뇌일혈, 암, 노망, 또는 흉하게 쇠퇴하는 것 등이다.[14]

이러한 죽음에 대해 내가 본 것 중 가장 생생한 증거 자료 중 하나는 나의 학생 중 한 명이 나에게 전해준 것이다. 제목은 단순히 『그램프. 한 남자의 노화와 죽음』 Gramp. A Man Ages and Dies이라고 적혀 있었다. 이것은 가족의 돌봄을 받으면서 이루어진 한 노인의 점차적인 노쇠의 과정과 죽음의 이야기에 주석을 달아놓은 한 세트의 그림 같았다. 죽어 가는 사람

---

14) Christie W. Kiefera, "The Elderly in Modern Japan: Elite, Victims, or Plural Players?" in Jay Sokolovsky, ed., The Cultural Context of Aging, 191.

과 가족들에게 일어난 고통과 좌절에 관해 숨김이나 환상이 없는 이 생생한 기록을 대략 훑어가면서 나는 내 집에서 내가 사랑하는 사람과 이 일을 겪고 있는 것처럼 느꼈다.[15]

쇠약기에 있는 노인에 대한 사역은 3단계로 진행되어야 한다고 생각한다: 공동체가 더 이상 혼자서는 살아갈 수 없는 노인들을 돌보는 믿을 만한 시설을 제공하는 것, 노인들이 자신이 잊혀지지 않았다고 생각하도록 목회자와 평신도들과 노인들과의 연결망을 제공하는 것, 노인들의 돌봄에 관해 결정을 하거나 직접적인 돌봄에 대한 책임을 가지고 있는 가족 구성원들에게 지지, 혹은 필요할 경우에는 상담을 제공하는 것이다.

다행히 로마 가톨릭과 개신교 교단들 사이에 병자들을 돌보는 오랜 전통이 우리 시대에는 중기 노인과 쇠약기의 노인들을 돌보는 데까지 확장되었다. 사실 노인을 위한 시설들 중에 가장 좋은 시설들은 교단 사역으로 조직되었다. 하지만 이것은 이러한 시설들을 원조하는 교단이 가장 좋은 돌봄이 제공되고 있다고 확신할 정도로 성실하게 일해야 한다는 것을 의미한다. 연구 조사에 따르면, 노인을 위한 일부 시설에서는 놀랄 정도의 무관심을 발견할 수 있다. 환자를 휠체어에 묶어 두거나, 환자들의 청결에 무관심하는 등 극단적인 무관심의 형태들이 있다. 그러므로 쇠약기의 노인들을 돌보는 데에는 기관들이 어떻게 교회의 사역을 표출하는지 그 상태를 주의 깊게 감시하는 것이 수반된다.

---

15) Mark Jury & Dan Jury, Gramp. *A Man Ages and Dies: The Extraordinary Record of One Family's Encounter with the Reality of Dying*(New York: Grossman, 1976).

쇠약기의 노인을 돌보는 것은 언제나 돌봄을 제공하는 사람들에 대한 돌봄도 포함되어야 한다. 자기 자신도 65세를 넘긴 돌봄 제공자들은 그들의 역할을 수행하는 데 많은 지지를 필요로 할 뿐 아니라 그들이 사랑하는 사람들을 위해서 지금 내려야 하는 결정을 하는 데 도움을 주는 정보를 필요로 한다. 캐롤 콕스Carole Cox는 자신의 책, 『쇠약기 노인: 문제, 필요, 공동체의 응답』The Frail Elderly: Problems, Needs, and Community Responses 에서 다음과 같이 말한다:

> 돌봄을 제공하는 사람들에게 필요한 지지는 도움이 되는 지원을 통한 직접적인 개입에만 국한되지 않는다. 걱정과 근심을 주의 깊게 들어 주고 그들이 직면한 문제들을 이해할 사람이 있다는 사실을 아는 것은 돌봄을 제공하는 사람들에게 필요한 확신을 제공한다. 이러한 종류의 유대는 돌보는 사람들이 자신의 역할에 부담을 갖지 않도록 한다. 이러한 관계성이 부족할 경우에는 우울증으로 이어질 수 있다…지지적인 관계는 돌봄을 제공하는 사람에게 자기 이미지와 긴장이 있는 상황을 쉽게 다룰 수 있다는 확신을 갖도록 해준다. 불행히도, 돌봄을 제공하는 사람들은 종종 다른 사람들이 그들이 가지고 있는 걱정과 문제를 진정으로 이해하지 못한다고 생각한다.[16]

목회자는 지식을 갖춘 건강 관련 전문가들에 비해서 쇠약기의 노인의 가족에게 다가가기 쉬운 특별한 위치에 있다. 그리고, 돌봄 제공자가 속

---

16) Carole Cox, *The Frail Elderly: Problems, Needs, and Community Responses*(Westport, Conn.: Auburn House, 1993), 114.

해 있는 회중의 평신도들은 지지와 격려를 제공할 수 있다.

또한 쇠약기의 노인을 돌보는 일에는 노인들에게 그들이 계속 가치가 있다는 것과 돌볼 만한 가치가 있는 사람이라는 것을 상기시키는 다양한 방법들이 포함되어야 한다. 많은 사람들에게 있어, 그들의 가장 큰 두려움은 죽음 자체—이 두려움은 오래 전부터 여러 방법으로 다루어졌다—에 대한 것이 아니라 버려지는 것에 대한 두려움이다. 죽어간다는 것, 그리고 홀로 남겨진다는 것은 실제로 죽음보다 더 큰 비극이다. 하지만 목회자와 평신도는 모두 쇠약하고 아픈 사람들, 심지어 말을 하지 못하는 사람들이 느끼고 이해할 수 있도록 돌봄이 계속되고 있음을 어떻게 전할 수 있을까 하는 문제에 관해 종종 당황하게 된다.

내가 아내와 함께 수년 전에 양로원에 있는 성도를 방문했을 때의 경험이 생각난다. 그 성도는 마가렛이었는데, 그때 그녀는 90세가 지났으며 분명히 죽어가고 있었다. 마가렛을 위한 우리의 사역은 그녀의 심한 귀머거리 증상 때문에 아주 복잡해졌다. 내가 마지막으로 그녀에게 우리가 누구인지를 전했을 때, 그녀는 약하지만 당당한 목소리로 노래를 불러 달라고 부탁했다. 그래서 우리는 그녀가 알 만한 복음송을 부르기 시작했다. "더 크게, 더 크게" 하고 그녀는 소리쳤다. 우리는 할 수 있는 한 크게 노래를 불렀고, 주위에 서 있던 간호사들은 그 모습을 보고 웃었다. 나와 아내, 그리고 간호사들에게 이것은 어색하게 보였을지 모르지만, 분명히 마가렛에게는 가장 만족스러운 경험이었을 것이다. 그 복음송은 친숙한 것이었고, 복음송으로 인한 그녀의 연상은 만족스러운 것처럼 보였으며, 결국 그녀는 자신이 교회와 연결됨을 느끼는 것 같았다. 말할 것도 없이, 우리는 이상하게 그녀와 연결되는 것을 느꼈다. 쇠약기의 노인을 위한 교회의 돌봄에서 우리는 함께 교회를 체험했다.

몇 가지 목회신학적 재고

이번 장의 주요 목적과 구조가 목회신학보다는 노인에 대한 목회적 돌봄과 관련이 있지만, 나는 인생의 마지막 시기에 나타나는 어려운 신학적 문제들에 관해 간단히 살펴봄으로써 이 장을 마치려 한다. 사실 이러한 문제들은 모든 신학의 문제들과 부딪히게 된다. 이 문제들은 삶이 하나님에 대한 신앙과 관련될 때 삶 자체에 초점을 둔 문제점들이다. 하지만 목회신학은 하나님에 관한 진실과 하나님에 대한 인간의 관계성에 대해 지속적으로 연구하는 데 특별한 공헌을 했다.

목회신학은 언제나 인간의 경험으로 시작되며 이 경험을 어떤 의미의 틀 안에서 이해하려고 노력한다. 이것은 고려되는 모든 경험에 인간의 경험과는 별개로 구성된 의미를 단순히 강요하는 것이 아니다. 이것은 가까이에 있는 경험을 이해하려는 시도에서 시작된다. 나는 이러한 사고의 형태가 앞 장들과 마찬가지로 이 장 전체에 걸쳐서도 사용되고 있음을 독자들이 발견하게 되리라고 믿는다. 노화와 예견된 죽음에 대한 목회신학적인 의미들을 충분히 살펴보기에는 지면이 허락지 않지만, 나는 여기서 목회신학적 사고를 필요로 하는 보다 중요한 세 가지의 문제를 간단하게 지적하고자 한다.

1. 고통스러우며 실망을 피할 길 없는, 유한성에 대한 인간의 경험적 문제. 파크 애브뉴에서 나에게 말을 건넨 낯선 사람이 화가 나서 신랄하게 말했던 것처럼, 늙어간다는 것은 고통스러운 일인 동시에 피할 수 없는 일이기도 하다. 신학적으로 말하자면, 이것은 모든 사람들이 유한성을 받아들일 필요가 있다는 것을 깨닫게 한다. 죽을 수밖에 없는 운명이라는 한계 속에서 발생하는 인간의 문제에 대한 쉬운 대답은 없다. 이러한 질문에 대한 대답을 찾기 위해 외로이 애쓰는 사람들을 돕는 것은 의심의 여지없이 목회자와 기독교 공동체를 위한 가장 중요한 목회신학적 임무이다.

죽을 수밖에 없는 운명에 처한 고통에도 불구하고, 어떤 사람들에게 노화는 헌신되고 충실한 신앙을 표출하는, 그리고 새롭고 잠재적으로 보상을 해 주는 경험을 하는 시간을 제공한다. 여기서 나는 다시 이 장의 첫 부분에서 소개한 내 친구 리타에 대해 이야기하고자 한다. 리타는 혜택을 받지 못한 아동들과 청소년들에게 봉사하는 데 생애의 대부분을 보냈다. 나이가 들면서 그녀는 자신에게 죽음의 시간이 다가오고 있음을 알았다. 그녀에게 이것은 좌절의 시간이 아니라, 하나님이 자신과 자신이 사랑하는 사람들을 돌보신다는 분명한 신앙을 가지고 자신이 아직 가지고 있는 것을 즐겁게 나누는 시간이었다.

2. "왜 우리가 적절한 시간에 죽을 수 있도록 창조되지 않았을까? 이것은 우리에게 어떤 의미가 있을까?" 하는 분노에 찬 질문들. 90세 때, 죽은 나의 누님은 자신이 죽어가고 있다는 것을 알고 있었으며, 왜 죽음

이 적절한 시기를 넘어서까지 지연되고 있는지 이해하지 못했다. 내가 인정해야만 했던 것처럼, 나 역시 그것을 이해하지 못했다. 우리 모두에게 있어 신정론의 문제는 공통적인 현실이었다. 어떤 대답이든지 이는 하나님의 신비 안에 숨겨져 있다. 이 신비는 때로 애정보다는 잔인하게 보인다.

많은 사람들이 같은 질문을 제기한다. 노화와 관련해서, 예기치 않은 더 큰 고통의 예는 치매를 앓고 있는 사람들이다. 치매로 죽는 것은 너무나도 불공평해 보인다. 많은 경우에 치매는 너무 이른 때에 찾아온다. 이러한 병에 직면할 때, 목회자와 회중은 병자와 그들의 사랑하는 사람들에게 가능한 한 지지적일 수밖에 없다. 그와 동시에, 목회신학적 사고는 하나님과 하나님의 정의에 대해 심각한 질문을 해야 한다.

3. 한편으로는 각 개인의 특별한 경험으로서, 다른 한편으로는 문화와 공동체에 의해 만들어지는 공동체의 경험으로서의 노화를 보는 것이다. 점차 다문화 되어가는 사회에서, 목회신학적 사고는 다양한 윤리적, 종교적, 지리적 문화 속에서 경험되는 노화와 죽음의 다양한 방식들 사이의 차이점에 관해 질문할 필요가 있다. 우리는 북아메리카와 그 밖의 서양 국가에서 경험되는 노화와 죽음이 노화와 죽음을 구조화하는 기준과 정확한 패턴을 제공할 것이라고 더 이상 생각하지 않는다. 실제로, 서양 사회에 살고 있는 우리는 다른 문화들로부터 많은 것을 배울 수 있다. 또한 우리가 다른 나라의 사람들에게 가한 착취와 압제에 대해 용서를 구할 필요가 있다. 여기에는 이들을 착취한 결과 많은 사람들의 수명을 단

축시켰던 것도 포함된다.

  보다 좁은 범위에서 말하자면, 목회신학적 사고는 우리 공동체가 염려하는 마음, 성실한 태도, 그리고 도움이 되는 방식으로 노인들에게 응답할 수 있는 능력을 갖추고 있는지 여부를 주의 깊게 검토할 필요가 있다. 노화와 죽음은 실제로 개인적이고 독특한 경험들이다. 하지만 이러한 개인들을 돌보는 것은 공동체의 책임이다. 목회신학적 사고는 이 점에 있어서 신학과 교회에 커다란 공헌을 했다.

제11장
목회적 돌봄과 삶의 연약성

 이제 이 책의 마지막 장에 이르렀다. 이 책의 앞부분을 되돌아볼 때 우리는 삶이 어떻게 흥망성쇠를 거듭하며 흘러가는지를 알게 된다. 때로는 우리가 의미가 있다고 생각하는 어떤 목적을 향해서 힘차고 창조적으로 나아가기도 하고, 때로는 갈등과 고통, 실패, 심지어 폭력과 죽음의 심한 고통에 사로잡히기도 한다. 우리는 흔히 삶이란, 갑자기 꼬이기도 하고 뒤집히기도 하는 예측 불가능한 것임을 인식한다. 계획을 세우거나 성공을 생각할 때 이러한 현실을 무시하는 경향이 있기는 하지만 말이다. 하지만 삶이란 매우 연약한 것이라는 말은 진실이다. 어떤 순간에도 삶은 산산조각날 수 있다.

삶의 연약성에 대한 인식

 우리는 개인과 가족의 삶과 관련해서 가장 쉽게 삶의 연약성을 인식하게 된다. 신문을 통해 우리는 휴가 때에 해변에서 뛰어 놀기도 하고 배를 타기도 하면서 여가와 새로운 경험을 즐기고 있는 행복한 네 명의 가족에 대한 이야기를 읽을 수 있다. 이 때 푸른 바다에서 뛰쳐 나오기라도 하듯 한 술에 취한 운전자가 돌진해와서 아버지를 제외한 나머지 가족을 치어 죽인다. 아버지는 슬픔과 놀라움 속에 홀로 남겨진 채 삶을 되돌리고 싶어 한다. 혹은, 이웃에서 치매로 서서히 죽어가고 있는 어머니와 함께 살면서 혼자 힘으로 삶을 꾸려 가려고 애쓰는 20대의 젊은 여성을 볼 수 있다. 이 때 그녀는 자신이 암 말기라는 진단을 받게 된다. 목회 사역을 할 때, 이러한 이야기를 무수히 접하게 된다. 이런 식으로 우리는 삶의 연약성을 인식하게 된다. 위기 사역crisis ministry으로서의 목회적 돌봄은 대체로 삶의 연약성을 인식하게 되는 상황에서 이루어지는 사역으로 이해된다.[1]

물론, 인간과 모든 피조물의 생명은 모든 차원에서 매우 연약한 것이 사실이다. 우리가 알고 있는 것처럼, 인생에서 안정과 확실성을 얻기 위해, 또한 개인과 공동체의 삶을 포함한 우리의 삶이 우리가 계획한 대로 될 것이라는 확신을 얻기 위해 우리 인간이 돌아갈 수 있는 곳은 아무 데도 없다. 삶은 시간이 흐르면서 진행되고, 따라서 끊임없이 변화하는 상태에 있다. 이러한 현실 자체가 모든 인류의 삶을 연약하고 불안정하게 만든다.

---

[1] 위기에서 이루어지는 목회 사역에 대한 확장된 논의를 보려면, 나의 책, *My Crisis Experience in Modern Life: Theory and Theology for Pastoral Care*(Nashville: Abingdon Press, 1979)를 보라.

삶의 연약성의 차원들에 관한 탐구

이 장의 목적은 삶의 연약성의 차원 가운데 몇 가지를 간략하게 탐구하고 이 차원들이 목회 돌봄 사역에 갖는 함축적 의미들을 살펴보는 것이다. 보다 근본적으로, 우리는 또한 유동적이고 급변하는 삶의 흥망성쇠가 필연적으로 가져오는 고통과 긴장의 측면에 대해서 탐구할 것이다. 이 장을 쓰기 위해서 나는 1장에서 제시한 하나님의 백성과 세상을 위한 돌봄의 구조로 돌아가려고 한다.

제1장에서는 기독교 공동체 안에서 시간을 초월해서 일반적인 돌봄의 이론을 좌우할 수 있는 삼중적인 긴장의 구조를 발전시켰다. 그 뒤에 목회적 돌봄을 요청하는 상황을 분석하기 위해서 이 구조를 사변형의 도식으로 수정했다. 이 사변형의 구조의 4개의 연결점은 (1) 전통에 대한 돌봄 (2) 문화에 대한 돌봄 (3) 개인에 대한 돌봄 (4) 공동체에 대한 돌봄이다.

궁극적인 진실에 대한 전통적인 이해

어떻게 전통에 대한 돌봄이 삶의 연약성과 관련되는가? 전통적으로 사람들은 기독교 전통을 어떻게 표현하고 있는가? 전통(우리는 단순히 하나의 전통이 있는 것이 아니라 같은 중요한 특징을 가진 여러 가지 전통이 있다는 것을 알고 있다)은 고쳐질 수 없을 정도로 완전히 불변하는 것인가? 아니면, 전통에 대한 우리의 인식이 때로는 부적절하다는 것을 인정하면서, 전통을 겸손하고 충실하게 따르고 있는가?

복합적인 문화의 힘

우리의 문화는 독특한 방식으로 삶의 연약성을 나타낸다. 여기서 우리는 돌봄과 문화의 과정과 위력이 팽팽하게 맞서고 있다는 것을 강하게 인식하게 된다. 기독교 돌봄은 언제나 문화 안에서 이루어진다. 기독교 돌봄은 문화 밖에서 이루어질 수 없다. 여기서 리처드 니버는 고전적인 연구인 『그리스도와 문화』 Christ and Culture에서 다양한 기독교 집단들이 기독교 신학과 특별한 문화적 상황의 도전을 절충하려고 노력해온 방법들을 분석하고 있다.[2] 그리스도와 문화를 정의하는 것이 어렵고 영구적인 문제라는 것을 인정한 다음, 니버는 다양한 기독교 집단이 이 문제에 반응하는 다섯 가지 방식을 제시한다: 문화에 대항하는 그리스도 Christ Against Culture, 문화의 그리스도, 문화 위에 있는 그리스도, 역설적 관계에 있는 그리스도와 문화, 문화의 변혁가로서의 그리스도.

기독교 공동체에 의한, 그리고 기독교 공동체 안에서 이루어지는 목회에 있어, 그리스도에 의해서 정교화된 돌봄에 대한 명령은 상담을 요청

---

2) H. Richard Niebuhr, *Christ and Culture*(New York: Harper and Bros., 1951). 나는 니버의 고전적인 연구에 필적할 만한 책을 한 권도 발견하지 못했다. 하지만 나는 『그리스도와 문화』(*Christ and Culture*)에서 다루어진 문제들에 매우 큰 도움이 되는 조직신학자가 쓴 책과 성서학자이자 종교철학자인 사람이 쓴 책 두 권을 발견했다. 이 책들은 최근에 발표된 것으로 그리스도의 역사적 시기들을 현대의 문화와 연결시켜 제시한다. 첫번째 책은 William C. Placher, *Narrative of a Vulnerable God: Christ, Theology, and Scripture*(Louisville, Ky.: Westminster/John Knox Press, 1994)이고 두번째 책은 James E. Will, *The Universal God: Justice, Love, and Peace in the Global Village*(Louisville, Ky.: Westminster/John Knox Press, 1994)이다. 이 두 책은 니버의 취지와는 다르지만, 현대의 문화적 상황에 대해 깊이 있게 고찰하고 있다.

할 만큼 고통을 일으키는 문화를 변혁하려고 노력하는 것을 의미한다. 때때로 문화의 힘은 우리의 노력과 대치되며, 따라서 변혁을 일으킨다는 것이 터무니없이 느껴진다. 미국인의 직업 인생은 생계를 위해 회사에 의존하고 있는 가족과 개인들의 요구와는 상관없이 이루어지고 있는 것처럼 보인다.[3] 점점 보험회사들은 미국인의 건강 관리에 관련된 결정을 내리고 있고, 따라서 소위 건강관리 단체로서 세력을 얻어가고 있다.

법인 조직의 합병과 매입은 회사들을 소형화하는 결과를 낳았다. 그래서 언제나 "나는 평생 이 회사에서 일할 것이다"라고 생각했던 사람들이 실업자가 되고 있다. 최근에 나는 컴퓨터공학 분야의 전문가로 고용되었던 한 남자와 이야기를 나누었다. 소형화의 추세로 인해 그는 후한 퇴직금을 받기는 했지만 직업을 잃게 되었다. 그는 자신이 열심히 일했던 분야로 돌아가야 할지 모르겠다고 나에게 말했다. "제 생각에는 작은 모텔을 사서 독립하는 것이 좋을 것 같아요."

---

3) 최근에 일간신문들은 우수한 대학을 우등으로 졸업한 한 유망한 청년의 이야기를 실었다. 이 청년은 직업 인생을 시작하는 대신에, 대학 시절에 준비했던 대로 25,000달러의 저축을 자선단체에 기부하고, 자신의 가족들과 미래, 심지어 이름조차 버렸다. 그러면서 자신을 "방랑자 알렉산더")라고 불렀다. 이것은 모든 사람들을 놀라게 했다. Jack London과 Henry David Thoreau를 영웅시 했던 이 청년은 혼자서 구속에서 벗어나 자유로운 삶을 살아가기 시작했다. 몇 달 간 아무 목적 없이 떠돌아다닌 후에, 그의 시신은 알래스카의 황무지에서 발견되었다. 그의 몸은 자신이 야기한 모든 고통에 대한 사죄로 반쯤 채워진 짧은 편지였다. 하지만 그가 인습에서 벗어나 자유를 만끽했음을 분명히 보여 주었다(*The Atlanta Journal Constitution*, 29 January 1996. 그리고 John Krakuer, *Into the Wild*[New York: Villard Books, 1996]를 보라).

개인, 가족, 그리고 공동체

유행하고 있는 법인단체의 인원 감축은 문화적 차원에서의 삶의 연약성을 설명해 준다. 이러한 문화적 요인과 그 밖의 많은 문화적 요인들은 우리로 하여금 개인적인 삶, 가족의 삶, 공동체의 삶의 연약성을 더 많이 인식하게 한다.

언뜻 보았을 때는 개인에 대한 돌봄과 공동체에 대한 돌봄의 연계가 쉽게 이루어지는 것처럼 보인다. 모든 사람들은 이 사회에서 개인과 개인의 가족이 된다는 것이 무엇을 의미하는지를 알고 있다. 하지만 이것이 20세기말에 이른 지금의 우리 상황인가? 가정은 아내와 남편, 자녀들로 구성되었다. 비록 여전히 문화적 규범으로서 우리 앞에 펼쳐져 있는 이상적인 가정의 모습은 지금은 사실상 소수이지만 말이다. 가정들은 점점 더 많이 홀어머니와 하나 이상의 자녀들, 혹은 홀아버지와 10대의 아들이나 딸들로 구성되며, 심지어 혈연 관계가 없는 적은 수의 사람들이 같이 살기로 동의함으로써 가정이 만들어지기도 한다. 소위 가정생활에 대한 규범은 우리 국민 중 소수에 의해서만 이행되고 있다.

"기독교 공동체"라는 용어가 적용되는 모든 차원(지역교회, 교회기관, 특정한 교파, 아니면 대체적으로 교회)에서도 실정은 비슷하다. "기독교 공동체"라는 용어는 여러 가지 부분에서 그 의미가 불분명하게 사용된다. 이 "기독교 공동체"라는 용어는 사람들에게 각기 다른 다양한 의미를 갖는 것처럼 보인다. 어떤 사람들에게 이것은 예배의 형식과 같은 도덕적, 영적 태도에 충실한 사람들의 잘 짜여진 집단을 의미한다. 그 밖의 사람들에게 있어서, 이것은 단순히 함께 있는 것을 즐기는 같은 마음을 가진 사람들의 일반적인 교제를 의미한다. "나의 교회"라고 말할 때, 이것은 단순히 부모로부터 물려받은 교회를 의미한다. 침례교인이나 장로교인이 된다는 것은 교리와 신조와는 거의 관련이 없다. 오히려, 교파는 조상들로 물려받은 사회적 공동체일지도 모른다.

개신교 교파 사이의 이러한 명료성의 결핍은 20세기에 이루어진 일이다. 19세기에서 20세기로 가는 전환기에는 이렇지 않았다. 교파 간의 차이가 강하게 느껴졌으며, 종종 흔히 주류 교파 사람들 사이에서조차도 쉽게 분쟁과 갈등이 생겨났다. 더욱이 이러한 교파 간의 차이가 흐려지는 경향은 분명 보편적인 것은 아니다. 많은 성공회의 성도들은 하나님의 성회나 로마 가톨릭의 신봉자들처럼 자신들의 교파에 헌신한다. 그러나 교파의 정체성에 대한 모호함과 무관심은 미국에 널리 펴져 있다. 그 밖의 지역에서, 예를 들어 캐나다나 호주에서는 교파들이 합쳐 "연합" 교회들이 형성되었다.

사회심리학자인 로버트 우쓰노우Robert Wuthnow는 21세기의 교회 안에서 일어날 경향들을 예상한 자신의 연구에서 다른 경향들이 발전할 것이라고 지적한다. 그는 다음과 같이 말한다. "미래 기독교인의 정체성에 관해 질문을 하는 것은 개인에 관한 질문보다는 사회적 단체들에 관한 질문이 된다…주지론voluntarism의 시대에서조차도, 개인에게 '기독교인'이라는 정체성을 부여한 것은 바로 제도이다."[4] 우쓰노우는 많은 전통

---

4) Robert Wuthnow, *Christianity in the Twenty-first Century: Reflections on the*

적인 교회의 기능들이 손상되었고 다른 사회적 단체에게 넘어갔기 때문에 이러한 정체성을 부여하는 기능이 더욱 중요하다고 말한다.

> 많은 경우에, 교회들은 더 이상 정체성 이외의 다른 것들을 제공하지 못하는 것처럼 보인다. 교회들은 현명한 사람임을 보증해 주지 못한다. 이러한 능력은 대체로 대학, 과학, 그리고 전문적인 협회들에게 넘어갔다. 지혜와 지식을 구별할 때, 현인들은 더 이상 신학자들이나 목회자들이 아니다. 현대 문화에서의 표현주의적 경향은 지혜를 예술가나 행동주의자의 특성으로 생각한다.[5]

우쓰나우는 "기억의 공동체"로서의 교회가 직면하고 있는 도전들에 대해서 상세히 말하기 시작한다. 공동체의 기억이 없다면, 교회는 현대 사회에 있는 다른 단체들과 다를 바 없다. 하지만 공동체의 기억은 주로 특별한 지역교회에 의해서 생생하게 유지된다. 현재 지역 교회와 강하게 연결되어 있지 않은 사람들은 과거에 그들에게 중요했던 교회의 기억들을 키워가도 좋다. 이렇게 교파들은 점점 더 평신도에게 의미가 없어질 것이고 교파는 점점 더 목회자에게 국한될 것이다. 이렇게 해서 그들의 교구민들 안에 반성직자주의Anticlercalism의 위험이 증가하게 된다.[6]

지역 교회를 생기있게 유지시키는 중요한 동기 중의 하나는 지역교회

Challenges Ahead(New York: Oxford University Press, 1993), 44.
5) Ibid., 45.
6) Ibid., 51.

가 많은 사람들의 삶 속에서 지지적인 역할을 하고 있다는 점이다. 일반적으로, 교회가 지지의 자연스러운 근원이라고 말하는 것은 다소는 형식적으로 구성된 소집단들의 중요성을 인정하는 것이다. 우쓰노우의 연구에 따르면, 미국 국민의 29%가 "현재 정기적으로 만나고 서로에게 지지와 돌봄을 제공하는 소집단에 참여하고 있다"고 말했다.[7]

미국의 가정은 위기에 있다. 자녀들은 부모들에게 희롱을 당하거나 학대를 받는다. 부모들은 자신들의 삶의 수준을 유지하고 향상시키기 위해 일하면서 또한 자녀들을 돌보아야 하는 책임까지 지고 있기 때문에 큰 부담을 갖는다. 중상류 계층 사이에서는 부모 자신과 자녀들에 대한 부모의 야망이 부모와 자녀 모두에게 부담이 되고 있다.

낮은 계층의 사람들, 그리고 최저 생계 수준이나 그 이하의 삶을 살고 있는 사람들은 높은 야망을 실현하기보다는 그저 그들에게 만족스러운 삶의 수준을 유지하기 위해 혼신의 힘을 기울인다. 이들 가운데 많은 사람들은 자녀들이 야망을 실현하는 것을 돕기 위해서 자신의 행복을 희생할 정도이다(이 야망은 자녀들 스스로가 계획한 것이다).

좋은 것, 나쁜 것, 그리고 추한 것이 기묘하게 섞여 있는 텔레비전은 우리 국민을 위한 아주 미덥지 못한 선생이자 문화의 목소리가 되어왔다. 한편, 텔레비전은 서양에서 우리가 수세기에 걸쳐 발전시킨 것 중에 최상의 것을 보여 주는 무수히 많은 가정 프로그램을 제공한다: 베토벤

---

7) Robert Wuthnow, *Small Groups-Key to Spiritual Renewal? A National Symposium and an Exploratory Survey*(Princeton, N.J.: George H. Gallup International Institute, 1990).

과 브람스의 교향곡, 푸치니와 바그너의 오페라, 셰익스피어와 로버트 프로스트의 시. 다른 한편, 종교 인도자와 세속적인 인도자들은 텔레비전이 폭력과 성적 문란을 조장한다고 비난해 왔다. 우리 중 어떤 사람들은 깨어 있는 대부분의 시간을 텔레비전을 보면서 보낸다. 그 외의 사람들은 그저 뉴스와 날씨를 알아 보거나 간혹 특별한 스포츠 경기를 보는 데 텔레비전을 이용할 뿐이다.

목회신학자인 도날드 캡스Donald Capps는 우리의 시대를 자기도취와 인간 개인의 고갈의 시대라고 정확하게 지적했다.[8] 흔히 이러한 고갈된다는 느낌은, 여전히 개인적인 요구를 수행하는 데 초점을 두는 동시에, "쫓고 쫓기는 경쟁에 사로잡혀 있다"는 느낌으로 표현된다. 수많은 미국인들이 삶의 요구에 보조를 맞추기 위해서 더 빨리 달리도록 강요받는다고 느낀다. 아니면 고갈되고 있다고 느끼면서 주도자들의 보조를 맞추지 못한다. 그 결과 사람들은 자아에 초점을 두는 경향을 보인다. 마치 "내가 지금 무엇을 하고 있지?"라고 끊임없이 묻기라도 하는 것처럼 말이다.

물론 캡스가 서양 문화에서 개인의 주요 역동으로서 자기애를 처음 지적한 사람은 아니다. 캡스가 인정한 대로, 사회비평가인 크리스토퍼 라쉬Christoper Lasch는 서양의 문화를 신랄하게 비판하면서 이 표현을 만들

---

8) Donald Capps, *The Depleted Self: Sin in a Narcissistic Age* (Minneapolis: Fortress Press, 1993).

어 냈다. 이것은 캡스의 표현보다 약 14년 정도 앞선 것이다.[9] 라쉬는 육아 분야의 전문가들이 묘하게 부모들의 권위를 떨어뜨리고 자신들을 가정생활의 "전문가"로 자처하면서 미국의 가정들을 침해하는 것에 대해 매우 비판적이었다. 그 결과 많은 미국의 부모들이 자신들의 판단을 신뢰하지 못하게 되었다고 라쉬는 말한다. 이러한 상황은 쉽게 좌절로 이어지며 폭력을 야기하게 된다.

우리가 사용했던 사변형의 도식은 희미하지만 분명히 결합된다. 모든 방향에서 노력이 이루어진다. 신앙과 문화, 공동체, 개인의 행복 사이의 균형은 아주 약하게 유지된다. 하지만 그 연결점은 분석을 하기 위한 목적이 아니라면 결코 분리될 수 없다. 그리고 이 연결점들은 역동적이고 상호적인 과정 안에 모두 포함된다.

고통과 돌봄: 삶의 연약성에 대한 두 가지 시각

처음에는 매우 다른 주제처럼 보이는, 삶의 모든 단계에서 인간 고통의 교환permutations이라는 주제에 관해 글을 쓰면서, 엘레인 스캐리Elaine Scarry는 돌봄을 야기하는 인간의 상황과 사건들을 검토하기 시작했다. 인간의 고통에 대해 논의하면서, 그녀는 "육체적 고통을 표현하는 데 겪

---

9) Christopher Lasch, *The Culture of Narcissism: American Life in an Age of Diminishing Expectations* (New York: Warner Brooks, 1979).

는 어려움…이러한 어려움의 결과로 발생하는 정치적이고 지각있는 복잡한 문제, 그리고…육체적이고 언어적인 표현력의 본질, 더 단순하게 말하자면 인간의 창조의 본질"에 대해 기록하고 있다. 그녀는 계속해서 다음과 같이 말한다:

> 세 가지 주제들을 세 개의 동심원으로 설명하는 것이 가장 좋을 것이다. 우리가 첫번째 원로 깊숙이 들어갈 때, 우리는 자신이 의도한 것이건 아니건 간에 우리가 이미 두번째 원의 보다 광범위한 영역에 있음을 발견한다. 그리고 우리가 이를 발견하자마자 우리는 우리가 세번째 원의 중심에 서 있었음을 알게 된다. 이 세 개의 원 중 하나의 중심에 서 있다는 것은 동시에 이 세 개의 원 중심에 있다는 것을 의미한다.[10]

비슷한 관점에서 돌봄의 사변형의 도식의 네 가지 연결점에 대해 생각해본다면, 우리는 금방 이 도식 중 하나의 중심에만 서있을 수 없다는 것을 알 수 있다. 이 네 가지 연계점들 모두는 어떤 사건 안에 있든지 간에 동시에 보여진다. 스캐리가 주장한 대로, 이 연결점들은 같은 중심을 가진 범위들이다. 우리는 이 연결점들 중에서 가장 바깥쪽에 있는 것을 통해서 모든 창조물들을 이해하려고 시도한다. 우리는 이 연결점들을 단지 하나의 거대한 범위의 차원들이라고 말할 수 있다. 어떤 관점에서 보면, 이 차원들은 삶을 따라다니는 고통과 연약함의 범위이고, 다른 관점에서

---

10) Elaine Scarry, *The Body in Pain: The Making and Unmaking of the World*(New York: Oxford University Press, 1985), 3.

보면, 이는 삶의 연약성을 생명력 있게 묶어주는 돌봄의 범위이다. 인생의 고통과 연약성이 없다면, 돌봄의 필요성도 그만큼 줄어들 것이다. 돌봄이 없다면, 우리 대부분에게 인생의 고통과 연약함은 견딜 수 없는 것이 될 것이다. 따라서 개인, 공동체, 전통, 문화, 그리고 궁극적 의미가 연결되어 있는 것처럼, 고통과 돌봄은 영원히 연결되어 있다.

목회적 돌봄의 활동

다소 호기심을 충족시켰고 삶을 연약한 것으로 이해하는 어쩌면 약간 난해한 분석을 마친 지금, 우리는 삶의 연약성을 드러내는 상황에 응답하고자 할 때 생기는 목회적 돌봄의 차원들에 대해서 깊이 생각할 필요가 있다. 나는 이 부분에서, 실례를 통해서 돌봄의 사변형의 도식의 네 가지 연결점에 대략 일치하는 목회적 돌봄 활동의 네 가지 단계들을 설명하려고 한다. 이렇게 해서, 우리는 개략적으로 모든 삶의 연약성의 차원과 관련된 목회적 돌봄의 활동들을 살펴 볼 것이다. 이것들을 더 잘 표현하고 싶은 바램에서, 나는 이들을 목회적 돌봄의 단계들이라고 부를 것이다.

1단계: 개인과 가정에 대한 위기목회

나는 이미 자신의 삶의 연약성을 깊이 체험하고 있는 사람들과 이들을 위한 위기목회의 단계에 대해 이야기했다. 다양한 개인의 위기는 끝이 없다. 예상할 수 없고 통제할 수도 없는 일들이 개인과 가족들에게 일어난다. 일간신문은 매일 이러한 이야기들을 싣는다. 계속해서 나는 아내에게, 또는 아내가 나에게 "이건 정말 믿을 수 없어"라고 말한다. 이러한 일은 후에 나에게도 일어났다.

나의 아내 메리Mary와 나는 평생 동안 열심히 일했다. 우리는 다섯 자녀를 훌륭히 키웠고, 이 아이들은 성인으로서 자신들의 역할을 잘 해 내고 있다. 나는 나의 저서를 통해 나의 연구를 다소 인정받게 되었다. 나는 다섯번째 책을 저술하는 도중에 교육 일선에서 물러났다. 일흔 살이라는 어쩔 수 없는 은퇴의 시기에 이른 것이다. 그 뒤 나의 생활은 무너지기 시작했다. 하나님의 은혜와 가족들의 지지 덕분에 완전히 무너지지는 않았지만 말이다. 은퇴한 지 4년도 안 돼서 나는 앞에서 열거한 많은 병으로 인해 고통을 받았다. 나의 아픔과 고통을 자랑하려고 내가 노년에 겪은 질병들을 열거하는 것이 아니다. 단지 우리의 삶이 얼마나 연약한지에 대해 개인적이면서 생생한 설명을 하기 위해서이다. 우리는 정말이지 내일 무슨 일이 일어날지 알지 못한다.

나는 어디서 돌봄을 받았는가? 이것은 대답하게 어려운 질문이다. 나에게 목회적 돌봄을 준 사람이 없어서가 아니라 너무 많았기 때문이다. 나를 돌봐준 사람들 중에는 목회자들도 있었다. 하지만 대부분의 사람들은 목회자가 아니었다. 내가 병원에 입원해 있을 때, 신학교에 함께 있었던 동료들이 문병 왔다. 나의 주치의도 나를 방문했는데, 진정으로 나를 돌보아준 이 의사는 다소 섭섭해 하면서 다른 사람들에게 나를 돌보는 일을 양보했던 것으로 나는 생각한다.

솔직하게 말하자면, 내가 위태로운 상태에 있는 동안 내가 부른 가장 가까운 친구를 제외한 사람들이 무슨 말을 했는지 기억하지 못한다. 나는 대학의 관리 직원 한 사람을 기억한다. 그는 내가 방향감각상실로 고통을 받던 날 밤에 나의 침대 옆에서 따뜻하고 부드럽게 나를 간호해 주었다. 간호사들 중에는 겉보기에 퉁명스럽고 사무적인 사람도 있었고 아주 따뜻하고 힘을 북돋아주는 사람들도 있었다. 심각한 포도상 구균의 감염으로 병원에 입원해 있는 동안, 나는 한 병원의 잡역부로부터 최상의 돌봄을 받았다. 그는 자신의 일을 훌륭하게 해냈으며 나에게 자신의 소망과 야망을 이야기해 주었다.

내가 받은 돌봄 중 어떤 것은 확실히 체계적이었다. 나는 잘 조직된 병원에 있었다. 직원들은 정해진 절차를 엄밀하게 따랐다. 나는 어느 정도 이러한 조직화에 만족한다. 이것은 나의 회복에 분명히 도움이 되었다. 나는 나를 돌보는 사람이 세밀 계획과 관심을 가지고 나를 보살피고 있다고 믿을 수 있었다. 다소 불만족스러웠던 것은 내가 단지 이러저러한 돌봄의 절차를 받아야 하는 많은 환자들 중 한 명에 불과한 것 같다고 느낀 점이다.

내가 가족들로부터 받은 돌봄에 대해서는 이루 말할 수 없다. 아들이 내가 필요로 할 때 병원에서 나와 함께 밤을 보낸 것에서부터 의사들을 만나기 위해서 자신이 맡고 있는 일을 제쳐두고 병원으로 달려온 아이들에 이르기까지, 그들은 병치레를 하는 동안 내내 나와 함께 있었고, 나를 지지해 주려고 노력했으며, 그들의 사랑과 관심을 나에게 확신시켜 주었다. 그리고 점차로 나와의, 그리고 서로 간의 유대를 확인했다.

　내가 궁극적 의미들로부터 받은 돌봄에 대해서는 다른 것들에 비해서 정확하게 정의하기가 어렵다. 생애의 대부분을 목회신학을 가르쳤기 때문에, 나는 개인적인 위기의 시기에 하나님이 활동하시는지, 활동하신다면 어떻게 활동하시는지에 대한 풍부한 신학적인 개념과 질문들을 가지고 있었다. 지적인 면에 있어서, 나는 이 문제에 관해서는 다소 불가지론적임을 인정해야 한다. 나는 하나님이 삶의 고통이나 죽음과 슬픔의 고뇌로부터 어떤 사람은 구원하고 어떤 사람은 구원하지 않는다고는 결코 확신할 수 없었다. 신정론의 문제가 나에게 매우 실제적으로 다가왔다.

　이 모든 것들이 수년 간 나의 머리 속을 맴돌았다. 게다가 나의 감정 깊은 곳에서 다른 무언가가 일어나고 있었다. 되풀이되는 위기의 시기 동안 나는 내가 수년 동안 부르지 않았던 옛 찬송을 반복해서 부르고 있음을 깨달았다: "너 근심 걱정 말아라. 주 너를 지키리." 소년 시절 교회에서 어머니 곁에 앉아 있던 기억이 나의 의식 속으로 밀려들어 왔다. 나는 신학에 관한 책들을 읽어 보지도 않았던 사람들이 나에게 단순히 문자 그대로의 기독교인의 신앙을 설명해 주었던 것을 기억한다: 하티 에반스Hattie Evans 고모, 헨리 할아버지, 어렸을 때 나를 돌보았던 도리스Doris 누나. 나는 내가 그들의 신앙을 그리워하고 있음을 깨달았다. 내가 배운 지적인 신앙을 버릴 수는 없다는 것을 알고 있었지만 말이다. 기독교인이 된다는 것은 다시 한 번 내 인생의 딜레마이자 중심이 되었다.

2단계: 기억의 공동체를 유지하는 것

개인이나 가족과 같이, 공동체들도 아주 다양하게 나타난다. 여기에는 지부, 지역사회의 활동 단체들, 노동조합들, 야구팀들…그리고 교회들이 있다. 이들 가운데 교회는 특별한 의미가 있다. 로버트 우쓰노우의 말처럼, 교회는 "신성한 장소"이기 때문이다.

> 프레드릭 침례교는 사상이나 신조라기보다는 장소였다. 사람들은 주일 아침과 저녁이면 차를 몰고 가서, 붉은 벽돌로 지어진 건물 양측을 따라 있는 모래가 덮힌 길에 주차를 하고, 정문에 이르는 11개의 계단을 올라가 현관에 옷을 걸고 신성한 장소로 들어갔다. 내부에서 보면, 교회는 제2의 가정과 같았다. 스테인드 글래스가 된 창문 아래 부분에 있는 명패는 사람들에게 죽은 사람들을 기억나게 했다. 사람들은 익숙하게 의자에 앉았다. 아래층에서는 수업이나 여름성경학교가 진행되고 식사가 제공되었다. 강대상 뒤에는 세례용 물통이 눈에 띄었다. 누구나 한 두 번쯤은 이 물통을 칠하는 것을 도왔었다.[11]

교회의 구성원인 우리 모두는 비슷한 기억을 가지고 있다. 이러한 이야기들은 우리가 누구인지를 말해 준다. 우리가 특정한 회중이나 교단에서 떠난 지 오래 되었어도, 우리의 기억은 우리 의식 깊이 박혀 있다. 내가 앓고 있을 때 나의 기억 속에 흘러나왔던 옛 찬송처럼, 이 기억들은, 우리가 말하듯이 "우리의 뼛속까지 스며 있는" 공동체에 우리를 묶어

---

11) Robert Wuthnow, *Christianity in the Twenty-first Century*, 21

놓는다. 그러므로 기독교 공동체는 가까스로 정체성을 확인할 정도이지만, 그럼에도 불구하고 상당히 실제적인 초기 모습으로 시간을 초월해서 계속된다.

하지만 서양에서의 문화적 환경은 균등해지고 있으며 소박한 문화적 상황을 바꾸어 가고 있다. 우리는 유동적인 문화에 살고 있다. 그대로 남아 있는 것이 거의 없다. 아마도 사람들이 수년 간 조상의 집에서 살고 있고 모두가 서로를 알고 있는 작은 고립된 공동체를 제외하고는 말이다. 우리들 대부분은 도시에 살고 있고, 더욱이 같은 도시에 머물러 있지 않다. 나는 우연히 친구를 만났는데 그 친구의 회사가 큰 회사에 합병되었다. 그녀가 얻을 수 있는 직장은 필라델피아에 있었다. 그래서 그녀는 매 주 집이 있는 아틀란타와 직장이 있는 필라델피아 사이를 통근했다. 그녀만 그런 것이 아니다. 미국 전역에 있는 사람들이 직장이 있는 곳으로 가야만 한다. 법인 조직의 합병과 인원 감축으로 인해 이것은 필요불가결한 것이 되었다.

"건강증진사업"이라고 알려진 기업에서조차도, 기업 문화의 효과가 이미 분명하게 나타난다. 병자에 대한 돌봄은 기술화되었고, 따라서 그렇지 않았으면 벌써 죽어야 했을 많은 사람들의 생명을 구하게 되었다. 하지만 이러한 과정에는 무언가가 상실되어 있다. 뉴욕타임즈의 한 논설에서, 마이클 노만Michael Norman은 토마스 콜Thomas R. Cole's의 『인생의 여정: 미국에서의 노화의 문화적 역사』 *The Journey of Life: A Cultural History of Aging in America*를 인용하면서, 지난 200년 동안 생명공학은 노령을 그저 "풀려야 할, 아니면 적어도 개선되어야 할 공학적 문제"로 생각해왔다고 쓰고 있다. 하지만 노령을 "문제"로 격하시킴으로써 과학은 노령에 대한 매력을 상실하게 했다. "과학은 노년으로부터 대부분의 역사에서 노년이 가지고 있던 풍부한 상징성과 목적들을 빼앗아버렸다"고 노만은 계속해서 말한다. 그리고 콜이 자신의 저서에서 주장한 대로, "우리는 영적인 동물로서의 의미를 필요로 한다…우리가 생명의 유지와 건강을 필요로 하는 것 못지 않게 말이다."[12]

그러면 가난한 사람들의 경우는 어떠한가? 이들은 거의 시카고나 디트로이트로 통근을 하지 않고 이주를 한다. 그리고 이들의 대부분은 생계를 꾸려 가기 위해서 두세 개의 직장을 가져야 한다. 이들은 어디서 공동체를 발견할 수 있는가? 직장에 장애를 받지 않고 교회에 갈 수 있다면 교회에서 공동체를 발견할 수 있을 것이다. 종종 이들은 자신의 일터에서 공동체를 발견한다.

3단계: 기독교 공동체나 다른 형태의 공동체를 형성하기

제9장에서 이미 목회 지도력에 대해서 이야기했다. 하지만 우리가 교회 안에서 부딪히는 복잡한 문화적 상황에 대해 깊이 생각함으로써 실제로 복잡한 문제가 무엇인지를 보다 면밀히 살펴볼 수 있다. 교회의 지도력이 더 광범위한 문화적 상황을 지도하는 책임까지도 고려해야 한다고

---

12) Michael Norman, "Living too Long" *New York Times Magazine*, 14 January 1996, 36-38.

보는 것은 정말 믿기 어려울 만큼 놀라운 일이다. 비록 많은 기업의 인도자들이 교회의 인도자들이기도 하지만, 이들은 교회를 자신들의 질문의 해답으로 보지 않는 경향이 있다. 기업 문화 스스로가 정의한 목적에 근거해서 생긴 실용주의가 이러한 결정의 대부분을 좌우한다—이것은 이러한 경향에 반대하고, 결정이 이루어질 때 개인들에 대한 돌봄을 고려하는 의사 결정자들이 없다고 말하려는 것이 아니다.

그렇다면, 목회자들은 어떻게 회중을 넘어서 영향을 미치며, 회중과 교파의 영역을 넘어서 존재하는 거대한 문제들을 통찰하는 지도력을 제공하는가? 이전의 돌봄이 그랬던 것처럼, 나는 이 질문에 응답하는 데 그저 암시적인 태도를 보일 수밖에 없다. 나는 이 문제에 관해서 교회 및 사회학자인 디터 헤셀Dieter T. Hessel에게 도움을 구하려고 한다. 헤셀은 이러한 문제들에 있어 개신교회들이 부여한 지도력과 관련하여 개신교회를 비판한다:

> 비록 주요 교회들이 가난한 사람들이 무시당하고 있으며 자신들도 사회로부터 무시당하고 있다고 주장해 왔지만, 많은 지역교회들이 신학과 실천에서 이 사회적 위기에 응답하는 데 있어 그들이 깨닫고 있는 것보다 준비가 더 잘 되어 있다. 미국 사회에서 지역교회들은 복음의 메시지에 사회적 형태를 부여하기에 충분한 돈과 재능있는 구성원들을 가지고 있다. 물론, 이 메시지는 제한적인 사회적 의미를 갖는다. 교회들이 계약법, 예언자들, 예수의 가르침, 그리고 평화의 비전을 "알고 있는" 한, 교회는 정의와 평화, 그리고 창조의 완전성을 위해 세계적으로 일하는

정의로운 공동체가 되어야 하는 그들의 사명을 식별할 수 있다.[13]

헤셀이 『사회봉사 목회』Social Ministry의 서론에서 기술한 이 풍부한 진술로부터, 우리는 목회자와 교회의 활동을 위한 많은 중요한 제안들을 얻을 수 있다. 교회의 목회자들은 그들이 맡고 있는 사람들이 교회의 자원들의 질과 범위에 직면하도록 할 필요가 있다. 이것은 전통적으로 목회적 돌봄이라기보다는 청지기직의 영역으로 간주되어왔다. 하지만 진지하게 돌봄에 대한 이해를 기독교 공동체 안에서의 삶의 중심적인 비유로 본다면, 기독교 공동체의 자원에 대한 청지기직은 돌봄의 사역의 중심이 되는 것이다. 때로 이것은 전통적으로 비밀리에 유지되어온 물질적인 자원, 정보와 관련이 있다. 하지만 오히려 이것은 종종 지도력에서의 자원들, 공동체와 문화의 문제들에 대한 지식, 그리고 공동체에 대한 적절한 해결과 관련이 있다.

하지만 공동체의 자원들을 단순히 보충하는 것으로는 충분치 않다. 공동체의 인간적, 물질적 자원들은 유대-기독교 전통의 가치에 부합되는 목적들—정의, 가난한 자들과 특권을 누리지 못하는 사람들에 대한 연민, 하나님의 창조물에 대한 보살핌—을 지향할 필요가 있다. 어떻게 회중과 회중 내의 주요 구성원들로 하여금 전통에서 비롯된 조상의 진리들에 진정으로 헌신하도록 동기를 부여하느냐 하는 문제는 목회를 제공하는 사람들에게 예언자적인 도전이 된다.

---

13) Dieter T. Hessel, *Social Ministry*, rev. ed.(Louisville, ky.: Westminster/John Knox Press, 1992), xvi.

이 점에서, 빈민들을 위한 해비타트 운동Habitat for Humanity과 같은 프로그램과 환경에 대한 적절한 돌봄을 강조하는 다양한 프로그램은 타인과 세상을 위한 돌봄을 구체적으로 표현하는 활동에 사람들을 참여시키는 수단으로서 높은 평가를 받고 있다. 나는 주택을 짓는 일에 함께 참여하는 미국의 흑인 교회와 백인 교회에 대해서 알고 있다. 남부에서 온 젊은이들은 매년 시골의 빈민들과 일하기 위해서 아팔래치아 산맥의 고지와 골짜기로 들어간다.

내가 알고 있는 가장 상상력이 풍부하고 비범한 프로젝트 가운에 하나는 북동부에 있는 성공회 교회의 구성원들과 볼리비아에 있는 작은 선교단체 사이에 일어났다. 목회적 돌봄의 사역자는 회중 가운데 부유한 구성원들은 물론 청년들과 적당히 참여하기를 원하는 사람들 중에서 이 프로젝트에 참여할 사람들을 모집했다. 기금은 교회구성원들이 마련하였고 단체는 회중을 대표했다. 수년 간 선교단체는 볼리비아의 산으로 올라가서 일 주일 혹은 그 이상 원시적인 선교 병원에서 봉사했다. 한 간호사는 일 년 동안 그곳에 머물기로 결정했다.

4단계: 신학적 반성과 목회 지도력

앞에서 사회문화적이고 환경적인 문제와 관련된 교회의 지도력에 대해 반성하면서 우리는 돌봄에 대한 사변형의 이론 주변의 모든 영역을 살펴보게 된다. 우리는 신학적 근거로 돌아가지 않고는 기독교의 목회적 용어로 이러한 문제들을 생각할 수는 없다. 나는 다시금 폴 틸리히가 통찰력을 가지고 영적 실재라고 부른 것에 대해 생각한다. 폴 틸리히에게 있어, 모든 창조된 생명은 근본적으로 모호하다. 그러므로 하나님도 마찬가지이다. 하나님은 단지 모든 사물 안에서 활동하고 있는 실재이다. 우리는 단지 모든 사물 안에서 작용하는 힘이라는 견지에서 이 실재에 관해 이야기할 수 있다. 하지만 이것은 다른 힘들과 같은 힘이 아니라, 세상에 있는 다른 모든 힘들과 행위들 안에 있는 실재이다.[14] 그러므로 목회적 돌봄의 신학은 신비, 즉 이 책에서 우리가 고려했던 모든 것을 포함하는 힘에 근거한다. 이것은 하나님의 돌봄에 대한 신비이다. 하나님의 돌봄 안에 모든 인간의 돌봄들, 즉 삶의 고통과 이 고통을 돌보기 위한 인간의 노력이 포함된다.

---

14) Paul Tillich, *Systematic Theology*, vol. 3(Chicago: University of Chicago Press, 1963)을 보라. 또한 나의 책 *Living Document*(Nashville: Abingdon Press, 1984), 64, 65를 보라.

참고 문헌

Augsburger, David W. *Pastoral Counseling Across Cultures*. Philadelphia: Westminster Press, 1986.

Becker, Arthur H. *Ministry with Older Persons: A Guide for Clergy and Congregations*. Minneapolis: Augsburg, 1986.

Bianchi, Eugene. *Aging As a Spiritual Journey*. New York: Crossroad, 1989.

Bireley, Marlene, and Judy Genshaft, eds. *Understanding the Gifted Adolescent: Educational, Developmental, and Muticultural Issues*. New York: Teachers College Press, 1991.

Burns, Ailsa, and Cath Scott. *Mother-Headed Families and Why They Have Increased*. Hillsdale, N.J.: Lawrence Erlbaum Associates, 1994.

Browning, Don S. *The Moral Context of Pastoral Care*. Philadelphia: Westminster Press, 1976.

Capps, Donald. *Life Cycle Theory and Pastoral Care*. Philadelphia: Fortress Press, 1983.

_____. *The Depleted Self: Sin in a Narcissistic Age*. Minneapolis: Fortress Press, 1993.

Clarke, Rita-Lou. *Pastoral Care of Battered Women*. Philadelphia: Westminster Press, 1986.

Clebsch, William A. and Charles R. Jaekle. *Pastoral Care in Historical Perspective*. Englewood Cliffs, N. J.: Prentice-Hall, 1964.

Couture, Pamela D. *Blessed Are The Poor, Women's Poverty, Family Policy, and Practical Theology*. Nashville: Abingdon Press, 1991.

Couture, Pamela D., and Rodney J. Hunter, eds. *Pastoral Care and Social Conflict: Essays in Honor of Charles V. Gerkin*. Nashville: Abingdon Press, 1995.

Cox, Carole. T*he Frail Elderly: Problems, Needs, and Community Responses*. Westport, Conn.: Auburn House, 1993.

Culbertson, Philip. *New Adam: The Future of Male Spirituality*. Minneapolis: Fortress Press, 1992.

Erikson, Erik H., *Insight and Responsibility*. New York: W. W. Norton, 1964.

_____. *Childhood and Society*. New York: W. W. Norton, 1950(rev. ed., 1963).

Farley, Edward. *Theologia*. Philadelphia: Fortress Press, 1983.

Gallagher, Sally K. *Older People Giving Care: Healing Family and Community*. Westport, Conn.: Auburn House, 1994.

Gerkin, Charles V. *Crisis Experience in Modern Life: Theory and Theology for Pastoral Care*. Nashville: Abingdon Press, 1979.

_____. *The Living Human Document: Revisioning Pastoral Counseling in a Hermeneutical Mode*. Nashville: Abingdon Press, 1984.

_____. "Pastoral Care and Models of Aging,"in Barbara Payne and Earl D. C. Brewer, eds. *Gerontology in Theological Education: Local Program Development*. New York: The Haworth Press, 1989.

_____. *Prophetic Pastoral Practice: A Christian Vision of Life Together*. Nashville: Abingdon Press, 1991.

_____. *Widening the Horizons: Pastoral Responses to a Fragmented Society*. Philadelphia: Westminster Press, 1986.

Gerson, Kathleen. *No Man's Changing Commitment to Family and Work*. New York: Basic Books, 1993.

Greven, Philip. *Spare the Child: The Religious Roots of Publishment and the Psychological Impact of Physical Abuse*. New York: Alfred A. Knopf, 1991.

Gustafson, James M. *Treasure in Earthen Vessels: The Church As a Human Community*. New York: Harper and Row, 1961.

_____. *The Church As Moral Decision Maker*. Philadelphia: Pilgrim Press, 1970.

Hagan, Kay L., ed. *Women Respond to the Men's Movement*. San Francisco: Harper San Francisco, 1992.

Herdt, Gilbert, and Andrew Boxter. *Children of Horizons: How Gay and Lesbian Teens Are Leading a New Way Out of the Closet*. Boston: Beacon Press, 1993.

Hiltner, Seward. *Preface to Pastoral Theology*. Nashville: Abingdon Press, 1958.

_____. *The Christian Shepherd: Some Aspects of Pastoral Care*. Nashville: Abingdon Press, 1959.

Hodgson, Peter C. *Revisoning the Church: Ecclesial Freedom in the New Paradigm*. Philadelphia: Fortress, 1988.

Holifield, E. Brooks. *A History of Pastoral Care in America*. Nashville: Abingdon Press, 1983.

Hopewell, James F. Congregation: Stories and Structures. Philadelphia: Fortress Press, 1987.

Hunter, Rodeney J., ed. *Dictionary of Pastoral Care and Counseling*. Nashville: Abingdon Press, 1990.

Irvine, Janice M. *Sexual Cultures and the Construction of Adolescent Identities*. Philadelphia: Temple University Press, 1994

Kissman, Kris, and Jo Ann Allen. *Single-Parent Families*. Newbury Park, Calif.: Sage Publications, 1993.

Lapsley, James N. *Renewal in Late Life through Pastoral Counseling*. Mahwah, N. J.: Paulist Press, 1992.

Lasch, Christopher. T*he Nature of Narcissism: American Life in an Age of Diminishing Expectations*. New York: Warner Books, 1979.

Lindbeck, George A. *The Nature of Doctrine: Religion and Theology in a Postliberal Age*. Philadelphia: Westminster Press, 1984.

Lyon, Brynolf. *Toward a Practical Theology of Aging*. Philadelphia: Fortress Press, 1985.

MacIntyre, Alasdair. *After Virtue: A Study of Moral Theory*. Notre Dame: Notre Dame University Press, 1981.

McNeil, John T. *A History of the Cure of Souls*. New York: Harper and Bros., 1951.

Moltmann, Jügen, *The Church in the Power of the Spirit*. New York: Harper and Row, 1977.

_____. Creating a Just Future: The Politics of Peace and the Ethics of Creation in a Threatened World. Philadelphia: Trinity Press International, 1989.

_____. *The Future of Creation*. Philadelphia: Fortress Press, 1979.

_____. *God in Creation: A New Theology of Creation and the Spirit of God*. San Francisco: Harper San Francisco, 1985.

_____. *On Human Dignity: Political Theology and Ethics*. Philadelphia: Fortress Press, 1984.

Moltmann-Wendel, Elisabeth, and Jügen Moltmann. *Humanity in God*. New York: The Pilgrim Press, 1983.

Mosley, Romney. *Becoming a Self Before God: Critical Transformations*. Nashville: Abingdon Press, 1991.

Oden, Thomas C. *Pastoral Theology*. New York: Harper & Row, 1982.

_____. *Care of Souls in the Classic Tradition*. Philadelphia: Fortress Press, 1984.

_____. *Becoming a Minister*. New York: Crossroad, 1987.

Placher, William C. *Narratives of a Vulnerable God: Christ, Theology, and

Scripture. Louisville, Ky.: Westminster/John Knox Press, 1994.

Polakow, Valerie. *Lives on the Edge: Single Mother and Their Children in the Other America*. Chicago: University of Chicago Press, 1993.

Poling, James Newton. *The Abuse of Power: A Theological Problem*. Nashville: Abingdon Press, 1991.

Rowett, G. Wade, Jr. *Pastoral Care with Adolescents in Crisis*. Louisville, Ky.: Westminster/Jone Knox Press, 1989.

Sands, Kathleen M. *Escape from Paradise*. Philadelphia: Fortress Press, 1994.

Scarry, Elaine. *The Body in Pain: The Making and Unmaking of the World*. New York: Oxford University Press, 1985.

Schultze, Quentin J., and Roy M. Anker, project directors. *Dancing in the Dark: Youth, Popular Culture, and the Electronic Media*. Grand Rapids, Mich.: William B. Eerdmans, 1991.

Sennett, Richard. *Authority*. New York: Alfred A. Knof, 1980.

Shelton, Charles M. *Morality and the Adolescent: A Pastoral Psychology Approach*. New York: Crossroad, 1989.

Snarey, John. *How Fathers Care for the Next Generation: A Four-Decade Study*. Cambridge: Harvard University Press, 1993.

Sokolovsky, Jay, ed. *The Cultural Context of Aging: Worldwide Perspectives*. New York: Bergin and Garvey, 1990.

Steinmetz, Suzanne K. *Duty Bound: Elder Abuse and Family Care*. Newbury Park, Calif.: Sage Publications, 1988.

White, Merry. T*he Material Child: Coming of Age in Japan and America*. New York: The Free Press, 1993.

Whitehead, Evelyn Eaton, and James D. Whitehead. *Christian Life Patterns: The Psychological Challenges and Religious Invitations of Adult Life*. New York: Crossroad, 1992.

Will, James E. *The Universal God: Justice, Love, and Peace in the Global Village*. Louisville, Ky.: Westminster/John Knox Press, 1994.

색인

ㄱ

가일 울리버	261
가정과 직장에 대한 남성들의 변화하는 헌신	303
가족체계 이론	128
가치 방법론적 도식	221
개신교 목회상담	97
개인주의	78, 129
거주 신학자	199
결의론	39
결혼생활의 실패	310
경험적 표현주의	155, 156, 157
경험적 표현주의자	154, 159, 160, 165, 166
고대 전통에서의 영혼의 돌봄	49
공동체에 대한 새로워진 관심	131
관계의 실패	308, 310
구스타프 페흐너	74
구약 성서에서 역사를 이어간 공동체 인도자들	28

권징	188, 199
권징으로서의 목회적 돌봄	59
그레고리	49, 52
그리스도를 본받아	57
그리스도와 문화	352
그의 발자취를 따라	81
기독교 공동체	22, 54, 104, 132, 140, 244, 269, 270, 284, 311
기독교 목회자	97
기독교 사회주의	79
기독교 생활 양식	305

ㄴ

내면 세계 탐구	87
노년기의 중요한 활동	332
노인 목회	330
노인에 대한 다른 관점	333
노화의 과정	320, 329, 330, 333
노화의 단계	328

노화의 유형	318, 329
니트리히 본회퍼	83

ㄷ

다양한 종교 경험	72
다원주의	64, 107, 146, 161, 171, 207, 209, 214, 216, 217, 219, 220, 221
다원주의와 상대주의	216, 219, 220
단 브라우닝	105, 259, 308
대상관계이론	18
데이빗 햄버그	243
도날드 캡스	358
돌보는 자로서의 목회자의 이미지	96
디이터 헤셀	190, 368

ㄹ

라인홀드 니버	83
러셀 딕스	17, 88
레리 켄트 그래험	212
로날드 선더랜드	133
로버타 본디	51
로버트 우쓰노	355
로버트 우쓰노우	365
로버트 울리버	261
로버트 프레스톤	16
로욜라의 이냐시오	57
로이 스타인호프 스미스	272
로저스의 비지시적인 기술	94
롤로 메이	89, 90
리처드 니버	127, 189, 352
리처드 백스터	60, 62, 66, 114
리처드 세네트	310
리처드 오스머	277
리처드 캐봇	84, 88

ㅁ

마릴린 와쉬번	322, 323, 324
마음의 종교	62
마틴 루터	54
마틴 루터의 개혁신학	152
마틴 부버	94, 264
마틴 부서	56, 59
말투	143, 144, 158
메닝거 재단	16, 218
메리 화이트	263
목자로서의 목회자	113, 114
목자로서의 목회자의 이미지	113
목회 교육	136
목회상담의 역사	128
목회상담의 이론과 실제	95
목회상담의 전문화	102
목회신학서론	95
목회 심리학	82

목회적 돌봄	104, 106, 107, 112
목회적 돌봄과 도덕적인 삶	120
목회적 돌봄과 상담의 기본적 유형	102
목회적 돌봄과 영적인 삶	122
목회적 돌봄 심리학	94
목회적 돌봄의 도덕적 상황	105
목회적 돌봄의 모델	108
목회적 돌봄의 상호작용	108
목회적 돌봄의 새로운 지평	153
목회적 돌봄의 신학	154, 371
목회적 돌봄의 역사	109, 111
목회적 돌봄의 의미	95
목회적 돌봄의 해석적 구조	32
목회적 돌봄 작업	105
목회적 돌봄 전통	109
목회적 응답	178, 180
목회 지도력	21, 28, 135, 168, 170, 174, 200, 220, 290, 367, 370
문화-언어적 모델	157
미국목회상담자협회	100

ㅂ

발레리 폴라코프	247, 249
버나드 로너간	155
베타 코플리	262
변화의 필요성	145
병자를 위한 돌봄의 기술	88
봉건 사회	52
불임	237, 238
브룩스 홀리필드	65, 66, 67, 68, 72, 82
브릴	76
비록 에드워드 투루나이젠	155
빅터 프랭클	99

ㅅ

사도 바울	115
사막교부들	121
사막의 교부들	51
사막의 수도사들	114
사변형의 도식	45, 176, 201, 209, 210, 240, 351, 359, 360, 361
사춘기의 세계	262
사회복음운동	77, 83, 86, 106, 129, 130
사회복음의 주창자들	80, 82
삼중적 도식	45
상담과 심리치료	91
상담의 기술	89
상대주의	161, 207, 216, 220
상호적인 돌봄	117, 306, 331
생리심리학	74
성례주의	152
성장점	88, 101
성직주의	179

세속주의	48, 60, 64
쇠약기 노인	342
쇠약기의 노인	341, 342, 343
수잔 스타인메츠	328
슐라이에르마허	156
스타인호프 스미스	273
스토아 철학	43, 69
시대의 징조들	145
시워드 힐트너	16, 18, 19, 34
시프리안	34
신정론	346, 364
신정통주의	83, 87, 90, 97, 98, 130, 154, 156
신조주의자	153, 154, 157, 159, 165, 166
신프로이드 학파	94
신플라톤 철학	122
신학적 모델	153, 156
실천신학	20, 21, 89, 162
실천신학적 근거	94
심리 치료	96
심리치료적 모델	149
심리치료적 패러다임	18, 20, 21, 140, 167, 219, 240

ㅇ

아동 학대	250
아서 벡커	330
아씨시의 프란시스	53
안톤 보이즌	15, 17, 19, 73, 83, 84, 128
알 브라우닝	298
애드워드 쏜톤	19
양떼를 치는 목자	34
에드워드 쏜톤	155
에드워드 투르나이젠	97, 98, 108, 154, 156
에드윈 스타벅	14, 73
에릭 에릭슨	226, 229, 264, 283, 284, 305, 332
에릭 프롬	130
에벌린 이튼 화이드헤드	305, 335
엘레인 스캐리	359
여권신장론	106, 248, 295
여권신장론 신학자	152
역동적인 대인관계 심리학	94
영적인 지도	123, 124
영혼의 의사	52
영혼의 의사로서의 목회자	117
영혼의 의사로서의 성직자	52
예언자적 목회	21, 272
오스카 피스터	76
월터 브루그만	132
웨인 오츠	19, 96, 97
윌리엄 엘러리 채닝	67

윌리엄 제임스	14, 72
윌리엄 클렙쉬	38
의무의 범위: 노인 학대와 가족 돌봄	328
의미요법	99
이성주의와 세속주의	64
이 소콜로브스키	324
이집트의 사막	44
인간 발달	14
인생의 여정: 미국에서의 노화의 문화적 역사	366
임마누엘운동	78, 106, 129
임상목회 교육	87
임상목회 교육 운동	77, 85, 86
임상목회 교육의 창시자	84
임상목회교육협회	86
임상목회 훈련	85
임스 파울러	208
임재의 사역	185

ㅈ

자기 수양	67, 152
자아 심리학	18
재능 있는 청소년들에 대한 연구	261
적응 심리학	87, 89
정신건강상담운동	95
정신분석학적인 연구	16
정신위생	89
제국 교회	42
제사장적 돌봄의 중요성	45
제사장적 역할의 중요성	31
제사장적 예언자적 모델	30
제사장적인 돌봄의 형태	45
제의적 회개 지침서들	53
제임스 거스타프슨	182, 184, 222
제임스 루바	14, 73
제임스 폴링	251, 253
제임스 호프웰	135, 275
제임스 화이드헤드	335
조시아 스트롱	78, 79
조안 에릭	332
조안 웨이벨 올란도	319
조지 린드벡	153~159, 160, 164
조지 알버트 코우	14, 73
존 듀이	82
존 맥나일	53
존 번연	60
존 스내리	305
존 칼빈	56
존 크리소스톰	34, 39, 40, 41, 42, 69, 116
존 패톤	291
주의론과 종교의 사유화의 시대	64

중기 노인	334, 336, 337, 338, 341	캐롤 와이즈	15, 19, 95, 96, 127
지그문트 프로이드	75, 76, 87, 88, 90, 92, 93, 98	캐롤 와이즈의 목회적 돌봄	96
		캐롤 코헨	324
지그문트 프로이드의 심리학 이론	99, 155	캐롤 콕스	342
		캐슬린 거슨	303
지그문트 프로이드의 정신 분석	75, 77	케네스 거긴	214, 215
		케런 호나이	130
지역신학	180	크리스티 키페라	340
지탱	30	클레어몬트 신학교	100
지평의 확장과 예언자적 목회	21		

ㅊ

ㅌ

찰스 쉘던	81	터툴리안	38, 40
찰스 재클	38	테오도르 제닝스	56
찰스 포스터	271, 272, 274	토마스 아 켐피스	57
천로역정	60	토마스 오덴	49, 50, 98, 108
청지기직	369	토마스 콜	366
초기 노인기의 돌봄	329	토머스 클링크	16
치유	30		

ㅋ

ㅍ

		폴 존슨	93, 94, 95
칼 로저스	90, 91, 92, 94, 219	폴 틸리	370
칼 메닝거	16	폴 틸리히	83, 98, 156, 157, 371
칼 바르트	83, 98, 99		
칼 바르트의 신정통주의	108	폴 푸뤼서	16
칼 바르트주의	154	프레다 가드너	333
칼 바르트주의자	159	프리드리히 슐라이에르마허	64
		프리쯔 펄	99

플라톤의 철학	122
필립 그레븐	251

ㅎ

하부의식	91
하워드 클라인벨	89, 100, 102
합의 구조의 상실 또는 분열	145
해리 스택 설리반	94
해석적 안내자로서의 목회자	167
해석적인 지도	168, 170
헬렌 키브닉	332
형태 치료	99
화해	30, 167
흑인 신학자	152
힙포의 어거스틴	49